TITUS
VERLAG

Das Buch

Knapp sechs Millionen Sportler in 17.000 Vereinen betreiben diesen Sport. Der Amateurfußball ist weit verbreitet in Deutschland, und Tobi ist einer dieser Kicker. Seine Geschichte ist beispielhaft für unzählige seiner Zeitgenossen. Tobi ist eine Legende in seinem Bereich: eine Kreisligalegende. Er betreibt den Sport schon seit Jahrzehnten und kennt jede Facette dieser Disziplin. Keiner kann ihm etwas vormachen, und wenn Tobi seine Geschichte in seiner ganz eigenen Art erzählt, bleibt kein Auge trocken – und die Kehle ohnehin nicht. Denn eines ist sicher: Das Bier gewinnt immer!

Der Autor

Als Sascha Ehlert 1974 in Wiesbaden auf die Welt kam und zirka 11 Jahre später damit begann in einem Verein Fußball zu spielen, konnte er noch nicht ahnen, dass er viele Jahre später und nach über eintausend Pflichtspielen aus seinem Erfahrungsschatz in dieser Art schöpfen würde. Der Fußballsport und alles, was damit zusammenhängt, haben ihn geprägt.

Als Autor hat Sascha Ehlert viele Bücher im Bereich Humor, Comic, Thriller, Krimi, Horror, aber auch dutzende Kinderbücher geschrieben und bereits 2008 und 2010 mit »Merianstraße« und »Bornheim Mitte« Romane vorgelegt, bei denen Fußball ein Thema war.

Als der Autor und Moderator jedoch 2016 auf die Macher des Labels ›**Kreisligafussball – Das Bier gewinnt**‹ traf, und sofort war klar: Das neue Buch sollte sich wieder um das runde Leder drehen. Und der Titel lang auf der Hand. »Kreisligalegende« ist ein Roman, der dem Autor im Blut liegt, und er bringt eigene und von Spielerkollegen aufgeschnappte Anektoden in einer Geschichte unter. Zudem spaziert Ehlert immer wieder gerne über die Facebookseite von ›**Kreisligafussball – Das Bier gewinnt**‹, um sich passende Anregungen für die Details des neuen Buches zu holen. Vielleicht ist dem Autor das Buch so sehr ans Herz gewachsen, weil er selbst immer gerne eine richtige Kreisligalegende geworden wäre. Aber dazu war Sascha Ehlert als Torwart wohl einfach zu schlecht …

Ein Vorwort zum Buch von ›Kreisligafussball – Das Bier gewinnt‹

Liebe Kreisligagemeinde,

als ich 2013 ein Teil von ›**Kreisligafußball - Das Bier gewinnt**‹ wurde und die Seite 2014 gemeinsam mit meinem Kollegen Ruben sowie unserem Team - heute bestehend aus den fantastischen Jungs Daniel, Joern, Thomas, André, Simon, Arno, Manu und Gadreel komplett übernommen habe, war mir als leidenschaftlicher Kreisligakicker zwar bewusst, dass ich nicht der einzige Mensch in Deutschland bin, der Spaß am Kicken und dem Drumherum in den untersten Ligen Deutschlands hat, jedoch hätte ich mir nie träumen lassen, dass wir irgendwann mal weit über 500.000 Kreisligaverrückte in unserer Community sein werden.

Das ist unfassbar. Es ist das allergeilste Gefühl zu wissen, dass über eine halbe Millionen Menschen es genau so geil finden wie ich, Sonntag für Sonntag die Knochen hinzuhalten und über die Hartplätze dieses Landes zu grätschen! Und das alles ›nur‹ für das hochverdiente, kühle Bier nach dem Spiel mit seinen Kumpels, der Familie und den Seniorenhooligans! Absolute Weltklasse!

Okay, manchmal gibt es Bier auch schon vor dem Spiel, je nachdem, wann man mal wieder aus der Kneipe oder dem Club gefallen ist, nachdem man doch eigentlich »nur auf zwei Bierchen« bleiben wollte. Wir sind sowieso unverwundbar, wir haben in der Kreisliga nämlich Eisspray, welches bekanntermaßen offene Brüche, sämtliche Bänderrisse und all diese Dinge heilt.

Wir von ›**Kreisligafussball – Das Bier gewinnt**‹ sind sehr stolz drauf, dass ihr uns täglich hunderte Nachrichten auf unseren Facebook- und Instagram-Seiten sendet und somit dafür sorgt, dass tausende Menschen täglich etwas zu lachen haben und sich in den Sprüchen, Bildern und Videos wiederfinden! Vielen Dank dafür, ihr macht die Kreisliga zu dem, was sie ist: Die ehrlichste Liga der Welt!

Macht weiter so, bleibt, wie ihr seid, und habt viel Spaß beim Lesen des Buches, denn in jedem von uns steckt doch eine Kreisligalegende!

Euer Tobi

Weitere Informationen im Internet unter **www.titus-verlag.de**,
auf der Webseite **www.kreisligafussball.de**
oder auf der Webseite des Autors **www.saschaehlert.de**

Widmung für Pommes

Mein lieber Kapitän, Mitspieler und vor allem Freund Pommes,

seit dem 27. November 2016 ist nichts mehr, wie es einmal war. Seit diesem traurigen Tag, vermissen dein Team und ich dein Lachen, deine positive Energie und deine mitreißende Art, Training für Training und Spiel für Spiel, immer wieder aufs Neue. Dein Platz in der Kabine ist leer, und es fühlt sich immer noch so unwahr an, dass du diesen nie mehr einnehmen wirst. Du warst ein großartiger Mitspieler und ein noch viel großartigerer Freund. Von deinen nahezu ausnahmslos positiven Eigenschaften, konnten viele deiner Mitmenschen etwas lernen.

Wie hat es unser Trainer noch gleich gesagt? Du warst ein Mensch der immer und überall gebraucht wurde. So einer, wie du es warst, muss in jedem Team spielen!

Es ist kein Tag vergangen, an dem ich nicht an dich gedacht habe. Ich bin mir sicher, du schaust dir jetzt sämtliche Kreisligaspiele vom Himmel aus an und bist auch da mit voller Leidenschaft dabei, wie du es schon immer warst. Bestimmt hast du denen da oben auch gezeigt, wie man zu einer richtigen Grätsche ansetzt!

Pommes, du bist für mich der Inbegriff einer wahren Kreisligalegende und deshalb möchte ich dir meinen Anteil an diesem Buch widmen. Ich vermisse dich sehr und weiß, dass wir uns irgendwann wieder sehen.

Walk on, walk on
With hope in your heart
And you'll never walk alone
You'll never walk alone

In ewiger Erinnerung,
dein Kumpel Tobi

Kreisligalegende

von

Sascha Ehlert

TITUS
VERLAG

Lektorat:
Sascha Ehlert, Nicole Volkmann und die sagenhafte Emily Cole

1. Auflage 2017

Bibliografische Information der Deutschen Bibliothek
Die Deutsche Bibliothek verzeichnet diese Publikation in der Deutschen Nationalbibliografie; detaillierte bibliografische Daten sind im Internet über http://dnb.ddb.de abrufbar.

ISBN 978-3-946353-28-7

Kreisligalegende

Prolog

Kreisligafußball ist, wenn
Mami sonntags in der Kirche
und man selbst auf dem Weg
zum Sportplatz ist.

TITUS
VERLAG

Der Herr sagte schon: Am siebten Tage sollst du ruhen! Ich frage an dieser Stelle: Warum hat er dann bitte die Spiele der Kreisliga auf den Sonntag gelegt? Denn eigentlich ruhe ich nicht sonntags. Am Tag des so genannten Herrn gebe ich Gas. Auf dem Platz, in der Kabine und an der Theke. Das kühle Bier direkt nach dem Spiel rinnt die Kehle herunter, als hätte ein kleines, blondes Engelchen in meinen Rachen gepieselt. Dieses Gefühl nach dem Abpfiff ist göttlich und ergreifend zugleich. Ich halte für einen Moment inne, befeuere mir ein Kippchen und lasse es einfach wirken. Ich gebe zu, dass das fünfte, sechste oder siebte Bier nach dem Spiel nicht mehr dieses erhabene Gefühl in mir auslöst, aber es schmeckt trotzdem. Erst recht, wenn die Teamkollegen in durchgeschwitzten Trikots um mich herum sitzen und wir die soeben abgelaufenen 90 Minuten reflektieren. Dabei darf man jedoch niemals den Fehler machen, sich eine Zigarette noch im Trikot anzustecken. Dann käme nämlich der allseits gefürchtete Strafenkatalog zum Einsatz. Rauchen im Trikot kostet eine Kiste Bier, wobei so ziemlich jedes Vergehen laut des Strafenkatalogs eine Kiste kostet.

So sitzt man also in der Runde seiner Kollegen und tratscht wie ein Waschweib – aber eben über Fußball. Über den selbst gespielten Fußball. Über das vergangene Spiel. Über Fehler, Missgeschicke und Glanztaten der Teamkollegen. Eigentlich mehr über die Fehler und Missgeschicke. Man glaubt als Außenstehender gar nicht, was in eineinhalb Stunden alles passieren kann, sodass man danach noch Stunden darüber zu reden fähig ist.

Das mache ich seit Jahren so, und niemand würde es jemals anzweifeln. Denn mein Sport und alles, was damit zusammenhängt, sind gesellschaftlich anerkannt.

Keiner rümpft die Nase und behauptet: »Muäh, was issn des fürn Scheiß?«

Ich bin nicht sicher, wie oft ich meine Gegenspieler montags beim Arzt im Wartezimmer wiedergetroffen hatte, aber das kam häufiger vor, denn viele Kicker aus der Gegend hatten ja den gleichen Hausarzt.

Fast sieben Millionen Menschen in über 17.000 Vereinen betreiben meinen Sport allein in Deutschland. Ich bin nur ein einziger Fußballer von vielen, aber eines habe ich den meisten voraus: Ich bin eine Kreisligalegende. In meinem Kreis kennen mich mehr Menschen, als den Geschäftsführer von Mercedes. Das schafft nicht jeder.

Die ganzen Profispieler im Fernsehen haben ja keine Ahnung, was in der Kreisliga abgeht. Kaum ein Bundesliga- oder Nationalmannschaftsass war mal eine Kreisligalegende. Keiner von denen hat erlebt, was ich erlebt habe. Nicht einer kann aus dem sportlichen, menschlichen und partyrauschmäßigen Erfahrungsschatz schöpfen, wie ich es tue. Nun ja, okay, vielleicht ein Rooney oder ein George Best, aber da hört es auch schon auf. Die Liste derer, die jede Woche auf die Kacke hauen, die national und international bekannt sind, durch die Kneipen und Discotheken ihres Heimatortes ziehen und dennoch ihre Leistung auf dem Platz bringen, ist kurz – eigentlich gar nicht existent. Für das, wofür die Profisäufer Legendenstatus erhalten haben, leben wir in der Kreisliga. Zig meiner Mitspieler und Gegner stehen für den Kodex: Wer saufen kann, kann am nächsten Tag auch spielen!

Mich kennt man nicht aus dem Fernsehen. Mich kennt man vom Hörensagen. Über mich tuschelt man. Mich kennt man, weil man mich zu decken versucht hat oder weil ich andere schwindelig gespielt habe. Aber zumeist kennt man mich, weil ich jemanden mal wieder ohne Rücksicht auf eigene Verluste abgegrätscht habe. Hüfthoch einfach weggeflext! Das erhöht den Bekanntheitsgrad enorm. Nicht ein sauber herausgespieltes Tor, kein Freistoßtor aus 30 Metern, kein Fairplay nach einer Fehlentscheidung eines Schiedsrichters. Nein! In der Kreisliga reden mehr Leute über den Holzfäller, der wieder mal die Axt ausgepackt hat, als über den Ballvirtuosen.

Man kennt mich, weil die kleinen Ex-Spielerfrauen mal was mit mir hatten und natürlich die Mädels, die aktuell Spielerfrauen sind – selbstverständlich war das vor ihren Beziehungen mit meinen Mannschaftskollegen. Bescheißen würde ich niemanden meiner Jungs – auch wenn er fußballerisch noch so eine Niete ist und seine Olle noch so eine Rakete in der Kiste.

Fest zusammen war ich mit keinem der Mädels, da waren nur so Techtelmechtel im Vollsuff. Ich streue meinen Ruf wie eine Pusteblume ihre Samen. Alle in meinem Kreis, die sich nur ein bisschen für meinen Sport interessieren, kennen diesen »Tobi« oder haben von mir gehört. Wiedererkennen würde mich auf der Straße, in der Fußgängerzone oder bei einem Live-Konzert in der Menge kaum jemand. Außerhalb des Sportplatzes bin ich stets inkognito. Ich bin nicht Ribery, Reus oder Boateng. Aber spätestens, wenn ich auf unserem Ascheplatz mal wieder einen aus der gegnerischen Mannschaft im Tiefflug zum Eisspraykoffer geschickt habe, wenn der Klang berstender Schienbeinschoner über den Platz hallt, fangen die Zuschauer am Rande des Spielfelds an zu quatschen. »Ach ja, das ist doch der Tobi, der …«, dies und jenes auf dem Kerbholz hat. »Guck mal, das ist doch der Tobi, der …«, sich in der letzten Saison gewisse Dinge geleistet hatte. Bla, bla!

Tobi und ich sind nun knapp zwei Jahre zusammen. Ich weiß, was er für ein Mensch ist. Eigentlich ein ganz Lieber. Aber sein Leben und seine charakterlichen Eigenschaften hat er aufgeteilt. Eigentlich ist er eine gespaltene Persönlichkeit. Er splittet seine Eigenschaften nicht in privat und beruflich. Nein. Tobi ist privat ein netter Kerl. Beruflich versucht er, seinen Aufgaben gerecht zu werden, was ihm meistens gelingt. Aber auf dem Fußballplatz, da kann er zur Furie werden, wenn es darum geht, ein Spiel zu gewinnen, seine Jungs zu verteidigen, wenn der Schiedsrichter anderer Meinung ist oder wenn es um die Partyzeit am Vorabend und nach dem Spiel geht. Es gibt Partylöwen, und es gibt Tobi. Tobi gibt seinen Aufenthalt auf dem Sportplatz nach dem Spiel nicht in Stunden an, sondern in Bier.

»Wie lange warst du noch da«, frage ich manchmal montags. Dann sagte er: »Fünf Bier!« Dabei bin ich mir immer sicher, dass es mindestens drei Bier mehr waren, als er zugibt. Und ob er dann 0,33er, halbe Liter oder Maßbier getrunken hat, ist auch nicht sicher.

Tobi ist kein Löwe, er ist ein ganzes Rudel. Was er früher schon alles mit den Mädchen im Umkreis gemacht hat, interessiert mich eigentlich nicht. Wenn ich mich darum kümmern würde, wäre ich wahrscheinlich längst durchgedreht. Hauptsache, er macht keinen Blödsinn, solange er mit mir zusammen ist …

Bei Heimspielen sind eigentlich kaum Zuschauer da. Meine Freundin Carola aber fast immer. Von den anderen Leuten im Publikum kenne ich die meisten mit Namen, die Hälfte begrüße ich mit Handschlag und die andere Hälfte meidet mich, aufgrund früherer kleinerer Nickligkeiten an der Theke, auf dem Platz oder weil sie glauben, ich sei der größte Vollassi im Club. Dabei habe ich einen guten Job, habe sogar mal studiert und so Scheiße sehe ich nun wirklich nicht aus. Es sind alles Vorurteile. Geschichten von früher. Vorurteile, die ich zwar aufgrund meines Aufbegehrens an den Wochenenden heute noch schüre, wer mich allerdings unter der Woche trifft, ist überrascht, wie bodenständig ich eigentlich bin.

Die Wochenenden stehen unter einem bestimmten Motto: Fußball, ficken, Alkohol! Vielleicht nicht in der Reihenfolge, aber wenn es geht, bringe ich diese drei Programmpunkte in meinem Ablaufplan unter. Das machen fast alle meine Kumpels so. Warum sollte ich da hinterherhinken? Auf keinen Fall.

Ein schlauer Mensch hat mal gesagt: Vögli, wenn mögli! Was ich bis spätestens Sonntagabend zu beherzigen pflege.

Ich habe es bereits erwähnt. Tobi ist ein ganz Lieber. Vor ein paar Jahren noch, da war er mit Sicherheit kein Kind von Traurigkeit. Aber heute glaube ich ihm, dass er mich nicht hintergeht, auch wenn er von seinen Erzählungen her aus diesem Modus nicht mehr herauskommt. Er ist gedanklich noch immer gefangen in dem Zwang, klarzustellen, dass er der größte Zampano in der Herde ist. Ganz ehrlich, es klappt ja auch: Vielleicht liebe ich ihn deswegen so sehr …

Mein Leben als Kreisligalegende war für mich nahezu perfekt. Die Nummer 8, das war meine Nummer. Keiner durfte je meine Nummer tragen, wenn ich im Team war. Dieser Sport war für mich immer mein Leben. Ich konnte mir gar nichts anderes vorstellen. Wenn ich meinen Fußballsport nicht gehabt hätte, dann wäre ich sicher um einige, um nicht zu sagen, die meisten Erfahrungen ärmer.

Man könnte sich nun fragen, weswegen erzähle ich das alles? Warum möchte ich mich gerade jetzt mitteilen? Hat es einen Grund, dass Tobi sich der Welt vorstellen möchte? Und ich antworte: ja. Denn ich habe eine Saison hinter mir, wie ich sie so noch nicht erlebt hatte. In meiner langen Kreisligakarriere gab es viele herausragende Momente. Viele Spiele, an die ich mich gerne erinnere. Ich bin nun in der ersten Mannschaft schon seit einer Ewigkeit dabei. Dennoch weiß ich genau, wie alles angefangen hat. Dies war vor langer Zeit, es müssten mittlerweile 15 Jahre sein. Damals kam ich gerade aus der Jugend und war ein junger Spritzer. Ich konnte damals nicht ahnen, welche Höhepunkte mir noch bevorstehen würden und habe in der Nachsicht die großen Momente viel zu wenig gefeiert. Da wäre noch mehr drin gewesen. Aber das weiß man immer erst danach. Damals hatte ich meine goldenen Momente eher aus Zufall als aus Können. Doch in dieser Saison war ich klar bei der Sache und wollte beim Höhepunkt einfach nur eskalieren. Seit dieser Saison bin ich nicht nur eine Kreisligalegende, sondern der Kreisligagott.

Seit gestern ist diese Saison Geschichte, mittlerweile haben wir Montag, und mein Chef wusste bereits vorher, dass ich nicht zur Arbeit erscheinen würde. Heute morgen habe ich in allen Regenbogenfarben mein Klo bekotzt. Aber das war okay. Das gehörte dazu. Das musste so sein. Sonst war eine Party nicht gut genug. Sonst hätte man nichts zu erzählen.

Was genau passiert war? Nun, wo fange ich da am allerbesten an …?

Kreisligalegende

Kapitel 1

Junge chinesische Hunde

Kreisligafußball ist, wenn man sich die bescheuertsten Geschichten ausdenkt, um die Mannschaft zu motivieren.

TITUS
VERLAG

Es muss Anfang der Jahrtausendwende gewesen sein. Scheiße, es hört sich an, als wäre es vor dem letzten Krieg. Damals spielte ich meine erste Saison bei den Senioren meines Vereins. Endlich festes Mitglied der ersten Mannschaft, nachdem ich als A-Jugend-Spieler schon einige Monate Kreisligaluft schnuppern durfte. Der TuS Germersbach hatte mich schon immer behandelt wie einen Boateng, einen Ronaldo, einen Hoffnungsträger, wie den Messias, der den Verein aus den Tiefen der Kreisliga führen würde. Sie gingen mit mir um, wie mit jemanden, den man hofieren musste, damit er bei der Stange gehalten werden konnte. Damit er den niederklassigen Club nicht für drei Euro Auflaufprämie pro Spieltag mehr in Richtung eines bessergestellten Vereins verlassen würde.

Meine Mutter war im Elternbeirat unserer Schule, mein Vater Thekenkönig und Hartplatzdraufgänger. Bestes Material, um eine Kreisligalegende zu erschaffen. Schon als kleiner Junge gab es in unserem Haus kaum mehr als das Thema Fußball. Der Sportplatz war nur einen Steinwurf entfernt. Ich denke, ich war drei, als ich das erste Mal von meinem Vater zu einem Spiel der ersten Mannschaft des TuS Germersbach mitgenommen wurde. Es war laut, es war wild, und für mich rannten alle Männer auf dem Platz vollkommen unkoordiniert diesem Ball hinterher, um ihn zu treten. Das war so faszinierend, das ich nichts mehr anderes wollte, als dieses runde Leder von A nach B zu befördern. Ich habe mich schon immer gefragt, ob es einen Moment in meinem Leben gab, der mich so beeinflusst hat, dass aus mir nur das werden konnte, was ich heute bin. Der Moment in dem mein Schicksal besiegelt war. Ich denke, wenn ich zurückblicke, dieser erste Tag mit meinem Vater auf dem Ascheplatz vom TuS Germersbach war ein solcher Moment.

Früher, unter meinen Mannschaftskollegen in den Jugendmannschaften, war ich als kleiner Junge ein unbeschriebenes Blatt. Verdammt, ich hab wahrscheinlich bis zur D-Jugend gebraucht, um die Regeln ansatzweise zu verstehen. Dennoch war ich immer einer der begriff, wo der Ball hinmusste. Vorne fallen keine Gegentore. Also wurde ich schnell zum Plotscher, der die Pille weit und hoch hinausbolzte. Hoch und weit bringt Sicherheit. Das brachte mir schnell einen Stammplatz in der Startelf meiner Jugendmannschaft ein.

Zudem scheute ich mich nicht auch mal Schmerzen hinzunehmen und dort zuzulangen, wo es womöglich wehtat. Zwei von drei Pressschlägen gingen zu meinen Gunsten aus. Das war eine gute Quote. Da gab es noch ganz andere Kandidaten.

Über die Jahre machte ich die Erfahrung, dass in jedem Team mindestens eine Heulsuse war. Wenn mal ein Ellenbogen ausgefahren wurde, ließ er sich theatralisch fallen und flennte ganze Pfützen in die staubige Asche des Platzes. Ob beim Training oder im Punktspiel! Grauenhaft! Die Heulsuse wurde immer als Erstes ausgewechselt oder war nach spätestens zehn Minuten wieder draußen, wenn die Flachzange mal während des Spiels reinkam. Unser Trainer hat den Jungen dann nicht mehr mit dem Arsch angeschaut, und hätte seine Mama den Coach nicht mit tiefem Ausschnitt bezirzt, die Heulsuse wäre ohne Umwege in der Tischtennisabteilung des Vereins versauert.

Es existierten jedoch auch Kinder, die waren gar nicht mal so schlechte Kicker. Heute sehe ich sie als ewige Talente. Die hatten im Grunde etwas auf dem Kasten, doch lange waren sie nicht da, weil sie mental der Struktur des Teamsports nicht gewachsen waren. Entweder waren sie zu Tode beleidigt, wenn man sie mal nach dem Spiel kritisiert hatte und ließen sich anschließend wochenlang nicht blicken, oder sie ertrugen den Druck nicht, der bereits vor dem Match von Trainern und Eltern aufgebaut wurde.

»Die haut ihr weg! Wenn ihr die nicht besiegt, dann niemanden! Ich bin sicher, du kannst das Spiel ganz allein entscheiden, wenn du dich endlich mal anstrengst.«

Ich gebe ja zu, dass derartige Sprüche gerade bei kurzfristigen Misserfolgen im Alter von zehn Jahren nur schwer zu ertragen und rein pädagogisch komplett für die Tonne sind, aber hey, die coolen Jungs hat sowas nicht gejuckt, auch wenn man die Spiele mal vergeigt hat. Ich kenne eine Handvoll ewiger Talente, die niemals länger als in der Jugend eines Fußballvereins gekickt haben und noch heute als große Fußballer gelten, nur weil sie als Kinder so geachtet wurden. Rein psychisch haben sie sich allerdings als kleine Wracks selbst ausgesiebt und sind lieber zurück an Mamas Rockzipfel als auf den Sportplatz. Tischtennis? Ja, das war eher ein Sport für die.

Woran erkennt man ein ewiges Talent? Das sind meistens die, die behaupten: »Als Kind wollte ich immer Fußballprofi werden. Und vielleicht hätte ich es auch geschafft, … naja!«

Wenn man dann fragt: »Wie lange hast du denn gekickt?« und sie dann antworten: »Bis zur B-Jugend!«, dann denke ich nur: ›Ach, halt doch einfach mal die Fresse!‹

Bis zur B-Jugend? Und wann haben sie angefangen? In der C-Jugend? Das wären maximal vier Jahre gewesen. Und wenn es die D-Jugend war, in der sie gestartet haben, dann waren es sechs Jahre. In der B-Jugend ist man etwa fünfzehn. Wo kommt dann die Erkenntnis her, dass es vielleicht bis zum Profi gereicht hätte? Was für Querflöten!

Da wir in einer Überflussgesellschaft aufwuchsen, gab es auch sehr häufig dicke Kinder, die in unseren Jugendmannschaften herumgefielen. Jeder hatte einen Dicken im Team. Das war dann das Kind, das sämtliche verteilten Süßigkeiten innerhalb eines Wimpernschlages inhaliert hatte, um sich dann mit unschuldiger Miene noch einmal hinten anzustellen. Diese dicke Wurst wollte sich auch nur sehr selten warmlaufen, weil sie kurz vor dem Spiel doch warm gegessen hatte. Tristan, so hieß mein dicker Mitspieler, den nicht nur ich hasste, war eine Göre aus reichem Hause. Papa oder Mama kamen mit ihrem Cabrio angeschippert, um den Dicken abzuliefern. Papa war auch dick, hatte aber die Kohle, um die hübsche Mama auszuhalten. Kam die hübsche Mama auf den Sportplatz, dann war es natürlich klar, dass der kleine dicke Tristan spielte. Der Trainer konnte seine Manneskraft gerade so verbergen, wenn er die Mama sah und tat natürlich alles, den kleinen Fettwanst über den grünen Klee zu loben. »Tristan hat sich wirklich super gemacht. Am Anfang konnte er noch nicht mal einen Ball vernünftig stoppen. Das habe ich aber ganz persönlich mit ihm geübt. Und richtig fit ist er auch geworden.«

Der Dicke hatte niemals einen Ball stoppen können – auch nicht nach der Zuwendung des Trainers, die übrigens kaum existierte, außer wenn Mama da war. Und fit ist relativ. Nun hatte Tristan immerhin zehn anstatt neun Minuten ausgehalten, ohne anschließend keuchend und japsend neben der Außenlinie zu liegen. Der Trainer war einfach nur scharf auf die Mutter, aber bekommen hat sie nur der reiche, fettleibige Papa.

Einer meiner besten Freunde im Verein war Reinhard. Ich nannte ihn nur Reini. Alle nannten ihn Reini, denn Reinhard war einfach kein Name für ein Kind. Erwachsene Männer hießen so. Wie kann man sein Baby nur Reinhard nennen?

Reini war ein guter Fußballer. Den konnte man auf jede Position stellen, und er hat einfach das gemacht, was der Trainer von ihm verlangt hatte.

»Du deckst den. Und wenn er pissen geht, gehst du mit!« Reni tat es.

»Du bleibst hinten. Und wenn die den Ball reinflanken, köpfst du ihn raus. Am besten zu Tobi.« Reini tat es.

»Du stellst dich vorne rein. Und das Einzige, was ich von dir sehen will, ist ein Tor.« Reini tat auch das.

»Wenn der Typ durchgeht, dann bombst du ihn weg. Wenn du nachher neben mir wegen der roten Karte auf der Bank sitzt, gebe ich dir ein Eis aus.« Leichteste Übung für Reini, auch ohne Eis.

Nur merkte man Reini an, dass er irgendwie einen am Sender hatte. Er war vollkommen durchgeknallt und leicht für jeden Scheiß zu begeistern. Es dürstete ihn nach Führung, deswegen tat er alles, was die Trainer von ihm verlangten. Das machte ihn zu einer hervorragenden Arbeitsdrohne. In der Schule hat er jedoch fast jeden Tag eins auf die Fresse bekommen. Natürlich auch mal von mir. Ich war ja nur auf dem Fußballplatz mit ihm befreundet. Kinder sind eben grausam. Natürlich war auch ich als Kind grausam.

Warum Reini durchgeknallt war? Weil es seine Eltern ebenfalls waren. Die Mutter hatte immerzu eine Frisur, als wäre sie gerade eben erst durchgebumst worden, und der Vater stand meines Erachtens durchweg unter Strom. Garantiert ein Säufer der Sonderklasse. Wer weiß das schon? Dieses Elternpaar konnte nur einen völlig durchgepeitschten Sohn zeugen. Aber auf dem Platz wurden Typen wie Reini gebraucht. Typen die sich fügten und nicht zurückzogen, auch wenn es klar war, dass es gleich mächtig wehtun würde.

Reini habe ich mit den Jahren aus den Augen verloren. Ende der A-Jugend war für ihn Schluss mit Fußball. Die Senioren konnten ihn nicht weiter einsetzen, weil sein aufbrausendes Gemüt und sein purer Wille anderen Schmerzen zufügen zu wollen nicht ins Mannschaftskonzept passten. Da war er dann raus. Zweite Mannschaft kam für ihn scheinbar nicht infrage. Was aus ihm geworden ist? Wahrscheinlich gehört er gerade irgendeiner Partei an und ist Wahlhelfer, oder so.

Ich erinnere mich auch noch sehr gut an Björn. Er spielte praktisch während der ganzen Jugend mit mir und war nie wirklich ein Fußballer. Allerdings ist er nicht nur gerannt, er konnte sprinten wie der Teufel. Forrest Gump war ein Scheißdreck gegen den. Schneller als jeder andere Spieler war er. Er lief als Seniorenspieler die 100 Meter unter dreizehn Sekunden.

Björn musste nichts mit dem Ball können. Seine Aufgabe war es lediglich, das Spiel der Gegner durch seine Schnelligkeit zu zerstören. Einen Fuß, und wenn es nur die Pieke war, spitzelte er immer irgendwie dazwischen. Wurde er jedoch mal aus Versehen von Mitspielern angespielt, stoppte Björn die

Pille zuverlässig ins Aus, oder ein Fehlpass folgte. Dennoch war er ein Athlet, ein hervorragender Sportler - aber eben dummerweise in der falschen Disziplin. Er konnte rennen, springen und hervorragend einwerfen. Aber einen Fußballer konnte kein Trainer der Welt aus ihm machen. Dennoch spielte Björn immer und durfte die Trainingsanzüge tragen, die jedes Jahr der Metzger des Dorfes oder der örtliche Heizungsbauer gesponsert hatte. Die lauffaulen Mitspieler haben Björn geliebt, denn er kompensierte im Nu ihr Defizit. Die spielstärkeren Teamkollegen haben Björn gehasst, denn ein taktisch kluger Spielaufbau war mit ihm nicht möglich. Kick and rush – bestens! Kurzpassspiel – vergiss es!

So manches Mal wünschte ich mir von Björn, dass er wie einige andere sogenannte Gaststars nur kurz im Verein verweilte und dann abwanderte, weil die Eltern dieser Kinder ihnen eintrichterten, dass sie zu Höherem berufen wären. Diese Gaststars gab es ständig. Unausstehlich haben die dann auch in der Schule auf die Kacke gehauen. »Ich bin jetzt beim 1. FC Pittlingen. Die erste Mannschaft von denen spielt Landesliga. Bald spiele ich bestimmt auch Landesliga. Mein Papa sagt, ich könnte noch viel höher spielen, wenn ich ein bisschen trainiere.«

Man muss nicht erwähnen, dass diese Aufschneider ziemlich schnell eins auf die Fresse bekommen hatten, wenn sie noch mal falsch »Piep!« sagten. Im Sportunterricht haben sie den Basketball aus einem Meter Entfernung aus Versehen ins Gesicht geknallt bekommen, und wenn die Sportstunde beendet war, lagen natürlich die Straßenschuhe im Klo.

1. FC Pittlingen? Also, bitte! Die hätten mal die Kirche im Dorf lassen sollen. Diese Gaststars von früher triffst du heute im Seniorenbereich bei Pokalspielen gegen Bezirksligamannschaften wieder. Viel weiter haben die es aber nie gebracht.

Bezirksliga ist ja ohnehin so eine Krankheit für sich. Weder Fisch noch Fleisch. Die machen da einen auf Leistungssport, schön diszipliniert, wer nicht zweimal die Woche trainiert, ist raus aus dem Team, aber die Spiele kannst du dir auch nicht angucken, so Scheiße sind die. Nicht mal was zu lachen hast du dabei. Die meinen das da wirklich ernst in der Bezirksliga. Ich glaube, die sind überzeugt davon, dass sie hervorragende Sportler sind. Und wenn mal einer am Vorabend des Spiels einen über den Durst trinkt, muss der nicht selten auf die Bank. Auf die Bank wegen des Alkoholpegels? Das muss man sich mal vorstellen. Alkoholpegel ist bei uns Pflicht! Aber ich merke, ich darf mich nicht zu sehr aufregen, denn ich muss auf meinen Blutdruck achten. Bin ja auch nicht mehr der Jüngste.

Genauso habe ich mich früher immer über die Trainersöhne aufgeregt, die von ihren Papis bemuttert wurden. Als Trainersohn hast du ja automatisch gespielt. Das war einfach so und ist auch nachvollziehbar. Der Vater eines Spielers trainiert ja nicht die Mannschaft, weil er es cool findet, ein Trainer zu sein, oder weil er mit Kindern arbeiten müsste. Nein! Der Vater eines Kindes nimmt diese Bürde auf sich, weil er seinem Nachwuchs nahe sein will. Im Training und beim Spiel. Zudem ist der Trainer eine Art Galionsfigur und wird von den meisten Kindern bewundert. Das bleibt bei dem eigenen Spross selbstverständlich nicht ohne Wirkung. Irgendwann muss er seinen Papa ja einfach gut finden. Ich habe Trainersöhne nie leiden können.

Schlimmer aber waren die Söhne von den Co-Trainern. Weswegen? Nun, man stelle sich vor, aus welchem Grund ein ausgewachsener Mann ›nur‹ Co-Trainer wird. Weil der nicht genug Zeit für den richtigen Trainerjob hat? Weil die Familie einschließlich Frau und weitere Kinder ebenfalls viel Aufmerksamkeit benötigen? Alles Ausreden! Ein Co-Trainer in der Jugend hatte zu meiner Zeit genau diesen Posten, weil er als Kind schon vollkommen untalentiert war und eigentlich gar keinen Plan davon, was er da überhaupt tat. Ihm die Verantwortung für eine Jugendmannschaft zu übertragen, wäre sehr fahrlässig gewesen. Das hätte keine Vereinsführung gewagt. Ohne Zweifel wusste der Verein um das Unvermögen des Co-Trainers, der nichts weiter als ein besserer Betreuer war, und der Verein war eigentlich nur froh um jedes fahrtüchtige Mitglied, dass die Kinder behütete und am Auswärtsspieltag von A nach B kutschierte.

Das Schlimmste war allerdings nicht der Co-Trainer selbst, nein, es war sein Sohn. Denn der hat die talentfreien Quanten seines leiblichen Erzeugers geerbt und trug nun dieses genetische Durcheinander auf unserem Fußballplatz zur Schau. Natürlich spielte auch der Sohn des Co-Trainers immer von Anfang an. Da konnte man noch von Glück reden, wenn der Co-Trainer nur der Stiefvater oder Ähnliches war, dann hielt sich das Erbgutdesaster noch in Grenzen.

Neulich traf ich in einer Tankstelle Patrick. Patrick Heller aus der 4 d. Die 4 d war an unserer Schule die Vorzeigeklasse und Patrick deren Klassensprecher, das blondgelocktes Aushängeschild, Liebling aller Mamis, weil er als Halbwaise den ungetrübten Samaritereffekt aller ausgelöst hatte. Patrick hatte ein schönes Lächeln, gerade Zähne und tiefblaue Augen. Die Mütter hätten ihn am liebsten adoptiert, und mit seinem alleinstehenden Papa sind sie reihenweise in die Kiste gehüpft. Die Mama Patricks ist kurz nach dessen Geburt an einer schlimmen Krankheit verstorben, was ihn natürlich katapultartig auf der Beliebheitsskala nach oben befördert hatte. Er hätte machen können, was er wollte, er wäre stets und überall mit Mitleid geradezu überschüttet worden.

»Der arme Junge kann ja nichts dafür«, hätten sie gesagt.

»Das muss man doch verstehen«, hätte eine Mami nach der anderen Verständnis heischend gepredigt.

»Ach, der Kleine hat es doch nun wirklich nicht einfach im Leben – so ganz ohne Mutter«, wäre garantiert bei jedem Scheiß gekommen, den er gebaut hätte.

Doch Patrick baute keinen Scheiß. Er war vollkommen brav. Brav und hübsch. Hübsch und sympathisch. Sympathisch und bei allen Erwachsenen beliebt. Beliebt bei den Erwachsenen, aber wir Kinder wollten ihm am liebsten die verdammten geraden Zähne rausschlagen. Keiner konnte ihn leiden. Jedenfalls niemand, den ich gut fand. Patrick war auch mal bei uns im Training. Als ich ihn jedoch nach fünf Minuten an der Mittellinie weggebombt hatte, wurde er von einer engagierten Mutti fortgetragen, wart auf dem Sportplatz nie wieder gesehen, und ich war für lange Zeit der größte Arsch außerhalb von Kabul.

Und diesen Patrick traf ich nun an der Tanke. Nachts um halb zwei. Voll wie ein Pisspott. Also ich, nicht er! Er war sicher stocknüchtern und rümpfte bestimmt schon bei dem kleinsten Gerüchlein von Alkoholfahne das spitze Näschen.

»Dich kenne ich doch«, rief ich aus dem Seitenfenster des Wagens meines Kumpels Spriddi. Zugegebenermaßen konnte ich diesen Satz nicht mehr ganz flüssig, sondern nur leicht nuschelnd formulieren.

Patrick sah sich um und wandte sich für einen Moment von seinem Oldtimer Porsche ab, um der Stimme zu folgen, die ihn angesprochen hatte.

»Ja, ich kenn dich, du bist Patrick. Paddi Heller, der kleine Schönling aus der 4 d.«

»Wer soll das sein?«, rief Spriddi, der gerade eben noch so fahrtüchtig war. Er trank immer genau zwei Pils und zwei Radler. Er hat über die Jahre die Erfahrung gemacht, dass sein Körper, wenn er am gleichen Abend ordentlich gegessen hatte, diese Alkoholzufuhr im unteren Drehzahlbereich beließ, sodass er von der Bullerei nicht belangt werden konnte. »Meinst du echt, das ist Patrick Heller? Der Patrick Heller, dem ich mal in den Schultornister gepisst hab?«

Patricks Pupillen weiteten sich, und er zog seine Augenbrauen in die Höhe. Er hatte uns mit Sicherheit erkannt, ließ es sich jedoch nicht anmerken und sagte nichts. Er war genauso ein überheblicher Penner wie eh und je.

»Ja, und ich hab ihm mal Hundescheiße in die Turnschuhe gelegt – vor dem Sportunterricht. Gemerkt hat er es erst danach!« Das Gelächter auf unserer Seite war groß.

An Patricks Gesichtsausdruck war zu erkennen, dass er sich an beide Vorfälle gut erinnern konnte.

»Sach mal, kickst du eigentlich noch, Patrick?«, krakelte ich hinüber und konnte mir mein Lachen nicht verkneifen. Ob er wohl noch wusste, dass ich seine fußballerische Karriere beendet hatte, bevor das zarte Pflänzchen den Hauch einer Chance gehabt hatte zu gedeihen?

Er drehte mir und Spriddi den Rücken zu. Patrick, der gelackte Heller, wollte uns doch tatsächlich ignorieren. Mich, der ordentlich einen im Tee hatte, und einen meiner besten Freunde Spriddi, der ein fettes Egoproblem hatte, jedenfalls wenn sich jemand über ihn stellen wollte.

»Hey, mein Kumpel hier hat dich gefragt, … ob du noch kickst, du Quarktasche.«

Ich gebe ja zu, dass es nun nur zwei Reaktionen Patricks hätte geben können. Entweder wäre zu uns rübergekommen und hätte versucht, uns das Esszimmer auszuschlagen, oder er wäre in seinen Wagen gestiegen und mit quietschenden Reifen losgefahren. Offenbar entschied sich Patrick für die letztere Variante, die allerdings noch einen Moment warten musste, denn der Tankwart wollte ja für die Tankfüllung des Porsche Geld sehen. So bewegte Patrick sich ohne ein Wort zu verlieren zum Kassenhäuschen und ließ uns blöd glotzend zurück.

Jetzt mal ehrlich, hätten wir uns das bieten lassen können? Niemals. Deswegen schob ich meinen Ellenbogen in Spriddis Seite und fragte: »Musst du auch so pieseln?«

Da Spriddi ein sehr guter Freund war, und wenn ich sage »sehr guter Freund«, dann meine ich so einen Gedankenlese-Sehr-Guter-Freund, jedenfalls grinste er mich an und wusste, was nun passieren musste. Einen Wimpernschlag später öffneten sich unsere Wagentüren, und wir sprangen lachend rüber zum Porsche. Wir öffneten die Reißverschlüsse unserer Jeans und ließen es mächtig laufen. Jeder kennt das, wenn der goldgelbe Strahl einen perfekten Bogen beschreibt und sich plätschernd niederlässt, wohin er von Menschenhand geführt wurde. Das Ziel unserer Blaseninhalte waren in diesem Falle die Seitenteile des Porsche.

»Urin auf Kotflügel - so gefällt mir das.« Spriddis Humor war immer von der einfachen Sorte, aber mit 2,5 Atü in der Leitung recht gut zu ertragen.

»Hey, ihr Arschlöcher!«, schallmaite es wenige Augenblicke später vom Kassenhäuschen herüber.

Aber wie hatte schon Paul Breitner 1982 gesagt: »Bei mir lief es ganz flüssig.«

»Seid ihr bescheuert, Mann?« Patrick getraute sich nicht, näher an uns heranzutreten, denn es hätte sich ja einer von uns ihm zuwenden können – unsere Reichweite schien enorm.

»Würdest du bitte die Frage meines Freundes beantworten, Paddi«, verlangte Spriddi.

»Was denn für eine Scheißfrage?«

»Ob du noch kickst, Paddi«, wiederholte Spriddi und genoss schier das Gefühl, sich über einem zirka 100.000 Euro teuren Fahrzeug zu entleeren. »Ob du noch kickst!«

»Ihr seid doch echte Wichser.« Im Anschluss tat Patrick Heller, was er wohl zuvor schon vorhatte: Er sprang in seinen Wagen und preschte mit durchdrehenden Reifen, die jeweils so viel kosteten wie Spriddis kompletter Wagen, in die Nacht. Nun konnte er uns nicht mehr so ignorieren, wie er geglaubt hatte, es tun zu können.

Diese Geschichte habe ich schon ein Dutzend Mal gehört. Patrick Heller hier und Patrick Heller dort. Als Tobi ihm seinen Porsche vollgepinkelt hatte, war für ihn wohl ein kleiner Traum wahrgeworden. Irgendwas hatte dieser Patrick, was Tobi unheimlich aufreizte. Er konnte ihn auf den Tod nicht ausstehen. Nur weil Patrick so beliebt war? Irgendwie hatte ich immer das Gefühl, dass da mehr war. Jedoch hatte ich Tobi nicht dazu bekommen, mir über Patrick Heller ausführlich zu erzählen …

Spriddi kenne ich seit meiner Kindheit. Zu der Sorte Labersack gehörte er schon damals. Immer eine große Fresse, ob als Kind oder heute. Wenn Spriddi seinen Namen nicht zurecht getragen hätte, wäre aus ihm vielleicht wirklich ein recht guter Kicker geworden. Doch Spriddi war derjenige, der mich und ein Dutzend anderer Jugendlicher an den Alkohol herangeführt hatte. Er war in allem der Erste: erstes Bier, erster Vollsuff, erster Joint, erster Blowjob.

»Erster, erster, alles!«, war sein Motto.

Spriddi war auch in allem der Zweite: zweites Bier, zweiter Vollsuff, zweiter Joint, zweiter Blowjob. Erst dann kamen so allmählich die anderen Jungs und zogen nach. Mich hatte es nach einer Weile auch gepackt. Der Labersack der Mannschaft hatte mich in seine kleine schlechte Welt gesogen.

Während der Teambesprechungen konnte Spriddi schon damals niemals die Klappe halten. Der Trainer verklickerte uns gerade etwas von Taktik, Einsatz und Einstellung, da hielt Spriddi nicht mit der Frage hinter dem Berg: »Wenn ich meinem Gegenspieler im Laufduell die Hose runterziehe, ist das dann ein Foul?« Spriddi nervte, wo er nur konnte.

Was Spriddi aber niemals war: ein Muttersöhnchen. Von denen hatte ich viel zu viele während der Jugend in meinen Mannschaften. Der eine konnte sich nicht alleine die Schuhe zubinden, der nächste hat sich geschämt, nach dem Spiel zu duschen, wieder andere haben bei jeder kleinsten Berührung von gegnerischen Spielern gejammert wie die Italiener. Die Schnittmenge von Heulsusen und Muttersöhnchen war zuweilen unfassbar groß.

In guten Jahren, wenn wir ausnahmsweise wirklich viele Spieler im Kader hatten, was übrigens äußerst selten war, hatten wir sogar einen Reservetorwart. Dieser Keeper hätte nie im Feld spielen können, da er maximal nur zwanzig Meter fehlerfrei geradeaus laufen konnte. Als Torwart war er allerdings auch eine Niete und konnte noch nicht einmal einen Ball festhalten, wenn man ihn an seine Hände getackert hätte. Die Schwerkraft war sein Feind und die physikalische Trägheit sein Laster. In jedem Team war mindestens einer von dieser Sorte, der nur eingewechselt wurde, wenn das Spiel fünfzehn Minuten vor Abpfiff mit 8:0 sicher gewonnen schien. Und selbst dann wurde es mit einem 9:6 Endstand noch relativ knapp. Diese Typen rieche ich heute kilometerweit gegen den Wind. Sie waren niemals festes Mitglied einer Mannschaft, gehörten allerdings als Auswechselvieh irgendwie dazu.

Der Reservekeeper war allerdings nichts gegen den talentfreien Katastrophen-Kicker. Ich habe da einen ganz bestimmten Spieler im Kopf. Daniel! Er hat es nie kapiert, dass er und der Ball sich nie wirklich bekannt gemacht haben und dass die Matratzenritze zwischen Mama und Papa der bessere Ort für seinen Körper gewesen wäre – aber doch nicht der Fußballplatz. Während meiner ganzen Jugend war dieses missratene Individuum Daniel anwesend. Er wollte es einfach nicht einsehen, dass ihn keiner in der Mannschaft haben wollte. Er war genügsam und froh, wenn er die letzten fünf Minuten auf dem Platz rumfallen durfte – auch wenn er in dieser Zeit höchstens zwei Ballkontakte, aber überwiegend gar keinen hatte, was in diesem Fall für das Team allerdings hocherfreulich war. Kein Ballkontakt, kein Fehler, ergo: kein Eigentor!

Daniel spielt heute, man glaubt es kaum, wenn man ihn bereits als Kind erlebt hatte, noch in der zweiten Mannschaft in unserem Verein, aber auch nur, weil wir im Club keine dritte Mannschaft haben. Kein Team im Umkreis von 4.000 Lichtjahren hätte Daniel haben wollen. Deswegen musste er bei uns bleiben. Er war immer schon unverwüstlich. Er trainierte fleißig … nein, stopp, anders, … er zeigte sich im Training fast immer anwesend und zahlte pünktlich seine Mitgliedsbeiträge. Wie hätte man ihn also loswerden können? Daniel ist ein vorbildliches Vereinsmitglied mit außerordentlich nicht vorhandenen Fähigkeiten. Wenn der irgendwann einmal für die Präsidentschaft im Verein kandidiert, muss ich den ganzen Laden jedoch leider spontan in die Luft jagen.

Mich persönlich hielten alle für eine Art Leader. Mich hat man tatsächlich schon mal gefragt, ob ich Vereinspräsident werden wollte. Okay, damals war der Verein in einer unvergleichlichen Krise, aber ich wurde immerhin gefragt. Präsident hätte ich jedoch niemals werden können. Dazu war ich auf dem Platz zu aggressiv. Präsident und Zuchtbulle, das hätte sich gebissen. Kapitän, okay, das ging schon mal. Aber Präsident: nein!

Bereits als Kind begann ich, sobald das Spiel angepfiffen wurde, zu brüllen und hörte erst Minuten nach Abpfiff damit auf. Jeder der Väter von den anderen Jungs war sich sicher, dass ich schnell von einem anderen Verein abgeworben werden würde.

Dabei bestand die Gefahr in meinem Falle zu keiner Zeit. Ich hatte mich mit acht Jahren für den TuS entschieden, und dabei sollte es bleiben. Für immer. Wie in einer streng religiös geschlossenen Ehe. Niemand konnte sich zwischen mich und meinen Verein drängen. Ich wollte immer treu bleiben und habe nie mit anderen attraktiv scheinenden Clubs geliebäugelt. Der TuS gehörte zu mir und ich zu ihm. Wenn wir in die Bundesliga bis zum Champions-League-Sieg aufsteigen sollten, dann nur gemeinsam. Und wenn wir in der Kreisliga untergehen würden, dann sollten wir auch das zusammen durchstehen. Letzteres war dann doch eher der Fall.

Dabei habe ich in all meinen frühen Jahren viele gute und schlechte Trainer erlebt. Überwiegend so richtig üble Nichtskönner, die sich einen Spaß daraus machten, in ihrer Freizeit ein paar Jungs herumzukommandieren. Die alleine wären schon Grund genug gewesen, das Weite zu suchen und nicht nur den Verein, sondern auch die gesamte Sportart zu wechseln. Fußball ist Breitensport, und deswegen zieht Fußball leider auch viel Abschaum und Schmeißfliegen an.

Glücklicherweise war aber mein erster Jugendtrainer eine Art Vaterfigur für mich. Er war kein Vater von einem Mitspieler und schon gar kein Co-Trainer, diese Tatsache allein hob ihn schon auf ein Podest. Wenn Charly mir etwas gezeigt hatte, mir Anweisungen über den Platz zugerufen hatte, dann war das für mich Gesetz, und ich sog die Weisheiten in mich auf.

»Wenn hinten kein Tor fällt, dann können wir schon mal nicht verlieren«, meinte Charly zu mir, und niemand hätte ihm widersprechen können. »Du bist ein guter Junge. Wenn du darauf hörst, was deine Trainer, ich und alle anderen nach mir, zu dir sagen, wirst du es mal weit bringen.«

Eines Tages, es war wohl während eines der ganztägigen Jugendturniere, da holte Charly das Team zusammen, und wir setzten uns im Schneidersitz in eine Reihe. In Gedanken, was er nun wohl gleich sagen wollte, lief Charly vor uns auf uns ab. Vor einer Dreiviertelstunde hatten wir unser erstes Spiel des Tages mit 0:3 verloren und damit wirklich eine grottige Leistung abgegeben. Aber Charly fand wie so oft die richtigen Worte.

Er ging vor uns in die Hocke, und wir Jungs klebten an seinen Lippen. »Passt auf, Männer!«, er nannte uns oft »Männer«, wenn er uns etwas Wichtiges sagen wollte. Das war für uns das Zeichen, jetzt besonders gut hinhören zu müssen. »Wir haben das letzte Spiel verloren, ohne Chance. Die anderen haben uns überrannt. Aber warum haben wir das zugelassen?« Auf diese Frage hatte keiner in der Mannschaft eine Antwort. »Ihr kommt hierher, habt eine Portion Pommes und eine große Fanta im Bauch, und es geht euch gut. Hunger kennt ihr nicht, und wenn ihr alle Spiele verliert, dann geht ihr morgen früh wieder in die Schule, und alles ist vergessen.«

Ja, so war es. Aber was wollte Charly uns damit sagen?

»So kann man kein Spiel gewinnen, Männer – oder gar ein Turnier. Ihr müsst laufen, springen und schießen, als würdet ihr nichts zu essen haben, als würde jedes Tor euren Magen ein bisschen mehr füllen. Ihr müsst euren Gegner auffressen wollen. Wie junge, chinesische Hunde!«

Junge, chinesische Hunde? Ich verstand nur Bahnhof. Was war denn mit jungen, chinesischen Hunden? Konnten die besonders gut Fußball spielen?

»Junge, chinesische Hunde wissen nicht, wo das nächste Futter herkommt. Die spielen nicht mit vollem Magen, sondern sie kämpfen um jeden Fetzen Fleisch, den sie bekommen können. Und wenn sie den Kampf, das Spiel nicht gewinnen, gehen die nicht einfach so nach Hause zu Mutti und am nächsten Tag in die Schule … sondern dann können die nicht mehr gehen, weil sie entweder verhungert sind oder ihnen einer ihrer Gegner das Bein abgebissen hat. Versteht ihr, Männer?«

Da war wieder dieses »Männer«. Er musste mich meinen, denn ich begann zu verstehen.

»Ich möchte, dass ihr zum nächsten Spiel rausgeht, als wärt ihr junge, chinesische Hunde. Hunde, die Hunger haben, Lust darauf, endlich etwas in den Magen zu bekommen, endlich ein Tor zu schießen und keinen Bock darauf, sich wieder das Bein abbeißen zu lassen, wie im letzten Spiel.«

Allmählich kam auch die Erkenntnis in die Köpfe meiner Mitspieler. Sie nickten und brummten leise zustimmend.

»Habt ihr das verstanden, Männer?«

Wir bestätigten mit »Japp«, »Jau« oder »Klaro«.

Charly hob seine Stimme. »Ich hab gefragt, ob ihr das verstanden habt?«

Wir begriffen, was unser Trainer von uns wollte. Wir sollten im Team wie ein Mann antworten. »Ja.«

»Ich kann euch nicht hören!«

»Ja!«, riefen wir.

»Ich kann euch immer noch nicht hören!«

»Ja!«, brüllten wir aus vollem Halse.

»Seid ihr Mäuse oder junge, chinesische Hunde?«

»Junge, chinesische Hunde!«

Charly sah uns ernst an. »Und jetzt geht auf den Platz und spielt euch satt!«

Ich sprang auf und rannte los. Meine Kollegen taten es mir gleich. Wir waren so heiß wie Frittenfett. Das folgende Spiel haben wir gewonnen, auch wenn es ständig durch Verletzungspausen der Gegner unterbrochen wurde. Wir kamen im Anschluss sogar ins Finale des Turniers. Es war das größte Erlebnis für mich in der damaligen Zeit.

Diese Story habe ich in den letzten zwei Jahren mit Sicherheit schon 20 bis 30 Mal gehört. Anfangs hat Tobi sie mir direkt erzählt, dann saß ich dabei, wenn er davon Freunden und Bekannten berichtet hat, und er hat sie sogar meinen Eltern erzählt. Meinen Eltern, verdammt! Und das bei dem zweiten oder dritten Treffen mit ihnen. Ich wäre vor Scham am liebsten im Boden versunken, aber bei meinem Papa muss er wohl irgendwie einen Nerv getroffen haben.

Während meine Mutter zu mir nur sagte: »Du musst selbst wissen, was du tust!«, meinte mein Vater: »Er ist ein guter Junge. Bei ihm solltest du bleiben.«

Dennoch kann ich den Begriff ›junge, chinesische Hunde‹ schon nicht mehr hören. Wenn Tobi damit wieder anfängt, beschleunigt sich entweder mein Puls, oder ich schalte vollkommen ab. Meist verlasse ich den Raum, weil ich plötzlich ganz dringend auf Toilette muss. Die Geschichte des Jugendturniers, währenddessen Charly die Mannschaft mit dem Vergleich zu jungen, chinesischen Hunden aufgeputscht hat, kommt mir aus den Ohren raus. Was ich zudem erst recht spät und nicht durch Tobi erfahren hatte: Das Finale haben sie nicht mal gewonnen. Diese Information unterschlägt Tobi immer. Ich liebe ihn trotzdem …

Wenn ich heute an meine Zeit als Jugendfußballer zurückdenke, dann war Charly wohl die Basis für meine Vereinstreue. Wenn ich ihn als junger Spieler betrachtet habe, dann sah ich den perfekten Fußballer in ihm. Er konnte mit dem Ball alles, was ich noch lernen wollte. Immerhin konnte er die Pille über zehn Mal jonglierend hochhalten, ohne dass dieser auf den Boden fiel. Sogar ein paarmal hintereinander mit dem Kopf und abschließend einmal mit der Hacke. Das war enorm beeindruckend für mich! Zudem konnte er so weit schießen, wie ich es bis zur C-Jugend nicht geschafft hatte. Wenn er den letzten Spaßelfmeter eines jeden Trainings mit der Pieke unter die Latte geknallt hatte, sodass die Kugel unhaltbar im Netz zappelte, hatte ich mit meinen 1,10 Meter natürlich keine Chance, habe mir aber immer gewünscht, das auch mal so zu können.

›Einmal so wie Charly schießen, das will ich schaffen!‹, dachte ich.

Dass ich mein Ziel bereits in der C-Jugend erreichen würde und mir von nun an höhere Ziele stecken musste, die nichts mit dem bierbäuchigen, halbglatzigen, stets nach Standbier riechenden Charly zu tun hatten, konnte ich ja damals nicht ahnen.

Ich kannte Charly nicht, als mir Tobi von ihm das erste Mal erzählt hatte. In meinen Ohren hörte es sich an, als wäre dieser ehemalige Trainer von ihm eine Art Ronaldo. Wenn jetzt jemand fragen sollte, der brasilianische oder der portugiesische Ronaldo, dann ist das völlig irrelevant, denn Charly konnte am Ball noch nicht mal so viel wie die Schnürsenkel beider Spieler. Er war … wie soll ich sagen? … er war einfach ein kleiner, dicker Mann, der die Jungs begeistern konnte. Sobald aber ein erwachsener Mensch auf diesen Charly traf, dessen richtiger Name scheinbar nicht bekannt ist, war klar, dass er mit seinen schlechten Zähnen, ungewaschenen Pullis, labberigen Hosen und seinem zotteligen Haar nie und nimmer eine Fußball-Ikone sein konnte. Die Wahrnehmung der Menschen ist eben unterschiedlich. Was man als Kind erlebt hat, prägt einen eben fürs ganze Leben.

Einige Jahre lang hatte ich nach Charly nur noch Trainer, deren eigene Söhne im Team gespielt hatten. Diese Männer konnten für mich keine Vaterfigur darstellen, denn sie waren ja schon die Papas von anderen Kindern, die sie als Trainer meist nicht ausstehen konnten. Fast jeder Trainersohn hat in der Runde der Spieler mindestens einmal Aussagen getätigt wie: »Mein Vater ist abends immer voll schlecht gelaunt. Nur auf dem Sportplatz macht er Witze!« oder »Mein Vater ist ein arbeitsloses Arschloch!« Wie konnte ich diese Trainer vergöttern. Nein, an Charly kamen sie nicht heran.

Einen Choleriker hatte ich glücklicherweise niemals. Die habe ich immer nur am Spielfeldrand anderer Mannschaften beobachtet. Die rannten stets von einer Eckfahne zur anderen und kreischten sich die scheiß Seele aus dem Leib. Die schrien 10-Jährige an, als wären diese rückfällige Sexualstraftäter gewesen. »Du sollst hinten bleiben, verdammte Scheiße. Soll ich mir denn den Mund bei dir fusselig reden?«

Dass da niemals ein Elternteil aufbegehrt hatte, weil man nicht akzeptieren konnte, dass die Kinder angebrüllt wurden, hatte mich immer gewundert.

So manch ein Trainertyp war der Spielball für die Kinder. Sie sind ihm auf der Nase rumgetanzt, wie sie es wollten. Die Väter der jungen Spieler machten sich über die Knackwurst am Spielfeldrand lustig und waren froh, dass die Jungs mindestens einmal in der Woche von Zuhause fort waren und keine Dummheiten machten.

Dann gab es den Angelernten, der eigentlich aus dem Handballsport kam oder in seinem Leben immer Tischtennis gespielt, aber nie wirklich gegen einen Ball getreten hatte. Das war in den besonderen Fällen jedoch nicht so schlimm, denn dieser Trainer war nicht dämlich und konnte sich in das Thema Fußball schnell reinfinden, auch wenn er von dieser Sportart zu Beginn seiner Trainertätigkeit nicht besonders viel Ahnung hatte. Dieser wunderte sich zu Anfang seiner Tätigkeit stets darüber, wer denn dieser »Leo« sein sollte, den die Spieler immer riefen. Aber nach einigen Wochen kapierte er dann, dass Leo kein Spieler war. Meinst war dieser Trainer irgendwie über Umwege Vereinsmitglied geworden und übernahm den Posten aus einer Gefälligkeit zu einem Bekannten aus der Vereinsführung heraus.

Schlimmer war da der Ahnungslose, der in seinem Leben noch niemals Fußball gespielt hatte, nicht mal auf dem Schulhof mit Tennisbällen oder Coladosen. Er war übergewichtig und besaß sein Lebtag keinen Trainingsanzug. Sein Gewicht machte aus seinen Stelzen X-Beine, und er stapfte nur in seiner Schlurfjeans am Spielfeldrand entlang. Dieser Jugendtrainer war einfach nicht in der Lage, den Spielern irgendwas zu vermitteln. Eigentlich war er nichts als ein sportorientierter Kindergärtner.

Der Entertainer unter den Jugendtrainern sprach mit den Kindern unentwegt und machte stets Erwachsenenwitze, die jedoch eigentlich mehr an die Eltern gerichtet waren. Wenn er redete, dann achtete er darauf, dass ihm eine hübsche Mama oder mindestens ein engagierter Papa zuhörte. Er kommunizierte nicht, damit die Kinder etwas von ihm lernten, sondern um Bestätigung von deren Eltern zu erhalten. Er lachte stetig über seine eigenen Witze am lautesten und mochte es, im Rampenlicht zu stehen. Der Entertainer war immer großer Fan von Otto Waalkes, Heinz Erhardt und Didi Hallervorden – ein Vergleich mit diesen komödiantischen Persönlichkeiten ehrte ihn über alle Maßen. Uns Spielern brachten die regelmäßigen StandUps nicht weiter, denn keiner begriff, was der Entertainer von sich gab. »Ihr müsst den Ball behandeln, als wäre er ein zartes Mädchen, wenn ihr ihn führt, müsst ihr ihn streicheln, und beim Schuss muss die Kraft aus der Hüfte kommen. Wie im richtigen Leben eben. Hö, hö, hö!«

Eigentlich war der Typ Entertainer eine Wurst. In seiner Kindheit von Mitschülern gescholten, und niemand hatte ihn wirklich zu Wort kommen lassen. Dies kompensierte er nun auf dem Fußballplatz und ließ sein Mitteilungsbedürfnis an den Kindern aus.

All diese Trainer haben es nicht geschafft, mich vom runden Leder zu trennen und mich aus dem Verein zu vergraulen. Es ist schon eine Mörderleistung, wenn man die gesamte Jugendarbeit des Vereins durchlaufen und sich vom Fußballsport doch nicht abgewandt hat. Ich bin eben schon immer ein zäher Zeitgenosse gewesen.

Zäh war Tobi immer, das muss man ihm lassen. Ich bin allerdings davon überzeugt, dass keine Art von Jugendtrainer ihn von seinem geliebten Fußball je hätte abbringen können – und wenn er noch so ein schlechter Trainer gewesen wäre, ein Schleifer, ein Massenmörder. Tobi war, ist und wird immer durch und durch ein Fußballer sein. Wahrscheinlich lässt er sich auch in einem runden Sarg begraben …

Als junger Kerl betrachtete ich die Männer aus der ersten Mannschaft mit großen Augen. Ich war fasziniert und erstarrt zugleich, wenn sie auf ihren Alustollen klackernd an mir vorbei auf den Sportplatz liefen. Da wollte ich auch mal hin. Ich war mir immer sicher, dass ich das schaffen würde.

Als ich während meiner ersten und lang ersehnten Saison in der ersten Mannschaft in meiner allerersten Partie ein Husarenstück vollendet hatte und das Spiel gerade zu Ende war, fühlte ich mich wie ein König. Jeder der Zuschauer kam auf mich zu, sie klopften mir anerkennend auf die Schulter und sagten Dinge wie: »Aus dir wird mal ein ganz Großer!« oder »Das hast du toll gemacht! Du warst der Beste auf dem Platz!«

Der Beste? Ich? Das konnte ich gar nicht glauben. Da standen weitere 21 gestandene Spieler, die sich ebenfalls fast den Herzbändel runtergerannt haben, und ich sollte tatsächlich der Beste gewesen sein? Es war ein eigenartiges Gefühl. So unwirklich und nicht greifbar für mich. Was hatte das zu bedeuten? Sollte ich nun einer von ihnen sein dürfen? Hatte ich mein Ziel schon erreicht? Durch diese eine gute Leistung in nur einem Spiel?

Schon als Kind sah ich zu den Männern der ersten Mannschaft auf. Ich bin sicher, es gab damals schon eine zweite Mannschaft, aber diese Leute habe ich gar nicht wahrgenommen. Für mich gab es nur die erste Mannschaft und alle, die in deren Kielwasser mitschwammen: Trainer, Betreuer, Spielausschussmitglieder und ein Masseur. Nun ja, eigentlich war es nur derjenige, der den Eiskoffer bei Verletzungen aufs

Feld tragen durfte und das Eisspray auf eine Prellung sprühen sollte, wenn es nötig wurde. Aber für mich war er der Masseur.

Irgendwann war es dann soweit. Ich war reif geworden für den großen Schritt und stand inmitten dieses Teams. Ich hatte in meinem ersten Spiel schon erreicht, was kaum jemand während einer ganzen Karriere gelang. Es hat mich mit Stolz erfüllt, und ein Traum wurde wahr. Dennoch konnte ich mein Glück damals noch kaum fassen …

Kreisligalegende

Kapitel 2

Fußball und Frauen

Kreisligafußball ist, wenn man seiner Freundin die Taktik erklärt, sie aber diese beim Zuschauen nicht nachvollziehen kann.

TITUS
VERLAG

Was kann eine durchschnittliche Frau mit Fußball anfangen? Eine Frau, deren Vater kein Fußballverrückter war und die nicht drei größere Brüder hatte. Eine Frau wie ich, die ab und zu zum Aerobic geht, um sich fit zu halten, und die immer einen großen Bogen um grölende Menschenmassen gemacht hat. Was kann eine durchschnittliche Frau mit Fußball anfangen, die ganz gerne mal einen Wein oder einen Prosecco zu sich nimmt und für die Bier nie die erste Wahl der Partygetränke war? Was kann eine durchschnittliche Frau mit Fußball anfangen, die nie mit Spannung ein Spiel in der Kneipe angesehen hat und nie verstanden hat, weswegen man bei einer vergebenen Chance oder einem Pfiff des Schiedsrichters so brüllen muss, verdammt? Bevor ich Tobi kannte, war mir Fußball vollkommen Latte – und ich weiß mittlerweile, dass das gerade eine Wortspiel war. Aber auch erst seitdem ich Tobi kenne. Was kann eine durchschnittliche Frau mit Fußball anfangen, die mit einer sogenannten Kreisligalegende zusammen ist? Sehr viel, denn sie steckt mit diesem Sport unter einer Decke. Permanent. Fußball ist allgegenwärtig. Ob auf der Couch, am Wochenende oder in unserem Bett. Wir schauen Fußball im Fernsehen, Tobi trinkt dabei ein Bierchen. Wir gehen am Wochenende zum Sportplatz, und Tobi trinkt dabei ein paar Bierchen mehr.

Und im Bett, nein, da trinkt er kein Bier, aber dort muss ich auf seine Blessuren achten, die er sich beim Training oder Spiel zugezogen hat, damit er nicht mit schmerzverzerrtem Gesicht aufschreit: »Warte, warte, mein Knie ist auf. Wir müssen eine andere Position wählen!«

Ich kenne Fußball mittlerweile in- und auswendig. Mir kann keiner mehr etwas erzählen. Mittlerweile schmeckt mir sogar Bier. Schließlich küsse ich es ja ständig. Alles aus Liebe!

Vor knapp zwei Jahren kam Carola in mein Leben, und anfangs erkannte ich noch nicht, was für ein toller Mensch da vor mir stand. Ich hatte schon viele Frauen kennengelernt und einige Spielerfrauen erlebt. Aber ich hätte niemals gedacht, dass ich mich in eine Frau verlieben würde, die erstens so gar keinen Schimmer von Fußball hatte, und zweitens wegen mir über Fußball so ziemlich alles lernen wollte, was es so zu lernen gab – außer dem Spielen selbst.

Meine Carola ging immer mit mir diesen Weg, weil sie früh begriffen hat, wer ich bin und was ich bin. Ich bin ein Fußballer durch und durch. Kein anderer Sport wird mich je so faszinieren.

Sie ist meine Spielerfrau. Ich denke, sie hatte niemals vor, eine zu werden, aber nun macht sie das sehr gut. Ohne zu murren, steht sie fast jeden Sonntag am Spielfeldrand und macht für nahezu jedes Heimspiel einen bekömmlichen Fanta-Kuchen. Nun, eigentlich stehe ich überhaupt nicht auf diese Art Kuchen, der ist mir einfach zu süß und schmeckt mir fast ein wenig nach Radler, aber das würde ich Carola niemals sagen. Scheinbar liebt sie es, diesen Fanta-Kuchen zu machen. Ich glaube, es ist für sie eine Art Ritual. Damit beginnt sie jedes Heimspiel. Mit dem Kuchenblech in der Hand geht sie zur Kuchentheke im Vereinsheim, während ich mich schon mal in die Kabine zur Mannschaft begebe. Dann gibt sie dort ihren selbstgebackenen Fanta-Kuchen ab und gehört damit ein Stückchen mehr zur Gemeinschaft. Wenn sie einfach nur anwesend wäre, um das Spiel zu schauen, wäre sie nur ein etwas besserer Zuschauer. So sorgt sie sich aber mit um das Wohl der Besucher. Ohne ihren Fanta-Kuchen würde sonntags einfach etwas fehlen, und ihr schien es immer Spaß zu machen, diesen zu backen. Warum sollte ich mich also dagegen wehren? Manchmal esse ich sogar ein Stück davon und signalisiere ihr, wie lecker der Kuchen doch angeblich ist. Das macht meine Carola glücklich. Da bin ich sicher.

Fast jeden zweiten Samstagmittag stehe ich in der Küche und mache den planmäßigen Fanta-Kuchen für den Heimspieltag. Der TuS Germersbach hat somit einen Kuchen mehr auf der Kuchentheke und nimmt dafür ein paar Euro ein. Zudem mag mein Tobi diesen Kuchen für sein Leben gern essen. Angefangen habe ich damit eigentlich nur wegen ihm. Heutzutage erwartet er es regelrecht, dass er sonntags nach dem Heimspiel ein Stück von meinem Fanta-Kuchen essen kann.

Auch wenn er es so niemals sagen würde. Ich sehe doch sein Gesicht, wenn er genüsslich reinbeißt und mich dabei anlächelt. Wenn ich jedoch ehrlich bin, hasse ich es, diesen Kuchen machen zu müssen. Wenn ich es nicht für Tobi tun würde, dann hätte ich das Rezept bereits aus meinem Gedächtnis gelöscht. Alles viel zu süß für meinen Geschmack. Doch das kann ich Tobi niemals so sagen. Warum sollte ich ihn enttäuschen? Nein, lieber mache ich weiterhin meinen Fanta-Kuchen und ihm damit eine große Freude.

In meinen Augen ist Carola die perfekte Spielerfrau. Sie lässt mich meinen Sport treiben und fährt zu fast jedem noch so weiten Auswärtsspiel mit. Sie versteht es, wenn ich mit den Jungs nach dem Spiel noch stundenlang in der Kabine sitze und wir eine Kiste Bier nach der anderen leeren. Sollte es wirklich mal zu lange dauern, dann fährt sie einfach nach Hause und freut sich, wenn ich abends nachkomme. In welchem Zustand auch immer. Niemals würde sie nur ein böses Wort gegen meinen Sport sagen.

Wenn ich jedoch andere Spielerfrauen betrachte, kommt mir nicht selten die Galle hoch. Jonas' Olle zum Beispiel ist immer genervt. Schlecht gelaunt steht sie am Spielfeldrand und tippt nach dem Spiel ungeduldig mit dem Fuß auf, wenn Jonas an ihr vorbei in die Kabine geht. Natürlich erkennt er die Zeichen und weiß, seine Freundin will schleunigst nach Hause. Sie würde allerding niemals alleine gehen. Es ist sogar schon vorgekommen, dass sie plötzlich die Kabinentür aufgerissen hatte, um nach Jonas zu fragen. »Wo bleibst du denn? Ich warte und warte! Wollen wir nicht mal endlich nach Hause gehen? Und so viel Bier musst du doch wirklich nicht trinken. Ich geh gleich alleine. Das hast du nun davon!«

Wenn dann aus Reihen der Mitspieler ein vergnügtes »Tschö, man sieht sich dann. Wir bringen Jonas nachher sicher heim« erklingt, dann ist sie erst recht sauer. Aber nicht auf denjenigen, der sich über sie lustig gemacht hat oder auf sich selbst, dass sie so dämlich war, in die Kabine zu treten, wobei in diesem Moment die Hälfte der Mannschaft fast nackt dastand, sondern auf Jonas. Jonas war schuld. Er war immer der Dumme. Weswegen? Das kann sicher nur der liebe Gott erklären.

Ein ehemaliger Mitspieler hatte das genaue Gegenteil als Freundin auf den Sportplatz mitgeschleppt. Sie war eigentlich nur da, weil es nach dem Spiel Bier gab. Hoch die Hände, Wochenende! Wenn sie betrunken war wie tausend Russen, musste er immer fahren. Immerhin hatte sie ihn ja mittags gebracht und erwartete dafür am Abend die Gegenleistung. Die Säuferin nutzte den Sonntag, um selbst den Alkoholpegel hochzuhalten, den sie wahrscheinlich vom Samstagabend noch mitgebracht hatte, und war schon in der Halbzeit voll bis zum Anschlag. Das war natürlich gemein, denn die Spieler durften bis dahin ja nur Wasser trinken. Außer die, die vor dem Spiel hinter dem Bierstand heimlich ein schnelles Pils runterschlangen.

Diese Spielerfrau des Typus Säuferin war zwar beliebt, und jeder konnte über ihre Eskapaden lachen, nur ihr Freund, der fand das mit andauerndem Stress nicht ganz so witzig und kam nach einiger Zeit als glücklicher Single zum Spiel. Von da an hatte er sonntags dann auch mal wieder seinen Spaß.

Manche Frauen werden aber auch durchgereicht. Irgendwie kommen sie in den erlauchten Kreis des Teams, entweder durch eine Freundin oder weil sie ein Spieler nach einer langen Disconacht einführt. Von da an überlebt ihre Anwesenheit jedoch immer wieder die Halbwertszeit einer Beziehung. Diese Mädels sind zugegebenermaßen verdammt hübsch und arbeiten sich nach und nach von einem Ersatzspieler als Stecher hoch zu einem Stammspieler, der natürlich viel besser im Bett ist, über den Stammkeeper, der ganz verrückte Sachen mit ihr gemacht hat, bis hin zum Kapitän. Bei ihm bleibt sie dann meist am längsten, bis er die Sprüche seiner Lochschwager nicht mehr ertragen kann und die Kleine abschießt.

Manchmal, aber das nur sehr selten, erlangt sie sogar die Gunst des Trainers. Als First Lady heiratet sie ihn dann natürlich, denn Trainer sind immer älter und suchen etwas Festes. Wenn dieser Trainer sich dann mit den Tuscheleien der Spieler nicht mehr abfinden kann und seine Frau aus Geldmangel nicht einfach so in den Wind schießen möchte, dann wechselte er den Verein. Möglichst einen weit entfernten in einem anderen Kreis, denn hier hat die First Lady wieder eine weiße West. Der Grund des Wechsels liegt offiziell natürlich immer bei beruflichen Gründen des Trainers.

Auch wenn es im Gemüt der First Lady tief verankert ist, sich ganz gerne mal durch die Betten zu vögeln, so wird sie sich nur in ein Promille aller Fälle dazu herablassen, wieder etwas mit einem Spieler des neuen Vereins anzufangen. Wenn dann über den Kapitän zum Keeper, dann zu diversen Stammspielern, und letztlich schließt sich der Kreis, wenn ein Ersatzspieler ein WhatsApp-Video an all seine Kameraden sendet, in dem er die völlig besoffene und fünfzehn Jahre ältere Ex-Trainerfrau auf der Rückbank seines versifften Fiat Punto durchnimmt.

Für diese Art Spielerfrau gibt es mannschaftsintern diverse Bezeichnungen. Sie wird ›Wanderpokal‹ genannt oder ›Dorfmatratze‹, aber niemals in Anwesenheit des aktuellen Stechers. Wenn der Wanderpokal beim Trainer angelangt ist, dann traut sich eigentlich kein Spieler noch einmal an sie heran, denn wer will schon in verseuchtem und vermintem Gebiet wildern? Den Wanderpokal möchte jeder nur einmal haben. Ist sie jedoch neu im Verein und eigentlich ganz ansehnlich, gibt es nur wenig Spieler, die bei der Trainerfrau abwinken würde.

Ein kluger Mann hat mal gesagt: »Auf alten Gäulen lernt man das Reiten.« Warum sollten die jungen Hüpfer also die hübsche Frau des Trainers abwimmeln wollen, wenn sie sich doch aufreizend anbietet?

Unser Spriddi kam vor ein paar Jahren einmal mit einer Kleinen an, da verschlug es jedem der Mitspieler die Sprache. Aphrodite selbst hätte nicht weniger Eindruck machen können. Spriddis Freundin schritt am Spielfeldrand entlang, und kaum jemand konnte sich noch auf Fußball konzentrieren. Erst recht die Jungs, die eben auf dieser Seite positioniert waren. Ihren Namen weiß heute natürlich niemand mehr, aber erinnern kann sich jeder an Aphrodite.

»Weißt du noch, als Spriddi mit der Hübschen hier angetanzt kam. Alter, was hatte die Kleine eine Figur gehabt. Wie Spriddi an sie herankam, ist mir heute noch schleierhaft.«

Denn jeder Spieler glaubt, er wäre der Beste und Attraktivste in der Mannschaft. Keiner nimmt an, dass ein Mitspieler der bessere Kerl für eine Frau sein kann oder möchte nachvollziehen können, weswegen die Spielerfrau gerade mit dem anderen Typen zusammen ist – schon gar nicht, wenn die Spielerfrau richtig hübsch ist.

Wo die Freundin von Spriddi damals abgeblieben ist? Das weiß keiner. Nicht mal Spriddi weiß heute noch, weswegen er mit ihr auseinander ist. Vermutlich traf sie einen, der ein schöneres Auto fuhr, ein oder zwei Klassen höher spielte und die cooleren Sprüche auf Lager hatte. So läuft es doch immer!

Oder ihr war es zu peinlich, dass Spriddi mit vollem Kopf unserem damaligen Trainer ins Auto gekotzt hatte. Da brauchst du als Spielerfrau ein dickes Fell, wenn du die Sprüche aller Beteiligten aushalten möchtest. Das hatte Spriddis Perle offenbar nicht.

Bei unserem TuS Germersbach gibt es eine Handvoll Spielerfrauen, die sind schon richtig lange im Amt. Teilweise sind sie sogar Ehefrauen von älteren Spielern – so lange schon, dass es ihnen vorher niemand auf diese Art prophezeit hätte. 75 Prozent alle Spielerfrauen sind nur temporäre Auslegeware. Nicht weil Fußballer generell solche Casanovas oder besondere Draufgänger wären. Einfach nur, weil sie überwiegend junge Haudegen sind, die mal dies oder jenes ausprobieren. Und kaum eine Spielerfrau hält die Prozedere Sonntag für Sonntag auf Dauer aus.

Ulla jedoch ist unser Urgestein und sozusagen die Mutter aller Spielerfrauen. Eigentlich ist sie eine Art Edelfan und somit eine Institution. Sie war schon vor 50 Jahren auf dem Platz, noch bevor das Vereinsheim neu aufgebaut wurde. Als Ulla noch ein ganz junges Huhn war und Rudi noch ihr einziger Mann im Leben, stand sie als Spielerfrau an der Außenbegrenzung und feuerte eben diesen Rudi an. Rüdiger Vollmann war einer der Gründungsmitglieder des Vereins. Lange Zeit ließen sich Rudi und Ulla nur gemeinsam sehen. Seitdem Rudi aber vor etwa zehn Jahren verstorben ist, besucht Ulla als die älteste Spielerfrau aller Zeiten unsere Spiele noch immer. Sie ist fast schon so etwas wie ein Maskottchen. Rudi ist heute zwar noch immer ihr erster und einziger Mann im Leben, aber das würde bei der 68-jährigen Ulla keiner mehr hinterfragen wollen.

Ulla steht meistens neben Schakkeline. Schakkeline ist etwa Mitte dreißig und die Frau unseres Kapitäns. Die Frau von Diver, wie wir ihn alle nennen, ist definitiv der größte Schreihals unter allen Zuschauern. Sie ruft sogar beim Einwurf »Abseits!«, obwohl sie genau weiß, dass das Blödsinn ist. Und dies mit einer Lautstärke, die ihresgleichen sucht. Jede Woche, ob auswärts oder bei Heimspielen. Ulla und Schakkeline versuchen sich Woche für Woche gegenseitig im Geräuschpegel zu überbieten, wobei Schakkeline immer als klare Siegerin vom Platz geht.

»Ey, der muss morgen wieder arbeiten!«, ist ihr Standardspruch, wenn mal wieder ein Gegenspieler mit einer hüfthohen Grätsche um die Ecke geflogen kommt.

Sie meckert alle an und ist immer anderer Meinung. Entweder anderer Meinung gegenüber dem Schiedsrichter oder einem Gegenspieler, manchmal auch gegenüber des gegnerischen Trainers, der das Spiel mit seinen Kommandos beeinflussen möchte. Dabei hält Schakkeline niemals mit Beleidigungen vor den Berg. Jedoch ist Schakkeline im normalen Leben eine ganz Liebe, bringt sonntags Marmorkuchen mit, bemuttert Diver, wo sie nur kann, putzt ihm sogar dann und wann die Schuhe und spielt nicht selten sonntagabends für zahlreiche Mitspieler Taxi, wenn sie voll wie die Pisspötte die Autoschlüssel nicht mehr aus der Wertsachentasche ausgehändigt bekommen. Schakkeline ist wirklich ein Herz von Mensch.

Wehe aber ein gegnerischer Spieler begeht ein schweres Foul gegen ihren Mann. »Du hast ja wohl einen Vollschaden! Der muss morgen wieder um sieben auf der Matte stehen. Du hast ja wohl nicht mehr alle am Sender. Verpiss dich! Schiri, das ist Rot! Schmeiß den Dreckskerl runter. Schiri …!« Sollte der Schiedsrichter aber nicht nach ihren Vorstellungen durchgreifen: »Schiri, was pfeifst du denn da für eine Scheiße, verdammt noch mal? Hat dir einer ins Gehirn geschissen? Das sieht doch ein Assi mit Krückstock!«

Kommt dann ein Spieler der Gegner um die Ecke: »Halt doch mal die Zähne, du Schlampe. Was willst du eigentlich?«

»Was willst du überhaupt, du Schlappschwanz? Guck dich mal an, wie du aussiehst! Wo ist eigentlich dein Blindenstock, oder hast du nicht gesehen, was hier abgeht? Guck nicht so blöd, du hast wohl noch nie eine starke Frau gesehen. Das ist mir klar, du Flachpfeife. Spiel deinen Fußball, und lass dir später von Mutti einen runterholen.«

»Mensch, Schakkeline …«, sagt dann Ulla immer an dieser Stelle, weil es ihr dann doch etwas zu viel wird für ihr Alter.

»Ist doch wahr«, meint dann Schakkeline nur, und Diver schüttelt auf dem Platz, nach einer Stelle zum Versinken suchend, mit dem Kopf.

Unser Kapitän hat schon x-mal versucht, mit seiner Frau zu sprechen, da sie wirklich schon auf allen Plätzen der Kreisliga ihren Ruf als Schreihals des TuS Germersbach weg hat. Sie ist unter den Spielerfrauen auch so etwas wie eine Kreisligalegende. Zuweilen stimmt Schakkeline ihrem Mann auch zu und gelobt Besserung. Das meint sie in diesem Moment auch wirklich ernst. Sobald das Spiel jedoch in vollem Gange ist und der Verlauf der Partie ein klein wenig Spannung hervorruft, brennen bei Schakkeline sämtliche Sicherungen durch.

»Bist du eigentlich komplett bescheuert, da so reinzugehen wie ein Attentäter? Das ist ja Körperverletzung! Schiri, soll ich dir eine rote Karte geben? Du hast deine ja offenbar in der Kabine liegenlassen – oder was hat es gekostet, dass du den nicht vom Platz schickst?«

Unser Diver hat es während der Partie wahrlich nicht einfach, denn manchmal muss er sogar ganz offiziell, weil es der Unparteiische so fordert, zu seiner Frau gehen, um sie des Platzes zu verweisen. Dann stehen Ehefrau und Ehemann, sie mit Zigarette im Mundwinkel und einen Regenschirm schwingend und er im durchgeschwitzten Trikot mit verzweifelter Miene voreinander. Er bittet sie zu gehen, und sie schreit: »Ich soll vom Platz gehen? Das ist ja wohl eine Frechheit. Wehe, der Drecksschiri isst nachher etwas von meinem Marmorkuchen, dann ist aber was los hier!«

Mit manchen Beleidigungen fordert es Schakkeline aber auch geradezu heraus. »Schiri, bist du mit dem Klammersack gepudert? Haben sie dir wieder die Scheinchen in den Arsch geblasen, dass du keinen von denen runterstellst? Du bist doch eine Schiedsrichternutte!« Spätestens dann muss Schakkeline von der weiter entfernten Terrasse des Vereinsheims aus das Spiel weiterschauen, und alle Anwesenden lachen sich ins Fäustchen, weil Diver seine Ehefrau wegschicken musste. Aber auch von der Terrasse aus ist Schakkeline noch recht gut über den ganzen Platz zu hören.

Dabei hatte Schakkeline schon so manches Mal ihr Päckchen mit ihrem Mann zu tragen. Die geben sich beide nichts. Schon allein die Geschichte, wie er zu seinem Spitznamen Diver kam, ist legendär: Es war eigentlich ein ganz normales Freundschaftsspiel gegen Pittlingen, unserem Erzfeind ein Ort weiter. Pittlingen hat auf seinen Kunstrasen geladen und hatte vor, uns zu deklassieren. Ja, dort spielte man in der Vergangenheit fast immer ein oder zwei Klassen höher und ließ sich nur zu Freundschaftsspielen dazu herab, mal gegen den niederen TuS zu kicken. Fuck Bezirksliga! … Egal!

Jedenfalls lief in diesem Spiel alles wie gehabt. In der ersten Halbzeit konnten wir noch einigermaßen mithalten, lagen nur 1:0 zurück, wobei aber unser Kapitän noch nicht da war. Noch keiner hatte sich verletzt, und wir hielten recht gut dagegen. Damals nannte man Diver noch Alex, mancher sagte sogar Alexander zu ihm. Wie förmlich!

Alex nahm dieses Spiel nicht so ernst und lag noch zur Halbzeit mit knapp 3,5 Promille im Kahn. Der Trainer aber forderte ihn an und ließ Alex aus dem Bett klingeln. Erst telefonisch, dann persönlich. Zu Spielbeginn ist tatsächlich jemand zu ihm nach Hause gefahren und hat bei Alex Sturm geklingelt.

»Ist mir scheißegal, in welchem Zustand er ist. Und wenn er dir ins Auto kotzt zahle ich die Reinigung«, hatte der Trainer gesagt. »Bring ihn her! Er ist der Kapitän, verdammt! Wer am Vorabend saufen kann, der kann auch spielen.«

Alex wurde, wie befohlen, vier Kilometer weiter nach Pittlingen gekarrt und saß kurz nach Anpfiff der zweiten Halbzeit etwas angeschrägt auf der Bank. Er war kreidebleich. Der Trainer wechselte kein Wort mit ihm. Etwa zehn Minuten vor Abpfiff des Spiels wurde er mit einem einfachen Handzeichen des Trainers eingesetzt. Vorne. Als Stürmer. Da Pittlingen hinten aufgemacht hatte, um das Offensivspiel in dem Freundschaftsspiel zu üben, ergaben sich große Räume für unseren Sturm und speziell für Alex.

Etwa vier Minuten nachdem er einigermaßen gerade auf das Spielfeld gelaufen war, er hatte sich überraschenderweise mächtig zusammenreißen können, bekam ich den Ball auf den Fuß und beförderte ihn aus unserem Mittelfeld hinaus in den Lauf von Alex. Mein Pass zu Alex war butterweich und erreichte sein Füßchen ohne Umwege. Auf dem Kunstrasen hoppelte nichts und kein Sandhügelchen störte. Alex stoppte die Pille und legte sie sich in vollem Lauf vor, um möglichst den Torwart vor ihm elegant zu umkurven und das Leder im Netz einzuschweißen. Weit und breit war niemand und Alex mit dem Ball am Fuß auf den Weg zum Torwart. Der Keeper war noch etwa fünfzehn Meter von ihm weg und kam ihm gerade auf Höhe des Elfmeterpunktes entgegen. In jedem Punktspiel hätte der Ball mit hoher Wahrscheinlichkeit einige Momente später im Netz des Gegners gezappelt.

Doch Alex' Körper entschied sich anders. Auch wenn der Geist Alex' schon recht klar war, nachdem er plötzlich aus dem Schlaf gerissen wurde und eine kurze Genesungsphase auf der Bank genoss, hatte sein Leib noch Schwierigkeiten den Willen seines Herren umzusetzen. Alex tippte den Ball zwei-, dreimal an und machte in einem Augenblick der Trägheit eine Bewegung, die niemand der Anwesenden, weder am Spielfeldrand noch auf dem Platz, nachvollziehen konnte. Er stolperte über einen Hauch von nichts, einen Kunstgrashalm, eine leichte Luftbrise oder ein Sandkorn und knallte der Länge nach ungestüm hin. Ein Foul konnte es nicht gewesen sein. Der nächste Spieler stand mindestens fünf Meter weg. Alex' Sturz erfolge dermaßen unkontrolliert und plump, dass jeder nasse Sack der Erde einen Lachanfall bekommen hätte. Manche der Zuschauer dachten im ersten Augenblick, ein Heckenschütze hätte Alex einen derben Kopfschuss verpasst. Er fiel mit ausgestreckten Armen auf seine Handflächen und Knie, schrammte sodann mit den Ellenbogen über den künstlichen Untergrund und hatte keine Kraft seine rechte Wange davon abzuhalten, ebenfalls über die Plastikgrashalme zu schrappen. Beide Handballen, die Haut auf beiden Kniescheiben, ein Teil der Oberschenkel, beide Ellenbogen und die rechte Wange von der Schläfe bis zum Kinn waren lädiert und bluteten. Wäre dieser Unfall auf dem Hartplatz passiert und Alex wäre auf die gleiche Weise ungebremst gestürzt, man hätte den armen Kerl danach wohl nur noch einäschern lassen können oder notschlachten müssen. So war er nichts weiter als ein schlechtes Jesus-Imitat mit Stigmata an allen vorgegebenen Stellen und hatte seinen Spitznamen aufgrund der Bewegung weg, den er niemals mehr wieder loswerden würde.

Jeder nennt ihn heute Diver, weil manche Bundesligaspieler auf ähnliche Art den ›Diver‹ machten und beim Torjubel abtauchen – da aber geplant und gekonnt, ohne sich dabei zu verletzen. Wenn ihn heute jeder Diver nennt, weiß so mach einer der neuen Spieler nicht, weswegen er so genannt wird. Für sie ist er einfach nur der Diver. Alex selbst versucht, soweit es geht, die Story zu seinem Namen geheim zu halten.

Die ›Kennerin‹, die so von vielen bei uns im Verein genannt wird, weiß über alles Bescheid. Ruth kennt jeden, weiß alles über die Spieler, Mitglieder und kennt natürlich jede Regel des Fußballs. Sie weiß von der Champions-League bis zur Kreisliga, wer die Meisterschaften gewonnen hat – natürlich nur von unserer Kreisliga. Die anderen Kreisligen waren ihr egal. Ruth ist die Frau vom Co-Trainer, wobei der natürlich auch irgendwann mal Spieler war. Die Kennerin erklärte jedem, der es hören wollte, weswegen der Schiedsrichter nun hätte anders pfeifen müssen und weswegen die Regel von ihm falsch ausgelegt wurde. Aber nicht als Schreihals wie Schakkeline, sondern ganz reserviert und ruhig. Einen schlauen Kenner oder eine clevere Kennerin hat jeder Verein. Ohne diese Person würden die anderen Vereinsmitglieder den Sport wahrscheinlich gar nicht begreifen.

Einer aus dem Team hat immer eine Freundin, die alle überragt. Diese ist hübscher als alle Frauen, die die Jungs jemals gesehen haben. Diese Freundin macht im Bett auch alle Sauereien mit, die man sonst nur aus dem Fernsehen kennt, also, eigentlich aus dem Internet. Diese Freundin ist gleichzeitig klug, lustig, wahnsinnig sexy und unglaublich unsichtbar. Unsichtbar? Offensichtlich, denn niemand außer dem vermeintlichen Spieler selbst hat sie je gesehen. Wer vermutet, dass die Unsichtbare eigentlich gar nicht existiert, liegt meines Erachtens gar nicht mal so komplett falsch.

Torben war immer so ein Kandidat, der diese Unsichtbare Freundin hatte. Ganz ehrlich, ich bin noch nicht mal sicher, ob er jemals etwas mit einer Frau hatte. Man sagt zwar

Tormänner und Linksaußen sind alle ein bisschen verrückt, aber Torben war als Torwart ein ziemlich unbeschriebenes Blatt. Meiner Meinung nach hatte er eine weiße Sexweste. Dafür trank er umso mehr. Immer wenn er viel getrunken hatte, quatsche er die Frauen schräg an, wahrscheinlich aus einer inneren Verzweiflung heraus. Aber Frauen merken es ganz genau, wenn Männer mit ihnen nur sprechen können, wenn sie besoffen sind. Das mögen sie wie Scheiße auf Plätzchen.

Torben war der Torwarttyp, der fast alle haltbaren Bälle parierte. Wenn es etwa schwieriger wurde, dann konnte es mit großer Wahrscheinlichkeit eng werden. Dann war die Pille drin. Die so genannten Unhaltbaren entschärfte Torben zu 99,9 Prozent nicht. Auch wenn viele nach dem Spiel immer das Gegenteil behaupteten, war das nur Bauchpinselei. Die Bälle, die Torben herausfischte, hat er als einigermaßen intelligenter Mensch halten müssen. Nicht können! Müssen!

Dennoch mussten wir unseren Torben bei der Stange halten. Einen anderen Keeper gab es nicht. Hinter hervorgehaltener Hand behaupteten böse Zungen, er würde nicht mal haltbare Milch halten, aber das war selbstverständlich übertrieben – aber nur ein bisschen.

Torben war grundsätzlich faul. Beim Lauftraining eierte er stets hinterher, in der Hoffnung, dass er früher aufhören konnte, während die anderen schon die volle Distanz hinter sich gebracht hatten. Im Spiel rief er ständig nach einem neuen Ball, wenn dieser über den Fangzaun gedroschen wurde, nur weil Torben dann mal fünfzehn Meter hätte laufen müssen. Manchmal, wenn alle Bälle bereits verschwunden waren, es am Ende des Spiels mal eng wurde und kein Zuschauer hinter dem Tor stand, um Torben den Ball zu holen, dann kam Torben völlig fertig wieder auf den Platz, weil er sich jetzt plötzlich beeilen musste. Es war grauenhaft anzusehen. Selbstverständlich konnte er den anschließenden

Abschlag nicht selbst ausführen und ging entkräftet in die Mitte seines Tores.

In der Realität war seine sportliche Leistung zugegebenermaßen eher mit dem Begriff ›bescheiden‹ einzuordnen. Obwohl er groß und stark war, machte er sich im Kasten verbal fast nie bemerkbar. Das Einzige, was er von sich hören ließ, war nach einem Gegentor ein »Nichts passiert! Weiter geht's!«

Ich dachte dann immer: ›Wie, nichts passiert? Du hast gerade ein Gegentor kassiert, verdammt!‹

Außerdem hatte Torben ein paar Standardsätze, die schon keiner mehr hörte, weil er sie ständig rief. Beim Abstoß: »Nicht dotzen lassen. Erster Ball!« Wenn wir Einwurf hatten: »Angebote, Jungs! Der weiß doch gar nicht, wo er hinwerfen soll!« Bei einem Einwurf des Gegners weit in deren eigenen Hälfte: »Zumachen, Jungs! Der weiß doch gar nicht, wo er hinwerfen soll!« Immer dasselbe!

Wenn er rauslief, um einen Eckball oder eine Flanke aus dem Spiel heraus abzufischen, hielt jeder aus dem Team und um den Sportplatz herum die Luft an. Leider auch Torben, denn dann kam kein Ruf, von wegen »Keeper!«, sodass die Mitspieler wussten, er bemühte sich um den Ball. Nein, da hatte er dann Schiss, sich bemerkbar zu machen. Torben hatte die Figur von Oliver Kahn - plus 15 Kilogramm, manchmal sogar plus 20 - und das Gemüt von Gandhi mit einem Hauch von Mutter Theresa - plus einem leichten Hang zum Alkoholismus. Torben konnte an der Theke nie »nein« sagen und im Fünfmeterraum keinen gegnerischen Stürmer abräumen. Aus unerfindlichen Gründen war Torben auch nicht fähig, einen Abschlag aus der Hand weiter als 25 Meter und niedriger als 45 Meter zu schießen. Er bekam die Pille einfach nicht in die gegnerische Hälfte. Wenn wir unsere Eckstöße so geschossen hätten, wäre der Ball noch viel seltener vor das Tor gekommen. Unsere Abstöße vom Boden hatte fast immer der Spieler auf der Liberoposition ausgeführt. Wir spielten immer mit Libero. Viererkette kapiert bei uns keiner.

Deswegen, und weil Torben die Pille nicht weit genug treten konnte, machte ein Libero Sinn. Torben wollte vielleicht den Ball nicht zu hart treten, um ihm nicht wehzutun. Wer weiß das schon? Er war einfach zu lieb für diesen Job.

Wenn er diese lieblichen Wesenszüge auf den Kontakt zur Frauenwelt hätte überragen können, wäre er sicher seit Jahren ein glücklicher Familienvater. Beim Fußball war das allerdings nicht angebracht. Deswegen spielte er Kreisliga und kam niemals darüber hinaus. Hätte der TuS Germersbach mal einen ebenbürtigen Konkurrenten für das Tor verpflichtet - gesetzt den Fall, sie würden jemals einen finden - dann hätte Torben mit höchster Wahrscheinlichkeit kampflos die Segel gestrichen. Ich glaube sogar, die Chancen stünden dann nicht schlecht, dass er vielleicht sogar völlig mit dem Fußball aufgehört hätte. Torben konnte einfach mit Druck nicht umgehen. Das nennt man auch ›hochgradig konfliktscheu‹. Für einen guten Keeper sind das zugegebenermaßen keine positiven Parameter. Er wäre sicher an irgendeiner Bar Abend für Abend versackt und wäre mit 45 als alkoholsüchtige Jungfrau gestorben.

Dennoch waren wir froh, dass wir Torben überhaupt hatten. Wer hätte sich denn sonst zwischen die Pfosten stellen und Woche für Woche als Schießbudenfigur die Hütte vollkriegen sollen? Nee, nee, Torben war ganz klar und ohne Zweifel unsere Nummer Eins – auch wenn er immer wieder eine unglaublich hübsche Freundin nach der anderen erfand.

Das ist ohnehin ein Phänomen unter Männern. Jeder Kerl hat in Bezug auf Frauen seinen Kumpels grundsätzlich mehr zu berichten, als er tatsächlich erlebt hat. Da sind Fußballer sicherlich nicht anders als Turmspringer. Viele Frauen fragen sich, was reden richtige Mannbilder eigentlich, wenn sie unter sich sind? Die Antwort ist recht einfach: Früher oder später erzählen sie sich, was für tolle Hechte sie sind und wie viele Frauen ihnen hinterhergelaufen sind oder was sie mit ihnen im Bett erlebt haben. Das war's! Viel mehr Gesprächsthemen haben Männer nicht, jedenfalls nicht ab einem Alkoholpegel von 0,8 Promille. Obwohl Fußballer eine solche Runde gerne mit alten Sporterlebnissen beginnen.

Das hört sich dann in etwa so an: »Weißt du noch, als der Hattig im Relegationsspiel ein direktes Eckballtor geschossen hat und anschließend im Jubeltaumel den fünf Meter hohen Zaun hinter dem Tor hochgeklettert ist?«

Ein anderer Spieler: »Ich habe während des Spiels schon telefoniert! Also, nun ja, ich war zu spät, und ich hab von unterwegs angerufen, dass ich nicht rechtzeitig da sein werde. Komisch, dass ich den Trainer dabei erreicht habe …«

Eine weitere Geschichte aus alten Tagen: »Unser alter Trainer Harasta hat mal in der Ansprache vor dem Spiel gesagt: Ein 1:0 ist gut, aber ein 2:0 ist besser als ein 1:0 und ein 3:0 ist besser als ein 2:0. Da waren wir Spieler doch schon sehr beeindruckt über so viel Fußballwissen.«

Ich habe mich nie wirklich gefragt, was die Männer quatschen, wenn sie unter sich sind. Einerseits ist es klar, andererseits ist es doch vollkommen egal. Sie sind unter sich, da sind keine Mädels dabei, die haben Bier in der Hand und können sonst keine Dummheiten machen. Warum sollte ich dann wissen wollen, was sie im Einzelnen reden? Einen besonders geistigen Nährwert können diese Unterhaltungen ohnehin nicht haben. Es dreht sich alles um Fußball und andere Weiber. Dabei sind 25% der Stories erstunken und erlogen, 25% sind übertrieben dargestellt und damit auch zu großen Teilen frei erfunden, weitere 25% sind Erzählungen von anderen, die nun weitergetragen werden und ehemals auch gelogen oder übertrieben waren, und das waren insgesamt die 75% der interessanteren Erzählungen von Männern unter sich. Das letzte Viertel ist eigentlich nur ein unverständliches Gelalle von Träumen und Wünschen, die keiner in diesem Moment nachvollziehen kann, aber jeder der Betrunkenen nickt, als würde er gerade die Lebensphilosophie schlechthin erhören. Der Rest ist Schweigen.

Manchmal, wenn jemand aus meinem Umfeld unglaubliches Interesse heuchelt, dann werde ich gefragt, wie ich meine

Carola kennengelernt habe. Sollte ich dann tatsächlich die Lust verspüren, die Geschichte unserer Zusammenkunft zu erzählen, muss ich stets etwas ausholen, denn im Grunde begann alles mit meinem ersten und einzigen Blind Date.

Ja, ein Blind Date. Ich habe mich wirklich mal darauf eingelassen. Es war zwar für mich nie wirklich erstrebenswert, aber weil ich Spriddi damit einem Gefallen tun wollte, willigte ich in den Plan ein. Er lag mir damit über Wochen in den Ohren.

»Das musst du mal ausprobieren«, meinte er immer. »Das ist echt superspannend. Du weiß nicht, wen du da triffst. Es kann der Hauptgewinn sein, aber du kannst auch eine Niete ziehen. Dazwischen ist das Spektrum der Begegnungen riesig!«

Spektrum der Begegnungen? Woher hatte er nur diese Wortkonstellationen aufgeschnappt? Naja, jedenfalls hatte er mich irgendwann sowas von weichgeklopft, dass ich es tatsächlich über irgendein Internetportal versucht hatte. Während ich mein Profil in die Tastatur hackte, saß er sogar neben mir.

»Hobby?« In mein Profil habe ich wahrheitsgerecht eingetragen: Fußball.

Doch Spriddi meinte, ich sollte es ergänzen: »Schreib noch lesen und schwimmen rein. Das machen alle.«

»Warum? Ich lese nur den Sportteil und schwimmen war ich das letzte Mal vor einem halben Jahr auf Malle. Und das war eher baden im Meer.«

»Mach es einfach, Tobi!«

Okay, ich tat es ohne weitere Nachfragen.

»Geschlecht: männlich. Da gibt es jetzt aber keine Zusätze, oder?«

Spriddi rümpfte die Nase: »Nein, weiter!«

»Motto«, ich dachte für einen Moment nach. »Wenn du hinten keinen reinkriegst, kannst du schon mal nicht verlieren. Was hältst du davon, Spriddi? Das ist doch lustig.«

Spriddi kicherte. »Ich prophezeie dir eine Flut von homosexuellen Männern, die sich bei dir melden werden. Glaub mir, ich kenne ich mich damit aus.«

»Du kennst dich damit aus? Wie meinst du das?«

»Naja, wie man sich eben damit auskennt … frag nicht so blöd!«

Spriddi erklärte mir, dass mein Motto irgendwie falsch interpretiert werden könnte. Also trug ich den Zusatz ein: Auf der Suche nach Frauen, nur Frauen!

»Das sollte deutlich genug sein.«

»Ja, geht«, sagte Spriddi.

»Was nun?«, wollte ich von Spriddi wissen.

»Jetzt musst du mal ein paar Tage warten. Wenn sich jemand meldet, dann hast du den Jackpot.«

»Ein paar Tage? Jackpot?«

»Ja, das geht nicht sofort. Wenn du das zu aggressiv angehst, dann verscheuchst du nur die Frauen. Am besten, wenn sie von selbst kommen. Glaub mir!«

»Okay, das kann schon sein«, gab ich Spriddi recht. »Aber warum Jackpot?«

»Wenn sich eine meldet, dann kann die sich schon mal als gefickt betrachten. Die will dich dann kennenlernen. Der Rest ist ein Kinderspiel.«

»Du, Spriddi. Ich glaube, ich spreche die Frauen lieber doch direkt an …«

»Nein, probier das!«

Ich grummelte in mich hinein und war wirklich nicht überzeugt.

»Tobi, ich habe das schon oft gemacht. Erfolgreich! Du wirst begeistert sein.«

Aber ein Gedanke störte mich. »Wollen die Frauen nicht eine feste Beziehung, wenn sie sich schon auf ein Blind Date einlassen?«

Jetzt kam Spriddi in Rudern. »Ach, naja, das ist doch egal …«

Was in den nächsten Tagen dann passierte, erstaunte mich. Ich dachte, dass die Mädels einem solchen Prachtkerl wie mir die Bude einrennen mussten. Kaum eine Frau meldete sich allerdings bei mir.

Und wenn, dann hab ich schon an ihrem Profilbild gesehen, dass die nur hässlich sein konnten … äh, ich meine, dass die nicht mein Typ waren. Denn es war mir klar, dass diese Fotos die allerbesten waren, die sie auftreiben konnten, und dass diese Fotos nur die vorteilhafteste Perspektive ihres deformierten Gesichts widergeben konnten. Die Bilder, die mir da in diesen Profilen präsentiert wurden, waren schon sehr grenzwertig. Wie mussten diese Frauen dann wohl in der Realität ausgesehen haben? Gruselig!

Wenn jetzt jemand sagt: »Ach, der Tobi geht ja nur nach Äußerlichkeiten«, dann ist das teilweise richtig. Aber nur teilweise. Was nutzt mir eine Frau, deren Intellekt genau zu mir passt, die ich aber nicht länger als einen Wimpernschlag angucken möchte. Zudem kann ich einer Fremden nicht in den Kopf sehen. Vielleicht ist sie lieb, nett, schlau und all der Kram. Wenn sie aber im Internet nach Männern sucht, dann muss sie als Erstes nach was aussehen. So, Thema beendet!

Es dauerte also keine Tage, sondern Wochen, bis ich endlich einen Kontakt hatte, der einigermaßen interessant für mich war. Spriddi hätte schon früher und viel öfter zugeschlagen, da bin ich mir sicher. Aber ich war es gewohnt, Frauen in der Realität kennenzulernen. In der Kneipe, in der Disco, nachts am leeren Taxistand, wenn ich nicht wusste, wie ich nach Hause kommen sollte oder auf dem Sportplatz, wenn eine Spielerfrau eine Freundin mitgeschleppt hatte. Das hat alles gut geklappt. Nicht weil ich der geilste Typ der Welt war. Ich konnte halt einfach gut quatschen. Okay, und ganz hässlich bin ich auch nicht.

Tobi ist ein Süßer. Sein Lächeln hat schon was, und er kann die Frauen zum Lachen bringen. Das ist schon die halbe Miete. Und er ließ die Mädels gerne zappeln. Wie bei mir, er machte sich zwar für einen Moment interessant, aber dann trat er den Rückzug an. Das war ich ganz und gar nicht gewohnt und wollte wissen, wer dieser Typ war. Normalerweise wimmelt man am Abend ein oder zwei Dutzend notgeiler Kerle ab und mag sich gar nicht mehr anhören, was die palavern. Als Frau hast du es nicht einfach. Da kannst du abends in der Disco noch so schäbig aussehen, eine Handvoll Männer findet sich immer, die sich dir mit Nachdruck erbarmen möchten. Nur schielen diese dann mit dem rechten Auge in die linke Hosentasche und können vor Alkoholmissbrauch gerade eben noch so stehen. Mit denen Tanzen? Vergiss es. Mit denen reden? Nur lästig. Aber da war dann plötzlich Tobi, der distanziert wirkte, aber doch interessiert. Er blockte ein wenig, aber ließ hie und da Lücken in der Mauer erkennen. Dieser Typ hatte mich irgendwie gereizt. Auch wenn unsere allererste Begegnung nicht auf die übliche Art und Weise erfolgte …

Ich bin also sehr skeptisch in dieses Abenteuer ›Blind Date‹ gegangen, denn eigentlich brauchte ich diese Internetscheiße doch nicht für mein Seelenheil beziehungsweise mein Sexheil. Bis dahin hatte ich eine klare Meinung zum Thema: ›Blind Date‹ war eine Kurzform für ›Unbekannte Übriggebliebene trifft unbekannten Psychopathen‹ oder umgekehrt. Ich dachte, die Leute konnten sie nicht mehr alle am Kronleuchter haben, wenn sie eine Verabredung mit einem ihnen vollkommen unbekannten Menschen eingehen, den sie noch niemals gesehen, gefühlt, gerochen oder lächeln gesehen hatten. Ja, gut, ich hab viele mir noch im Grunde unbekannte Frauen getroffen, aber wenigstens habe ich ein paar Minuten mit ihnen in der Kneipe verbracht, konnte sehen wie sie sich bewegen, ob sie Humor hatten, ob ihre Augen aufblitzten, wenn ich ihnen ein kleines verstecktes Kompliment machte. Das musste sein, bevor ich mir für sie Zeit nehmen wollte.

Spriddi aber schwor auf seine Art der Verabredung: »Das ist super. Du hast sie außer auf ein paar Fotos nie gesehen, und vielleicht hast du ein paar Minuten am Telefon mit ihr verbracht. Das ist wie vom Sprungturm mit verbundenen

Augen zu springen, und du weißt nicht, wie hoch der Turm eigentlich ist.«

»Na, hoffentlich ist Wasser im Becken«, konterte ich.

»Ach, Quark! Man verabredet sich einfach, macht ein Erkennungsmerkmal aus, und dann geht's los!«

Diese Erkennungsmerkmale konnte ich mir im Übrigen lebhaft vorstellen: »Wir treffen uns im Café Venezia! Unser beider Zeichen: Trieb im Auge!«

Weitere Hintergrundinformationen über die paar Angaben im Profil hinaus und was man in einem Chat preisgeben wollte, waren gänzlich unbekannt und auch ziemlich unwichtig. Mein Vorstrafenregister? Uninteressant, obwohl ja jede Frau im richtigen Leben so wahnwitzig große Angst hat, durch einen dunklen Park zu laufen. Punkte in Flensburg? Auch nicht wichtig, auch wenn sie bloß nicht bei einem geisteskranken Raser einsteigen würde. Der Name des Metzgers des Vertrauens? Der ist wiederum wichtig, denn man sollte ja den gleichen Geschmack in der Nahrungsaufnahme beweisen. Veganer treffen sich ungern mit Menschen, die sich Hackfleisch in sämtliche Körperöffnungen stopfen.

Alles, was die Frauen im Chat von mir noch in Erfahrung bringen wollten: ob ich kinderlieb und tierlieb bin, welche Augenfarbe ich vorweisen konnte, mein aktuelles Kampfgewicht - natürlich das aktuelle Maß minus 10 Kilo -, meine Größe, also Körpergröße, alles andere sollte später kommen, mein Beruf und der Familienstand.

Meine Traumfrau präsentierte sich mir im Chat. 55 kg, 170 cm groß, blond, 25 und Krankenschwester. Bloß keine Ärztin, zu schlau sollte meine Freundin dann auch nun wieder nicht sein. Sie nannte sich Maria und war angeblich Halbitalienerin. Auf ihren Fotos war sie nicht wirklich zu erkennen. Das machte aber nichts. Mein Kopfkino vor unserem Treffen kam in Wallungen.

›Volltreffer‹, dachte ich. ›Spriddi hat doch nicht ganz so unrecht.‹

Ich war voller Vorfreude und malte mir die fantastischsten erotischen Abenteuer mit ihr aus. Zudem war sie eben auch lieb, nett, schlau und dieser Kram – gehört ja schon dazu. Ist klar!

Unser Erkennungszeichen: Ich hatte eine blaue Jeans und ein weißes Oberteil mit Sonnenbrille im Kragen eingesteckt. Tolle Idee. Sie wollte mit einer weißen Hose aufkreuzen und einem blauen Oberteil. Ich war als Erster da, ging einmal durch das Lokal, um sicher zu gehen, dass Maria nicht vielleicht doch schon irgendwo in einer Ecke saß. Doch dann war ich sicher: Es war keine Frau mit der Beschreibung aus dem Profil mit weißer Hose und blauem Oberteil anwesend. Gut, kein Ding, dann setzte ich mich eben an einen Tisch mit Blick auf den Eingang. Meine Sonnenbrille rückte ich im Kragen noch einmal zurecht. Sie sollte mich ja entdecken, wenn sie ins Lokal trat.

Als ich da so saß, linste ich stetig auf mein Handy. Das Date war für 19 Uhr angesetzt. Nun war nun es schon 19.12 Uhr.

›Wo bleibt sie nur?‹, dachte ich, und Enttäuschung mischte sich mit Wut. ›Wenn die mich verarscht hat, kriegt Spriddi erst mal eine drauf!‹

Es wurde 19.20 Uhr. Keine Frau mit weißer Hose und blauer Bluse weit und breit. ›Das ist der Knaller. Ich bin noch nie versetzt worden‹, dachte ich.

Okay, da log ich mir selbst in die Tasche. Die ein oder andere Perle, die ich an einem Wochenende kennengelernt hatte, ließ sich dann ein paar Tage später auch nicht sehen. Das ist aber höchstens drei oder vier Mal vorgekommen – so über die Jahre verteilt. Deswegen fühlt es sich bei mir an, als wäre es niemals geschehen.

›Spriddi, du Sack! Wegen dir sitze ich hier.‹

Ich gab Maria bis 19.30 Uhr Zeit. Wenn sie da noch immer nicht aufgetaucht war, wollte ich direkt zu Spriddi fahren, wo auch immer er jetzt war und würde ihm eine knallen. Das stand fest. So wandte ich meinen Blick nicht von dem Display meines Mobiltelefons und wartete. Tief im Inneren wollte ich gar nicht mehr, dass diese ominöse Frau erschien. Mittlerweile war es mir lieber, dass ich recht hatte und einen Grund, Spriddi nach einer Tracht Prügel einen Kasten Bier zu entlocken.

Es wurde 19.28 Uhr. Gleich sollte es soweit sein. Ich schrieb Spriddi bereits eine WhatsApp:

›`Wo bist du, du Vollarsch?`‹

Der erste graue Haken erschien. Die Nachricht ging also bei mir raus. Der zweite graue Haken erschien in der Zeile ebenfalls. Die Nachricht kam demnach bei ihm an. Jetzt musste er sie nur noch lesen. Da! Die beiden Haken im Display wurden hellblau. Er hatte es also registriert. Doch … es kam keine Antwort.

›Was macht der?‹, ging es mir durch den Kopf. ›Er weiß doch, dass ich bei dem Blind Date bin. Warum antwortet er nicht?‹

Es wurde 19.29 Uhr. Jetzt war es gelaufen. Warum sollte diese bescheuerte Frau ausgerechnet in dieser Minute hier reinkommen? In ein paar Augenblicken war ich hier raus und auf dem Weg zu Spriddi, wenn er mir endlich antworten würde.

›`Hey, Pissbacke. Wo bist du, verdammt?`‹
Erster grauer Haken. Zweiter grauer Haken. Beide Häkchen wurden hellblau. Sonst geschah nichts. Verdammt!

Ich zog meine Sonnenbrille resignierend aus dem Kragen und legte sie auf den Tisch. ›Ist doch eh albern, um diese Uhrzeit mit Sonnenbrille rumzulaufen.‹

Was war nur mit Spriddi?

»Sorry, bist du … Tobi?«, sagte eine Stimme. »Tobi, bist du es?«

Eine Frau sprach mich an. Ich sah hoch und wunderte mich. Blaue Jeans, gelbes Oberteil, völlig fremdes Gesicht. »Hä? Wer, ich?«

»Tobi, oder?«

»Äh, ja, aber …«

»Oh, da bin ich aber froh. Ich warte schon so lange. Ich hab dich gar nicht erkannt, denn die Sonnenbrille steckte nicht in deinem Kragen.«

›Maria?‹, dachte ich und stammelte: »Die … die Brille habe ich doch gerade … gerade erst …«, aber das war im Grunde egal. Maria war also da.

Als sie jetzt vor mir stand, bot sich mir ein völlig anderes Bild. Ich sag mal so, sie war nicht fettleibig, aber mehr als 55 kg hatte sie allemal. Maria kam auch niemals auf 1,70 Meter. Mit ihren Stelzen, die sie als Pfennigabsätze bezeichnete, eventuell. Dann war sie nicht blond, sondern dunkelhaarig. Das Profil aus dem Internet war das krasse Gegenteil von dem Elend, das da vor mir stand.

Sie setzte sich sogleich an meinen Tisch. »Ich bin ja so froh, dass du endlich da bist.«

Endlich? Ich endlich da? Was ging hier ab?

»Ich sitze schon seit über einer halben Stunde da hinten«, sie zeigte in eine Ecke des Lokals, »und warte auf dich. Hast du dich verspätet? Macht ja nichts.«

»Verspätet? Ich … aber … du hast ja gar nicht die weiße Hose und das blaue Oberteil …«

Sie sah einen Moment lang nachdenklich an sich herunter. »Ach so, ja, die Klamotten. Das hat nicht hingehauen. Weißt du, die Bluse war nicht gebügelt, als ich los wollte und die weiße Hose hatte dann doch einen Fleck. Aber ich dachte mir, an deiner Brille und deinen Klamotten werde ich dich erkennen.«

»Offensichtlich nicht«, sagte ich fast teilnahmslos und überlegte, ob ich nicht doch besser gehen sollte, schielte auf mein Handy. Oh, Spriddi schrieb laut WhatsApp etwas … das war schon mal etwas wert. Die Nachricht wurde aber scheinbar noch nicht von ihm versendet.

»Naja, da du deine Brille nicht im Kragen hattest, war ich eben unsicher.«

»Ich hatte meine Brille … was?«

»Macht ja nichts. Ich hab mich ja auch nicht an alle Abmachungen gehalten.« Sie lachte und dabei entfuhr ihr ein eigenartiger Kicherlaut. »Hi, hä, hi!«

›Nicht alle Abmachungen?‹, dachte ich. ›Bisher eigentlich an keine einzige.‹

»Hast du mich denn nicht gesehen, als ich vorhin reingekommen …?«

»Oh, äh, das kann sein, dass ich dich übersehen habe. Weißt du, ich hab meine Augen nicht dabei.«

»Deine Augen …?«

»Ja, hi, hä, hi, meine Augen«, sie winkte belustigt ab. »Das nenne ich so. Hi, hä, hi! Ich meine damit meine Kontaktlinsen. Ich war nach der Arbeit heute so in Eile, weil ich dich treffen wollte. Und meine Brille habe ich dann im Auto gelassen. Ich saß da hinten, völlig blind. Hi, hä, hi!«

›Na, das hab ich gemerkt!‹ Ich schaute nun viel offener auf mein Handy, auch wenn Maria dies eventuell als unhöflich ansehen hätte können. Spriddi schrieb noch immer. ›Was tippt der denn da andauernd, verdammter Kerl. Du bist verantwortlich für diese Scheiße hier.‹

»Sag mal, kennen wir uns nicht von irgendwoher?«, fragte dann Maria.

›Wir?‹, dachte ich. ›Uns kennen? So besoffen konnte ich nicht sein.‹ - »Äh, Internet!«

»Ja, klar! Hi, hä, hi! Ich meine aus dem richtigen Leben. Nein?«

»Nein!«

»Ganz sicher?«

»Hundert Prozent.«

»Hundert?«

»Meinst du, es müssten mehr sein?«

»Nein, nein. Nur bin ich mir ziemlich sicher, dass wir uns schon mal …«

Ich antwortete verschmitzt mit meinem Cooler-Macker-Aus-Hollywood-Spruch: »Vielleicht hast du mich ja im Kino gesehen!«

»Nein, das glaub ich nicht. Ich war schon länger nicht mehr im Kino. In welches Kino gehst du denn immer?«

›Oh, Mann! Dämlich ist sie auch noch.‹ Ich sagte nichts und starrte auch mein Handy. ›Dieser verdammte Spriddi, was tippt er denn da stundenlang?‹

»Tobi?« Maria holte mich wieder ins Hier und Jetzt.

»Äh, was?«

»Welches Kino besuchst du denn immer?«

»Ich? Wieso?«

»Na, weil du doch sagtest …«

Ich musste sie unterbrechen. Das hielt ich sonst nicht aus. »Was willst du trinken?«

Sie zeigte sich geschmeichelt, weil ich sie scheinbar auf ein Getränk einladen wollte. Dabei hatte ich niemals vor zu bezahlen. »Eine Margherita«, sagte sie.

Ich runzelte die Stirn. ›Sie meint mit Sicherheit den Cocktail, nicht die Pizza. Boah, ist die dämlich. Dämlich ist ja gar kein Ausdruck.‹

»Du meinst eine Margarita?«, sagte ich und hob Richtung Bedienung die Hand.

»Ja, klaro, hab ich doch gesagt. Margherita.«

Ich beließ es dabei und wollte ihr den Unterschied nicht erläutert. Das hätte einfach nichts gebracht. Da kannst du einer Kuh auch den Unterschied zwischen Stepptanz und Eiskunstlauf erklären. Also versuchte ich, das Thema auf etwas zu lenken, was mich interessierte: »Was ist eigentlich mit deinen Haaren?«

Erschrocken griff sie sich an den Kopf. »Was soll denn damit sein?«

»Naja, in unserem Chat und auf deinem schemenhaften Profilbild waren die noch blond, oder?«

»Die Haare«, offensichtlich begriff sie nun die Frage und winkte wieder kichernd ab, »hi, hä, hi, die waren gefärbt auf dem Foto. Hatte ich dir nur die Bilder mit den blonden Haaren gesendet? Ach so, das war ein Versehen!«

Logisch! Ein Versehen. Das ich da nicht selbst drauf kam. Ich musste mich mit meinem Handy wieder ablenken. Da war die Nachricht von Spriddi. Endlich.

›Warum?‹

›Warum?‹, dachte ich. ›Der schreibt stundenlang an einer WhatsApp an mich, und dann kommt nicht mehr als ein Warum?‹

Ich schnippte das Telefon zur Seite. Spriddi würde mir jetzt nicht weiterhelfen können. So ließ ich mich auf ein Gespräch mit Maria ein. Wer weiß, was es bringen sollte?

Jedoch kamen im Laufe immer mehr Unwahrheiten zum Vorschein. Außerdem war sie keine Krankschwester. »Ich mache gerade eine Ausbildung als Arzthelferin auf dem zweiten Bildungsweg.«

Grundsätzlich kein Problem, aber wenn du einen weißen Pudel mit Schleifchen erwartest und dann steht ein kläffender Schäferhund vor dir, der aus dem Maul sabbert, ist das Gefühl der Enttäuschung nicht besonders weit. Verständlich, oder?

So saß ich also dieser Frau gegenüber, die einen kleinen Hang zur Fettleibigkeit hatte, die, wie ich einige Minuten später feststellen musste, gerade erst gelernt hatte mit Messer und Gabel zu essen, die ständig Hi-hä-hi-Laute von sich gab und sich nicht an ihre eigenen Fakten halten konnte. Es war scheinbar nicht so wichtig, ob blond oder dunkelhaarig, ob groß oder klein, ob schlank oder dicklich, ob Krankenschwester oder Arzthelferin. Was sollte da noch alles kommen? Am Ende war sie noch ein Kerl! Alles nicht so wichtig. Zudem hatte sie schlechte Zähne und einen Mundgeruch wie eine alpenländische Bergziege.

›Wenn ich Spriddi sehe, bringe ich ihn um!‹

Dieses Blind Date war äußerst enttäuschend und zermürbend. Schließlich war ich ihr für den ganzen Abend versprochen, und es war erniedrigend, in der Öffentlichkeit mit dieser Maria gesehen zu werden. Meine Angst wuchs mit jeder Sekunde, dass mich jemand erkennen könnte.

»Hey, Tobi, was machst du denn hier?« Freudestrahlend, mich zu sehen, würde dann der Blick auf meine Begleitung fallen, und die Frage würde folgen: »Tobi, ganz ehrlich, geht es dir nicht gut? Was machst du denn bitte hier?«

In mir keimte das Gefühl, dass andere Leute, die ich noch niemals zuvor gesehen hatte, herüberlächelten und mit dem nackten Finger auf uns zeigten.

Ich machte mir meine Gedanken: ›Ist Spriddi auch so ein Vollpfosten wie Maria, nur in männlich? Treffen sich die Menschen der Blind-Date-Community nur erfolgreich unter ihresgleichen? Ich bin doch nur da reingeraten. Ich gehöre doch gar nicht hier hin. Was soll ich nur tun? Ich will ein Bierchen trinken und vergessen. Nein, 18 Bier!‹

Auf der Stelle gehen wäre eventuell eine Lösung gewesen, dieser Situation zu entweichen. Sie hatte ja keine privaten Daten von mir. Ich hätte das Weite suchen können. Aber das hätte so richtig weit sein müssen. Las Vegas, oder so. ›Was ist aber, wenn sie völlig geisteskrank ist und beginnt, mich zu jagen, um sich an mir zu rächen? Mir scheint, dass die Möglichkeit nicht ganz abwegig ist. Das sieht man doch immer in den Filmen. Wie komme ich hier bloß unbeschadet raus?‹

»Du spielst Fußball, gell?«, fragte mich Maria.

Ich nickte. »M-hm.«

»Ich liebe ja Fußballer. Die sind immer so gut durchtrainiert. Fußball schaue ich immer im Fernsehen, wenn es kommt.« Maria meinte das scheinbar ernst.

›Durchtrainiert?‹ Wenn sie nur von Bundesligaspielern sprach, konnte das ja sein. Aber sie hat noch keinen Kreisligaspieler erlebt. In der Sommer- sowie Winterpause können die Jungs keinen 20-Meter-Sprint absolvieren, ohne dass die Raucherlunge kollabiert.

Ich war mir sicher, dass es völlig gleichgültig gewesen wäre, welche Sportart ich als Hobby angegeben hätte, Maria würde jede Art von Sportler eben dieser Disziplin genau in diesem Augenblick lieben. Lieben wollen. Lieben müssen. Sie hatte einen Bedarf zu erfüllen. Die wollte mich. Naja, eigentlich wollte sie nur diesen armen Teufel, der sich auf das unglückselige Blind-Date mit ihr traf. Sie wollte ihn ins Bett zerren. Das war ihr Nahziel. Nicht mehr, nicht weniger!

Hätte ich Curling als Hobby in mein Profil eingetragen, wäre sie ebenfalls begeistert gewesen. »Curling? Oh, ich liebe Curlingspieler. Diese Männer sind immer so geschickt mit der Stange. Curling schaue ich immer im Fernsehen, wenn es kommt.«

»Baseball? Oh, ich liebe Baseballspieler. Die schwingen immer so herrlich ihren Prügel. Baseball schaue ich immer im Fernsehen, wenn es kommt.«

»Olympisches Holzfigurenschnitzen? Oh, ich liebe olympische Holzfigurenschnitzer. Die sind immer so gewandt mit ihrer scharfen Klinge. Olympisches Holzfigurenschnitzen schaue ich immer im Fernsehen, wenn es kommt.«

›Hilfe, ich muss weg!‹ Dieser Gedanke manifestierte sich in meinem Großhirn. Meine Augen warfen diesen Schriftzug wie ein Beamer auf die gegenüberliegende Wand hinter Maria. ›Hilfe, ich muss weg!‹

Ich hoffte, dass es jemand lesen würde, der mich erlösen, retten, hier rauszerren würde. Was hätte ich jetzt für eine Blutgrätsche gegeben. Eine Nahtoderfahrung durch ein tieffliegendes 18er-Alustollen-Sortiment, das mich geradewegs ins Krankhaus befördern sollte. Auch ein Schädelhirntrauma nach einem gestreckten Knie gegen meine Schläfe wäre jetzt willkommen. Der vermeintlichen Psychopathin mir gegenüber wollte ich keinen Grund geben, mich zu hassen, mich zu töten, mich öffentlich bloßstellen zu wollen. Wenn ich diesen kranken Menschen reizen würde, käme mir das sicher teuer zu stehen. Ich wollte es Maria schonend beibringen. Aber wie?

»Du, Maria, du bist ja wirklich nett …«, begann ich, kam aber nicht viel weiter.

»Ja? Findest du? Das ist ja toll! Hi, hä, hi! Ich finde dich auch sehr sexy.«

›Äh, was? Auch sexy? Ich sagte nett. Nicht sexy. Verdammte Scheiße, wo führt das hin?‹ - »Äh, nun ja, nett ist ja nicht sexy. Nett ist ja mehr charakterlich gemeint …«

»Ach so, ja, du hast recht. Zuerst muss man sich ja verstehen, bevor man sich auf einer weiteren Ebene kennenlernt. Ich bin aber doch schon froh, dass der erste Schritt schon so gut passt bei uns.«

›Was passt denn da, bitte? Oh, Mann, ich geh kaputt!‹ - »Also, was ich eigentlich sagen wollte …«

»Sag nichts, ich weiß schon, was du sagen willst, Tobi. Ich bin ganz deiner Meinung. Wir sollten schleunigst zahlen und es uns ein wenig gemütlicher machen. Ich muss auch unbedingt aus meinen Klamotten raus. Meine Wohnung ist gleich um die Ecke.« Sie wandte sich zur Bedienung. »Zahlen, bitte!!«

»Äh, also, Moment …«

»Nein, nein, das ist schon okay. Ich bezahle. Du sollst doch nicht denken, dass du mich aushalten sollst.«

»Du weißt gar nicht, was ich gerade aushalte …«

»Tobi, bin ganz deiner Meinung, ich halte es auch bald nicht mehr aus. Lass uns schnell gehen. Hey, »zahlen« hab ich gesagt!«

Ich sah zu Maria hinüber und war mir nun nicht sicher, ob sie tatsächlich eine Psychopathin war. Es musste mehr sein. Psychopathen waren im Krankheitsbild nur eine niedere Einstufung. Sie hatte garantiert schon einige Schritte auf dieser zweifelhaften Karriereleiter hinter sich gebracht.

Meine Zukunft sah ich klar vor Augen: Ich würde aus Furcht vor ihr mit ihr im Bett landen. Starr vor Angst. Teilweise würde sie dies auch körperlich ausnutzen. Sie würde mich gebrauchen und wenn ich großes Pech hatte, wären wir noch heute verlobt, und sie wäre schwanger. Ein Schuss, ein Treffer. Fast wie meine Strafstoßquote. Und ich konnte nichts dagegen tun.

»D-darf ich … darf ich noch mal schnell a-auf T-t-toilette?«, stammelte ich.

»Soll ich mitkommen?«, fragte sie mich, grinste breit und hielt die Lippen nicht geschlossen, sondern formte sie fast zu einem O.

Ich sah ihre Zähne und strengte mich an, mein Essen in mir zu behalten. »N-nö, nö! Das mach ich schon allein.«

»Okay, aber beeil dich. Unser Zeitfenster für heute Abend ist nicht sehr groß.«

Was hatte das zu bedeuten? War Maria eine Zeitreisende und musste zurück in die Zukunft, wo nur noch Geisteskranke existierten, die ab und an mal einen Urlaub in die Vergangenheit unternahmen, um arme, wehrlose Ur-Menschen zu besteigen?

Wortlos beschritt ich den viel zu langen Weg in Richtung Toiletten. Ich schloss mich schnellstens in einer der Scheißhauskabinen ein. Sollte ich hier verharren und warten, bis sie weg war? Nein. Sie würde nach mir suchen. Was hatte ich für eine Chance? Keine? War ich nun Maria auf Gedeih und Verderb ausgeliefert? Das durfte nicht passieren. Was macht man in der 91. Minute, wenn man 0:1 zurückliegt? Mit dem Toilettengang hatte ich mir noch eine letzte Möglichkeit erkämpft und war noch einmal in den gegnerischen Strafraum eingedrungen.

›Eine Schwalbe‹, schoss es mir durch den Kopf. ›Eine Schwalbe ist die letzte Rettung!‹

Es sollte aber nicht einfach nur ein dilettantischer Stolperer sein, der jedem als schauspielerische Kleinkunst auffallen würde. Ich musste versuchen, hier und jetzt für den Oscar nominiert zu werden. Hollywood in Germany!

Ich atmete tief durch und öffnete die Kabine. Kurz lugte ich durch den Türspalt und war erleichtert, dass niemand im Raum stand. Hätte mich nicht gewundert, wenn Maria mit verschränkten Armen und tippelndem Fuß bereits auf mich gewartet hätte. »Wo bleibst du denn, Tobi?«

Mutig trat ich ans Waschbecken und warf mir noch ein wenig kühles Wasser ins Gesicht. Ich musste nun einen klaren Kopf bewahren und schritt hinaus. Der Weg von der Toilette zu unserem Tisch war glücklicherweise sehr weit, und ich konnte nachdenken, wo ich zur Schwalbe ansetzen würde. Da entdeckte ich eine Kante. Es war nur eine kleine hervorstehende Stufe am Rande meines Weges. Sie sollte mich erretten. Ich beschleunigte für einen kurzen Moment auf Höchstgeschwindigkeit, fädelte unten ein und stellte mir vor, die Kante wäre das Schienbein eines Gegners. Meinen Oberkörper breitete ich aus und setzte zum Höhenflug an. Mein Ziel war klar anvisiert, ich wollte die Fläche eines Tisches einen Meter weiter komplett abrasieren. Getränke, andere Gäste und der darauffolgende Schmerz waren mir einerlei.

Etwaige Schmerzen müssen bei einer Schwalbe in Kauf genommen werden. Es muss echt aussehen. Wenn es nicht realistisch rüberkommt, dann lässt sich der Schiri oder in diesem Falle meine psychopathische Begleitung nicht darauf ein.

Ich hob ab, glitt über die Platte, die sitzenden Besucher des Lokals um den Tisch kreischten auf, und ich landete auf der anderen Seite hart auf dem Erdboden. Glas klirrte, Getränke spritzten umher, Stühle kippten, und ich erlag zu Füßen aller mit schmerzverzerrtem Gesicht meinen Verletzungen. Mit Glück und Geschick schaffte ich es eine 1-A-Darbietung hinzulegen, denn wie bei einer richtig guten Schwalbe tat es nicht wirklich weh. Das Jammern war nur Fassade.

Im nächsten Moment kam der Barkeeper gerannt und rief: »Um Gottes Willen, lebt der noch?«

Das bedeutete: Jackpot! Ich bekam meinen Elfmeter!

Als Tobi über diesen Tisch flog, um alles darauf in die Tiefe des Raumes mitzunehmen, dachte ich, da wäre ein Selbstmordattentäter am Werk. Doch als ich zu ihm hinuntersah, war ich mir sicher, dass dieser Mann nur ein vollkommen durchgeknallter Tollpatsch sein musste. Dieser Abend hatte für mich sehr unspektakulär begonnen. Meine Freundinnen und ich wollten uns seit Längerem mal wieder ungestört treffen. Zwei von ihnen waren noch immer in ihren Beziehungen, was allerdings nur eine Frage der Zeit sein sollte, bis diese wie Sybille und ich auch Single sein würden. Ich war zu diesem Zeitpunkt, als Tobi über den Tisch flog, seit etwa sechs Monaten alleinstehend und hatte mittlerweile schon irgendwie Lust darauf einen ordentlichen Kerl kennenzulernen. Das war aber nicht immer so einfach. Da draußen liefen schon ziemlich viele Wahnsinnige herum, die nur in die Kiste wollten und im nächsten Moment für immer wundersam verschwanden. Dass dieser Kerl, der sich da über unseren Tisch geschmissen hatte, der am wenigsten Wahnsinnige von allen sein würde, die ich in der letzten Zeit getroffen hatte, konnte ich natürlich nicht ahnen.

Jeder Filmkritiker hätte mir mindestens die Goldene Palme verliehen, wenn er mich am Boden kauernd und jammernd erblickt hätte. Ich erinnerte mich an jede meiner Verletzungen, die ich in meiner fußballerischen Laufbahn gehabt hatte und fügte diese Mosaiksteinchen zu einem großen Leidensbild zusammen. Muskelfaserriss, Prellungen, Bänderdehnung, ausgekugelte Gelenke, all diese Beschwerden konzentrierten sich in diesem Moment in meine Darbietung. Jeder im Raum war sicher, dass ich gleich sterben oder zumindest gleich vor unbändigem Schmerz ohnmächtig werden würde. Hätte man mit so einem Kerl noch ins Bett steigen können? Nie und nimmer! Das musste Maria nun klar werden.

»Himmel, soll ich einen Krankenwagen rufen?«, fragte mich der Barkeeper, und ich sah hinter ihm Maria heraneilen.

»Ja, bitte, einen Krankenwagen. Es tut mir so leid. Ich habe die Kante nicht gesehen, es ist sicher wegen meines Augenkrebs und meines Tumors. Entschuldigung!«

»Bleiben Sie ganz ruhig, der Krankenwagen ist gleich da«, meinte der Mann und rannte hinter seine Theke, um ans Telefon zu gelangen.

Mein Bühnentext ließ allerdings noch einige Passagen vermissen, um die volle Wirkung zu erlangen. »Oh, nein, bitte nicht, ich hoffe nicht, dass ich noch einmal zur Chemo muss. Bitte nicht, lieber Gott, ich will nicht wieder all meine Haare verlieren. Bitte, bitte. Verdammt, sind das Schmerzen!«

»Bleib bitte ganz ruhig, ein Arzt ist unterwegs«, sagte plötzlich eine Stimme zu mir, die ich noch nicht kannte.

Ich blickte einen winzigen Augenblick hinauf und sah eine Frau, die Maria nach ihrer Internetbeschreibung viel näher kam, als Maria selbst.

Sie legte eine Hand auf meine Brust und versuchte, mich zu beruhigen. »Alles wird gut. Es war nur ein unglücklicher Unfall.«

Ich nickte und verzerrte mein Gesicht zu einer schrecklichen Fratze. Durch einen Spalt zwischen meinen Lidern, erspähte ich Maria. Sie sah erschrocken auf mich nieder, machte ein paar kleine Schritte rückwärts, nahm ihr Jäckchen von der Lehne ihres Stuhls und ging lautlos aus dem Lokal. Eine Sekunde später konnte ich noch sehen, wie sie eilig am großen Fenster des Lokals vorbeizischte und verschwand. Sollte der Herrgott wirklich ein Einsehen gehabt haben?

›Ich bin sie los!‹, dachte ich. ›Es hat geklappt! Verdammte Scheiße, es hat geklappt!‹

Ich riss die Augen auf, sah die junge Frau über mir an und lächelte. Als ich in ihr Gesicht sah, wurde mir klar: Ich hatte den Elfer ja noch gar nicht ausgeführt und musste ihn noch reinmachen. »Hallo, ich bin Tobi. Wie heißt du?«

Kreisligalegende

Kapitel 3

Deppendisco

Kreisligafußball ist, wenn man sich jeden Samstag vorm Spiel zuschüttet, als wäre es für das Spiel sonntags förderlich.

TITUS
VERLAG

An den Wochenenden trafen wir uns als Mannschaft regelmäßig. Ein Wochenende daheim hatte ich schon ewig nicht mehr verbracht. Das letzte Mal, als ich mit Carola zusammen gekommen bin. Naja, und was da abging, kann sich ja jeder vorstellen. Plätzchen backen und Blumen pflücken jedenfalls nicht.

Die Teamkollegen und ich, wir verabredeten uns gar nicht zwingend notwendig fürs Wochenende. Die meisten hängen einfach sehr häufig in den gleichen Läden ab. Es gab ein Standardprogramm, das Dreiviertel der Jungs am Freitag oder Samstag verfolgten. Die übrigen Jungs, die man dann nicht dort antraf, hatten gerade eine neue Flamme aufgetan – wie ich damals eben.

Ich fand es immer recht witzig, welche Wahrnehmung Tobi hatte. Aus dem Alter, dass er jedes Wochenende auf die Rolle ging, war er schon länger raus. Er war ja auch schon über 30. Aber tief in seinem Gehirn war es wohl noch verankert, dass er immer und überall feiern ging und mittendrin im Leben war. Klar, das machte er mit Sicherheit heute noch, aus diesem Grund hatte er ja unter anderem seinen Ruf weg, aber jedes Wochenende geschah das schon lange nicht mehr. Ich konnte mich an dutzende Videoabende und romantische Essen in niedlichen Restaurants erinnern, die keine Saufgelage nach sich zogen. Aber okay, wenn Tobi meinte, er wäre noch immer ganz vorne an der Spritze mit dabei, dann wollen wir das mal so stehen lassen. Ich will ja auch nicht der Buhmann sein.

Man ging bei uns zunächst ins ›Kings Crown Pub‹. Das war eine Kneipe, die Fußball zeigte, wenn mal welcher im Fernsehen kam, aber grundsätzlich auf die Vernichtung von alkoholischen Getränken programmiert war. Ich bin gar nicht sicher, ob im Pub antialkoholische Getränke ausgeschenkt werden. Nun, bestimmt, oder? Sicher stehen da ein paar Flaschen Cola unter der Theke rum, weil die staatliche Ausschankkonzession es so verlangt und weil es sich gut mischen lässt mit Whiskey. Aber nicht mit Bier!

Bier-Mischgetränke sind eine Todsünde. Das elfte Gebot. So stünde es in der Bibel, wenn ich sie verfasst hätte. Cola, Limo oder vielleicht sogar Tonic Water gehören in den Gully, nicht ins Bier. Was man bekommen sollte, wenn man ein Bier mit einem Softdrink mixt? Ganz einfach eine aufs Maul. Egal, wo man hinkommt, überall haben sich die Menschen Synonyme für diese Schandtat der Bierkultur ausgedacht. Dreckiges, Diesel, Radler, Alsterwasser, Bananen-Weizen, Kalter Kaffee und Krefelder – in Bayern nennen sie ihr Gemisch Neger oder Russn - das ist aber nur die Spitze des schändlichen Eisberges. Die Konzerne füllen mittlerweile dieses süße Werk Luzifers fertig in Flaschen ab und verticken es an die ungläubigen Bierheiden. Sogar mit Grapefruit und Fassbrause wird der Kram die Kehle runtergespült. Ist das denn zu glauben? Grapefruit im Bier kostet in der Kabine immer Schwulettengebühr. Mindestens zwei Euro in die Mannschaftskasse.

Und passt auf, so mancher vom Teufel Besessene mischt sein Bier mit Tomatensaft und nennt es Red Eye. Ich sag es noch mal: Tomatensaft im Bier! Das Zeug trink ich noch nicht mal pur im Flugzeug! Wenn mir einer so etwas anbieten würde, hätte der aber ruckizucki ein rotes Ei, das schwör ich bei allem, was mir heilig ist. Wie kann man sich das nur reinschütten, ohne direkt von den restlichen Vereinsmitgliedern als Antichrist gesteinigt zu werden?

Betrachtet es doch mal aus der kulturellen Sicht: Die Bierbrauerei ist eine Jahrhunderte alte überlieferte Kunst. Das Reinheitsgebot stammt aus dem Jahre 1516. Das sind … ungefähr … auf jeden Fall mehr als 500 Jahre! Wie kann man diese Kunst, ein Getränk aufwendig herzustellen, derartig in den Dreck ziehen und damit umgehen, als wäre es ein von der FIFA erfundenes Produkt? Es müsste den Menschen doch klar sein, dass sie in dem Moment auf ein Stück Kulturgut der Menschheit scheißen, wenn sie Cola oder Grapefruit hineinkippen – oder Tomatensaft, verdammte Kacke! Da könnten sie doch gleich reinpissen lassen und es als Recycling-Hopfen verkloppen. Ach, ich reg mich wieder auf.

Zurück zum Pub. Es ist stets die erste Station am Abend und hat einen hervorragenden Ruf unter den Spielern. Immerhin wurde da vor ein paar Jahren im hinteren Billardraum schon mal ein Porno gedreht. Welche Kneipe kann das schon von sich behaupten. Conny Dachs höchstselbst gab sich damals die Ehre und pimperte vergnügt auf dem grünen Teppich der Billardtische mit ein paar Mitstreitern zwei Mädels von der Platte. Ich will jetzt keine Witze mit »eingelocht« oder »Queue« machen, aber wenn man sich den Film unter der Woche so anschaut, dann packt einen schon die Sehnsucht zum Wochenende.

Dieses Pub ist, wenn man es bei Tage betrachtet, eigentlich ganz nett. Ein paar Tische, eine urige Bar, zwei Billardtische, ein Kicker und eine Elektrodart. Alles, was man für eine gemütliche Kneipenatmosphäre benötigt. Den einen oder anderen Donnerstag gehe ich da sogar ganz gerne mal hin, um mit diversen Bekannten unverbindliche Gespräche zu führen. Doch freitags und samstags ist das dort nicht mehr meine Welt. Nur Fußballer und solche, die sich dem Verein angehörig fühlen. Das einzige Ziel an diesen Abenden ist es, so schnell wie möglich eine ordentliche Drehzahl zu erreichen, um die Sorgen des Alltags zu vergessen, wobei damit mit Sicherheit immer wieder ganz neue Sorgen entwickelt werden.

Intern nennen wir die Kneipe das ›Bermuda-Elfeck‹, weil dort schon so mancher Fußballer einfach so verschwunden ist und erst Tage später oder niemals wieder aufgetaucht ist. Der war dann einfach weg und hat sich im Verein niemals mehr sehen lassen. Die Verschwundenen waren allerdings selten Alteingesessene, sondern meist die Jungs, die sich mal probieren wollten. Jeder von denen hatte natürlich schnell gemerkt, dass es nicht leicht war, mit den großen Hunden pinkeln zu wollen.

Immer wenn ich das Pub betrete, beginnt die ewig gleiche Prozedur. »Hey, Tobi! Alte Torkanone«, so nennt mich

Lusche immer, der Wirt des Pubs – weswegen weiß ich nicht, denn er hat mich ja noch nie spielen sehen, »Bier? Logo, Bier!«, und einen Moment später habe ich ein Bierchen in der Hand. Lusche hat immer frischgezapftes Bier parat. Er nutzt das Momentum der Säufer, sagt er immer, denn Säufer entscheiden sich manchmal um, wenn sie voll genug sind und Zeit zum Nachdenken haben. Da ist Lusche ein guter Geschäftsmann, das muss man ihm lassen.

Weswegen er Lusche heißt? Er selbst trinkt keinen Tropfen Alkohol und wurde deswegen vor Jahren von seinen Gästen Lusche getauft. Also, so richtig getauft. Ein paar von den vollgesoffenen Gästen haben ihn sich geschnappt und ihm im Pub eine Bierdusche verpasst. Es grenzte fast schon an Bier-Boarding. Naja, seit diesem Tag war er eben Lusche – ganz offiziell.

Die Unterhaltungen im Elfeck drehen sich meist noch um Fußball und Glücksspiel, da es zu dieser Zeit recht früh am Tag ist. Zwischen 19 und 21 Uhr reden die Kerle seltener über die Mädels. Zudem brauchen sie einen klaren Kopf, weil sie spielen. An einem Tisch wird immer gezockt. Poker, Skat oder Mäxchen. Das Pub ist kein Casino, und um große Beträge geht es dabei auch nicht, aber so mancher hat am Abend schon mal 250 Euro in den Wind geschossen. Das ist eine Menge, wenn man bedenkt, wie viel Prämie man als Kreisligaspieler erhält.

Also, ich als Führungsspieler und Leistungsträger bekomme eigentlich nichts. Außenstehende begreifen das gar nicht, denn gerade ich müsste doch so richtig absahnen. Nein, falsch! Ich bin vereinstreu und betreibe meinen Sport nicht aus Geldgeilheit. Okay, ich bekomme pro Saison meine 50 Euro für Fußballschuhe, wenn ich die Quittung einreiche. Aber ansonsten geht kein Geld in meine Tasche. Im Gegenteil. Sonntags lasse ich ordentlich Federn im Vereinsheim.

Andere Spieler bekommen schon mal fünf Euro Auflaufprämie, fünf Euro Punktprämie und 2,50 Euro Trainingsgeld, damit überhaupt jemand auch dienstags da ist, denn die meisten kommen nur donnerstags, wenn der Trainer die Aufstellung machen muss.

In ganz seltenen Fällen haben wir mal einen Söldner in der Mannschaft, der fast jede Saison den Verein wechselt. Der bekommt dann schon mal 100 Euro Festgeld zu der Auflaufprämie und dem Trainingsgeld. Wenn man das mal durchrechnet, kommt dann ein Geldhai, wie ich die Spieler nenne, die ordentlich absahnen, schon mal auf 200 Euro im Monat. Wenn er die im Vereinsheim wieder versäuft oder am Spieltisch im Pub an die anderen verjubelt, dann ist das okay.

Ich habe schon häufig zu Tobi gesagt, er soll sich seinen Einsatz auf dem Sportplatz doch auch mal bezahlen lassen. Jeden Sonntag, dienstags und donnerstags steht er auf dem Platz und hält seine Knochen für den Verein hin. Er investiert so viel Zeit in diesen Verein, dass es in meinen Augen nur legitim wäre, wenn er dafür auch mal den einen oder anderen Euro ausbezahlt bekäme. Doch bei diesem Thema ist Tobi unbelehrbar. Er verweigert jeden Cent und will sich nicht dazu herablassen, wie er es bezeichnet. Mein Tobi nimmt aus Prinzip kein Geld von seinem Verein und hält nicht viel von Spielern, die das gezielt tun …

Es gibt immer mal wieder diese Söldner-Geizhälse, die ihren Sport als weitere Einnahmequelle für ihren Lebensunterhalt sehen. Die feilschen zu Saisonende mit dem Vorstand um jeden Groschen für die kommende Saison und gehen dann letztlich zu dem Verein, der die besseren Konditionen bietet. Kameradschaft und Zusammenhalt hat für diese Typen keinen besonderen Wert.

Ich bin immer froh, wenn ich beim Mäxchen mal wieder einen Söldner ausnehmen konnte, um dann in der Folge ein paar Kisten Bier für die Mannschaft zu geben. Denn das Bier stärkt unseren Zusammenhalt. Die gute Laune und die Party nach dem Spiel oder manchmal nach dem Training wirken wie Alleskleber für die Gemeinschaft. Bei manchen Söldnern zwar nur wie billiger Sekundenkleber, aber ein bisschen Verlust ist ja immer.

Wichtig ist natürlich, dass die ausgezahlten Prämien gerechtfertigt sind. Wenn der Kicker nichts bringt und nur Geld kostet, weil er Festgeld und Trainingsgeld erhält, dann kann schon mal böses Blut aufkommen. Wenn man im Tabellenkeller steckt und Fallobst in der Mannschaft hat, das mächtig Knete kostet, dann will man dieses möglichst zur Winterpause loswerden. Dann auch ohne Ablösesumme.

Vor Jahren war ich bei einer Verhandlung mit einem vermeintlich neuen Spieler mal mit am Verhandlungstisch. Ich war der damalige Kapitän des Teams, und der Vorstand hatte mich gebeten, bei dem Gespräch zugegen zu sein. Der Spacko hieß, glaube ich, Frederik Barth und kam aus Pittlingen.

Schon als der reinkam, dachte ich: ›Was für ein Arschloch!‹

Er saß vor mir und dem Präsidenten wie Rolando persönlich. Überheblich, arrogant und mit einem Gesichtsausdruck, als hätte er gerade eben die WM im Alleingang gewonnen. Wenn Lothar Matthäus 1990 nach dem Titelgewinn so dagesessen hätte, dann hätte ich gesagt: »Okay, Junge, du hast echt was geleistet, aber bitte, jetzt setz dich trotzdem mal ordentlich hin. Ja?«

Dieser Vollpfosten-Fred sollte in der Anfangsphase des Gesprächs jedoch merklich geschont werden. Mein Mitstreiter und ich wollten uns erst einmal an ihn rantasten.

»Weswegen möchtest du denn Pittlingen verlassen?«, fragte Hardy, unser Präsident. Er fragte das einfach, um einen Gesprächsbeginn zu haben, um Informationen auszutauschen.

Aber dieser gelackte Nichtsnutz kommt dann gleich mit: »Ach, die Pittlinger, wisst ihr, die zahlen ja nix mehr. Was soll ich denn da?«

Ich dachte, mir fällt ein Ei aus der Hose. Was hatte der Schmalspur-Nowotny gerade von sich gegeben? Es ging ihm also ums Geld. Noch mal zur Klarheit: Pittlingen hat zu dieser Zeit Bezirksliga gespielt und wir B-Klasse. Dieser Bananen-

Vogts war gerade mal Anfang 20 und hatte noch nichts geleistet, gewonnen oder hatte sich irgendwie anders hervorgetan. Er dachte wohl, dass er mit dieser Einführung seiner Rede gleich für klare Verhältnisse sorgen würde.

Hardy schluckte kurz, bevor er sagte: »Du, wir sind jetzt auch nicht Bayern München. Bei uns gibt es jedoch einen großen Zusammenhalt und noch echte Kumpels im Team. Wir räumen auch jedem Spieler einen 25-Euro-Thekengutschein im Vereinsheim ein. Die kann er einlösen, wann er möchte, und …«

»… 25-Euro-Thekengutschein?«, unterbrach der Pappnasen-Grabowski unseren Präsi. »Wenn ich 25 Euro an eurer Theke ausgebe, dann habt ihr für die Getränke doch nur zehn Euro im Einkauf ausgegeben. Das ist doch Beschiss!«

»Nun, wir sehen es als Investition in eine gute Gemeinschaft.«

Das wollte Fred vom Jupiter jedoch nicht hören. »Pah, ich will Festgeld, Auflaufprämie und eine Auflaufgarantie.«

»Du willst eine Garantie, dass du spielst?«, wollte ich dann wissen, denn so allmählich musste ich mich in dieses Gespräch einklinken.

»Ist das ein Problem?«

»Nun ja, wenn du so gut bist, dass du in Pittlingen sogar in der Bezirksliga kickst, dann sollte es doch kein Problem für dich sein, hier deine Leistung im Training zu bringen, sodass der Trainer nicht an dir vorbei kommt, oder?«

Mein Argument löste einen Moment allgemeines Schweigen aus. Ich lehnte mich gedanklich zurück und war mal so richtig gespannt, was der Deppen-Pelé nun entgegenbringen wollte.

»Trotzdem …«, meinte er dann nach einigen Sekunden.

»Oh, wenigstens bist du ein Rhetoriker.«

»Ein was?« Sein Ton wurde schärfer.

»Ich könnte es dir erklären, aber du würdest es nicht kapieren.«

Hardy warf sich zwischen unser verbales Handgemenge. »Nun macht mal halblang, Jungs. Das ist hier kein Rededuell. Frederik, hör zu, …«

›Der heißt Schwachmaten-Maradona‹, dachte ich, sprach es aber nicht aus.

»… wir würden gerne die Qualität in unserem Team erhöhen. Wir glauben auch, dass du dazu geeignet wärst …«

»Der hat im letzten Freundschaftsspiel gegen uns nur rumgestanden und einen Fehlpass nach dem anderen produziert!«, argumentierte ich dagegen.

Der Dünnbrett-Iniesta schoss heiße Blitze mit seinen Augen auf mich ab.

Aber Hardy sprach unbeirrt weiter. »… allerdings müssen wir auch darauf achten, dass das Gefüge innerhalb der Mannschaft stimmt. Ich glaube, dass du charakterlich nicht so ganz ins Team passt. Deswegen würde ich das Gespräch nun gerne beenden. Ist das auch in deinem Sinne, Frederik?«

Ich brach spontan in Gelächter aus, das fast von meinem heftigen Applaudieren übertönt wurde. »Möge die Macht mit dir sein, Freddy!«

Der Krummfuß-Littbarski für ganz Arme stand wortlos auf und ging zum Ausgang. Jedoch drehte er sich noch einmal zu uns und fauchte: »Tobi, ich seh dich auf dem Platz!«

Ich kicherte nur. »Nicht, wenn du kommende Saison Bundesliga spielst, und das willst du ja sicher.«

Ein paar Monate später traf ich den Dumpfbacken-Lewandowski wieder. Es stand mal wieder ein Spiel gegen unseren Erzfeind an, und wundersamerweise hatte die königliche Hochheit Frederik von und zu Barth noch nicht den Verein gewechselt. Sehr komisch, oder?

Leider traf ich in der ersten Halbzeit und fast die ganze zweite Halbzeit nicht auf ihn, weil er schön auf der Reservebank schmoren durfte. Der Heini durfte noch nicht mal bei einem Freundschaftsspiel ran, aber bei uns den Dicken Max markieren.

Bei diesem Spiel stand ich am Spielfeldrand. Ich hatte die Geschichte mit diesem arroganten Spieler aus Pittlingen irgendwo nebenbei mal mitbekommen und wusste somit wie die meisten um mich herum über die Hintergründe Bescheid. Als ich den Kerl an der Außenlinie stehen sah, weil er eingewechselt werden sollte, ahnte ich, dass das heute kein gutes Ende nehmen würde. Der Typ schnaufte wie ein Terrier und raste auf dem Platz wie ein Stier auf ein rotes Tuch zu. Das rote Tuch war in dem Falle Tobi. Normalerweise finde ich es nicht gut, wenn es auf dem Platz eskaliert, aber an diesem Tag hatte es der Schwachkopf aus Pittlingen einfach verdient.

Als er denn in der 80. Minute endlich auslaufen durfte, fokussierte er sich sogleich auf mich. Er spielte eigentlich eine völlig andere Position, dennoch wieselte er ständig um mich herum. Mir war klar: Er wartete auf seine Gelegenheit. Ich ließ es geschehen. Nahm den Ball an, drehte mich zu ihm, und nun sollte das Duell beginnen. Der Geistesgestörte preschte heran, wie Cantona zu seinen besten Zeiten. Natürlich wollte er mich ohne Wenn und Aber umsensen. Wenn du das aber weißt, kannst du dich darauf einstellen. Er flog also über den Kunstrasen von Pittlingen, und ich hob ab. Frederik schlidderte unter mir durch. Im richtigen Moment setzte ich zur Landung an und drückte ihm mit vollem Körpergewicht meine Nockenschuhe in den Magen. Ich hatte in diesem Augenblick so sehr bedauert, dass ich meine 18er Alus nicht trug. Bei dem Kunstrasen wäre das dann doch ein bisschen blöd gekommen.

Der Heißsporn-Ribery schrie auf, was Musik in meinen Augen war. Sogleich hob ich entschuldigend und scheinheilig die Arme: »Sorry, sorry! Der kam halt so angerauscht. Ich kann mich ja nicht in Luft auflösen und irgendwo muss ich ja landen.«

Keiner glaubte mir, aber ebenso wenige konnten etwas dagegen sagen. Ich ging zu meinem Gegenspieler, der sich immer noch theatralisch am Boden wandt und gab vor mich entschuldigen zu wollen. Mit ausgestreckter Hand machte ich einen zugegeben geplant ungestümen Schritt und latschte dem Drecksack auf die zarten Fingerchen. Sein Gejaule höre ich heute noch, und manchmal, wenn ich nicht einschlafen kann, dann stelle ich mir dieses Geräusch vor und schlummere sanft ein.

Dass das Absicht war, konnte sich natürlich jeder denken, aber verdenken konnte es mir gleichermaßen niemand, denn die Story von der Verhandlung zwischen mir, Hardy und Frederik macht selbstverständlich seine Runde. Zwar löste meine Aktion eine mittlere Staatskrise aus, Rudelbildung mit allem Pi, Pa und Po, zudem bekam ich vom Schiedsrichter die gelbe Karte. Aber eben nur gelb, weil der diesen Großmaul-Gascoigne auch nicht leiden konnte.

»Der hat doch angefangen«, rief ich dem Schiedsrichter zu.

Er ließ meine Anmerkung zunächst unkommentiert und meinte einen Moment später, als wir praktisch unter uns waren: »Ich weiß doch, Tobi.«

Kurz darauf wurde das Spiel fortgesetzt und Freddy ›El Torro‹ Barth wartete auf seine nächste Gelegenheit. Blöderweise wurde ich recht schnell wieder angespielt und sah mich diesem blutrünstigen Verrückten gegenüber. Es waren nur noch wenige Schritte, die ich mit dem Ball zurücklegen musste, dann wären unter Garantie meine Achillesferse oder Ähnliches durch, da ein Fred Sensenmann etwas mehr vorhatte, als mir den Ball vom Fuß zu spitzeln. Es war mir klar, was nun passieren sollte, und jeder andere der Anwesenden hatte keine weissagende Glaskugel benötigt, um dies ebenfalls zu erkennen. Frederik wollte mich umtreten, dem Erdboden gleich machen, wollte Kevin Prince Boateng spielen – und ich sollte dabei die Rolle von Michael Ballack einnehmen.

Doch nur eine Millisekunde bevor Freddy Prince Boateng zum Attentat ansetzte, rauschte plötzlich ein D-Zug von der Seite an, der ihn niederwalzte und mich damit schützte. Spriddi opferte sich, mimte diese Dampflok und machte aus

Kevin Prince Boateng mit seinem energischen Bodycheck einen Robert-Enke-Verschnitt.

Freddy lag am Boden, und man wunderte sich, dass er seine Gliedmaßen noch bei sich trug. Er jammerte und haderte. Spriddi stand eine Sekunde später wieder da, klopfte sich ab, blickte kurz und verständnisvoll zum Schiedsrichter, empfing die Rote Karte und ging vom Platz. Keiner schimpfte, keiner brüllte. Nicht mal ein Pittlinger. Frederik wurde mit einer Bahre vom Platz getragen und neben der Außenlinie behandelt. In der 92. Minute pfiff der Schiedsrichter das Spiel ab. Das war es dann für Freddy ›The Hitman‹ Barth. Seine Rache musste noch etwas auf sich warten lassen.

Ins Pub kamen Frederik und seine Kollegen natürlich nie. Das war Germersbacher Territorium. Sie wären sicher nicht sofort rausgeschmissen worden, wenn sie sich hätten sehen lassen, aber dumme Sprüche und Provokationen wären ihnen sicher entgegengebracht worden. Außerdem konnte man nicht zulassen, dass sie einen unserer Jungs beim Zocken niedermachen würden oder gar einen Deckel im Pub anschreiben lassen. Das ging nur bei Stammgästen oder bei neuen Spielern, die die Vorbereitungsphase bereits hinter sich hatten, denn genau das war die Zeit, in der sich die Spreu vom Weizen trennte, oder besser, die Schwätzer von den echten Kickern.

Wie viele Spieler ich schon erlebt habe, die während der anstrengenden Vorbereitungsphase das Handtuch geworfen hatten, um dann wieder in der Versenkung zu verschwinden, weil alles viel zu anstrengend war oder besser, weil sie ja nun plötzlich aus beruflichen Gründen keine Zeit mehr für den Sport hatten? Dutzende! Sie fielen um, wie die Fliegen. Wenn wir zum ersten Tag der Vorbereitung 30 Spieler auf dem Platz hatten, was echt ein guter Wert war, dann war es, als würde der Vietnam-Krieg in vollem Gange sein. Einer der Kameraden nach dem anderen wurde sozusagen von einem unsichtbaren Vietcong in den Erdboden gezogen und verschwand für immer. Am ersten Spieltag waren wir höchstens elf oder zwölf und mussten ein paar ehemalige Haudegen reaktivieren, sodass wir eine ordentliche Ersatzbank zusammenbrachten. Da saßen dann immer 250 Jahre Kreisligaerfahrung auf der Bank und warteten auf ihren ersten Einsatz seit zehn Jahren. An manchen ging der Kelch vorüber, aber nicht selten spielten die alten Recken nach ihrem Einsatz in der 75. Minuten so gut, dass jeder davon sprach, sie dauerhaft reaktivieren zu wollen. Dabei verdrängte jeder, dass die Kondition nicht für mehr als 16 bis 17 Minuten gereicht hätte und irreparabel dahin war.

Ehemalige Spieler waren im Pub natürlich immer gerne gesehen. Manch junge Spritzer können mit den alten Stammspielern zwar nichts mehr anfangen und behandeln sie nicht immer mit Respekt, aber sobald ich ihnen dann den Kopf gewaschen und ihnen verklickert habe, was die Jungs über Jahre im Verein geleistet haben, halten sie sich wieder zurück. Es würde auch keiner lachen, wenn ein ehemaliger Spieler im Vollsuff vom Hocker an der Theke knallt. Da hilft man auf und weiter geht es. Das ist Respekt! Irgendwann fordere ich diesen Respekt auch einmal ein.

Bis dahin gehe ich aber nach dem King's Crown Pub noch jedes Wochenende mindestens einmal in die Nachtschicht. Das ist eine Disco ein paar Orte weiter, die immer sehr gut besucht ist. Das gehört zu dem Standardprogramm, welches ehemalige Spieler nicht mehr absolvieren. Da lassen sich nur Männer von aktuellen Kadern sehen. Das dann allerdings vereinsübergreifend. Dort sind dann sogar Sportler aus anderen Disziplinen und Leute, die ihr Lebtag noch niemals Sport getrieben haben. Natürlich sind da auch Frauen, was den Gesprächsstoff über Fußball und Glücksspiel rasant abflauen lässt.

Die Nachtschicht ist für mich nicht unbedingt die Diskothek der ersten Wahl und eigentlich befinden sich fast ausschließlich betrunkene Möchte-Gern-Gigolos und vor Geilheit triefende MILFs oder Single-Wonderbras auf der Tanzfläche, aber genau das macht am Wochenende den Reiz der Sache aus.

Ich habe den Fehler gemacht, dass ich ein einziges Mal mitgegangen bin. In die Nachschicht hat es mich nach diesem Abend niemals wieder verschlagen. Was ich dort gesehen habe, war … wie soll ich sagen? … sicherlich eine Erfahrung, aber kein Erlebnis, dass sich wiederholen sollte. Wenn man als Frau in der Nachtschicht ist, dann ist man zum Abschuss freigegeben. Freiwild. Jeder der Kerle versucht es bei dir, bis du entweder entnervt gehst oder einen der Kampfhähne ranlässt. Gerade in diesem Moment bist du dann ein virentragender Zombie, der für alle anderen Männer zur tödlichen Falle werden würde. Denn jeder Kerl hat mindestens drei oder vier andere Typen hinter sich, die dem Nebenbuhler seine Grenzen aufzeigen würden. Ich bin auch sicher, dass manche Frauen aus eben diesem Grund einfach mal mit einem kurz rumknutschen. Denn dann haben sie vor allen anderen ihre Ruhe. Der unglaublich erfolgsorientierte Macker glaubt zwar, dass er unwiderstehlich ist, aber eigentlich ist das nur ein Trick der Frau, um mit der einen Hummel den ganzen Hornissenschwarm abzuwehren.

Viele meiner Kollegen landen in der Nachtschicht ihre Treffer. Oftmals frage ich mich, wie man als Frau so ein besoffenes Schwein überhaupt an sich ranlassen kann. Aber die werden ihre Gründe habe.

Die Frauentypen in der Nachtschicht erkenne ich nach jahrelanger Erfahrung ohne Weiteres. Ich hatte die vor Geilheit triefenden MILFs bereits angesprochen. In der Pornowelt ist dies zwar die Abkürzung für ›Mother I Like to Fuck‹, aber in der Nachtschicht würde eher zutreffen ›Mami In Lustvollem Forwärtsgang‹. Ja, ich weiß, man schreibt es eigentlich ›Vorwärtsgang‹, aber da wäre der Witz doch kaputt.

Wie auch immer, diese MILFs haben offensichtlich schon einiges erlebt. Sie haben schon das ein oder andere Balg ins Leben hinausgedrückt und wollten nun endlich wieder erleben, wie das vor der Gravidität war. Wer jetzt nicht weiß, was Gravidität ist, der gehört definitiv in die Nachtschicht.

Im Gegensatz zu den MILFs aus dem Porno sind sie eben keine Mother who irgendwer liket to fuck. Sie werden von den normaldenkenden Kerlen gemieden und nicht händeringend umworben. Eine Nachtschicht-MILF muss sich ins Zeug legen. Sie muss tanzen, dass sich die Balken biegen und zwar ihr eigenes Gebälk. Wenn sie geschmeidige Schrittfolgen und scheinbare Beweglichkeit simuliert, dann wird vielleicht ein Tölpel von irgendeiner Ersatzbank auf sie aufmerksam. Für jede geübte MILF ist sicher: Ein Opfer wird sich immer finden, der noch einigermaßen aus den eigenen Pupillen schielen kann und es in dieser Nacht noch hinbekommt, sein Blut für wenige Minuten aus dem Kopf schießen zu lassen, um es im Penis zu ballen. Dann hat der arme Promilledepp seine Schuldigkeit getan, darf einschlafen und am nächsten Morgen den Heimweg antreten. Spätestens zu Beginn der nächsten Trainingseinheit wird ihm dann durch das Gelächter seiner Mitspieler klar, worauf er sich da eingelassen hatte.

Wenn einer der Kameraden jedoch das Kunststück vorzuweisen hat, eine Single-Wonderbra für mindestens einen Abend sein Eigen nennen zu können, wird ihm höchster Respekt gezollt. Wie der Name schon sagt, ist sie Single und trägt einen Wonderbra. Das bedeutet, sie hat höchste Ansprüche auf ihr Äußeres. Jede Wimper, jede Faser, jedes noch so kleine Härchen an ihrem hübschen und sehr fragil erscheinenden Köpfchen sitzt perfekt. Single-Wonderbras tanzen zwar, aber nicht wild. Sie halten sich im Zaum, da sonst ihr Erscheinungsbild getrübt werden könnte. Diese Frauen werden von den Kerlen umworben, wie die Tickets zum WM-Finale eine Minute nach Verkaufsstart.

Es ist sehr selten, dass eine Single-Wonderbra mal einen Mann von sich aus anspricht. Im Normalfall lassen sie sich ansprechen. Wie könnte man auf die Idee kommen zu agieren, wenn man unentwegt reagieren und abwehren muss? Nichtsdestotrotz erfreuen sich diese Frauen größter Beliebtheit, denn sie sind ungebunden und haben im Vergleich zu den MILFs weitaus weniger Jahre auf dem Buckel. Wenn ein Kumpel eine Single-Wonderbra überzeugen konnte und für sich klargemacht hat, dann stieg er einige Stufen im Ansehen innerhalb der Mannschaft. Dies wäre in etwa gleichzusetzen mit dem Erzielen eines Hattricks im Spiel.

Ein in der Nachtschicht erfolgreicher Spieler war fast automatisch mindestens eine Woche später in der Startelf. Nicht weil der Trainer ihn nun berücksichtigt hätte, nur weil er einen Stich gelandet hat. Nein, durch die Anerkennung der Mitspieler bekam der Fußballer in den Trainingseinheiten dienstags und donnerstags derartige Höhenflüge, dass der Coach ihn einfach aufstellen musste. Erstens war er im Gegensatz zu vielen anderen zweimal in dieser Woche im Training. Der Grund ist ja klar: Er wollte ja die Lorbeeren der anerkennenden Mitspieler einheimsen. Zudem ist er durch diesen Höhenflug gerannt, als hätte ihm der liebe Gott persönlich versichert: »Wenn du jetzt nicht ganz dolle rennst, dann bumst du nie wieder im Leben!«

Von diesem Trend bin ich als Kreisligalegende schon lange unbeeindruckt. Ich besuchte die Nachtschicht an jenem Abend, weil ich es mochte, unter Gleichgesinnten zu sein. Meine Mitspieler hatte ich um mich herum und beobachtete gerne, wie die Jungspunde sich entwickelten. Soweit die offizielle Version gegenüber Carola.

Natürlich hau ich da auf die Kacke und saufe mir jede Verletzung wieder gut. Was habe ich auf der Tanzfläche schon mit Bänderdehnungen und Muskelfassrissen einen abgegroovt, ohne Rücksicht auf den nächsten Morgen.

»Däpp, Däpp, Johnny Däpp, Däpp, Johnny, Johnny, Däpp, Däpp!«

Anfang dieser Saison bin ich dann Franka begegnet. Sie hatte schwarze Locken und blaue Augen. Nein, sie hatte keine blauen Augen, es waren unnatürlich helle, eisblaue Augen. Sie war ein Stück kleiner als ich und hatte einen Arsch für

Legenden. Und was soll ich sagen, irgendwie kam ich mit ihr ins Gespräch.

»Ich bin mit meinen Kumpels hier«, war einer meiner ersten Sätze. Eine ganz tolle Info, denn das waren alle. Jeder hatte Freunde dabei.

»Ich bin mit Lolo da.«

Wer Lolo sein sollte, war mir zwar egal, aber ich heuchelte Interesse. »Lolo? Ist das dein Wellensittich?«

Sie lachte. Und ihr Lachen war eine Mischung aus Anmut und sympathischer Grazie. Nicht so ein ›Hi, hä, hi‹. Als sie ihre Zähne zeigte, um dieses Lächeln hervorzubringen, tanzten meine Hoden Salsa. Nun, ist klar, ich wollte sie ja nicht heiraten.

»Nein, das ist meine Freundin.« Sie zeigte auf ihre Begleiterin neben ihr, die sich gerade mit Spriddi unterhielt.

›Wie kam der denn mit ihr ins Gespräch?‹, dachte ich noch, aber dann wurde mir eines zur schrecklichen Gewissheit: Diese Lolo war grauenhaft!

Warum müssen hübsche Mädels immer so wundersam hässliche Freundinnen haben? Ich hab da eine Vermutung: Wirklich hübsche Frauen werden im normalen Leben, also daheim, bei der Arbeit, im Supermarkt nicht so sehr umgarnt, weil Männer sie einfach zu hübsch finden und eine ungewöhnliche Angst entwickeln, diese Frauen anzusprechen. Deswegen kümmern sich Freundinnen um diese Frauen, damit sie nicht völlig vereinsamen. Diese Freundinnen sind aber nicht genauso hübsch, denn die müssen sich in Punkto Freundschaften nicht so ins Zeug legen. Hässliche Frauen legen sich ins Zeug und sind verständnisvolle Zuhörer, gute Ratgeber und immer da, wenn man sie braucht. Fast so wie schwule Freunde. Nur mit dem Unterschied, dass hässliche Frauen einen Hintergedanken haben. Die wollen am Wochenende im Kielwasser dieser Single-Wonderbras schwimmen, um die kleinen Putzerfische der großen, legendären Haie abgreifen zu können. Ein Hai spricht die Hübsche an. Wenn es dabei tatsächlich zu einem längeren Gespräch oder mehr kommt, hat er noch unzählige Putzerfische im Schlepptau, die ihm den Rücken freihalten und die Drecksarbeit bei der Hässlichen machen. Irgendeiner muss den Job ja übernehmen. Aus der Nachtschicht geht kaum eine Frau alleine raus, wenn sie es nicht ausdrücklich so möchte. Und heute übernahm Spriddi diese Aufgabe.

»Ah!« - ›Pfui, deibel!‹, dachte ich, sagte dann aber mit einem Handzeichen: »Hallo, Lolo!«

Sie nahm mich wahr, grüßte kurz zurück, vertiefte sich allerdings gleich wieder in das Gespräch mit meinem Putzerfisch.

›Armer Spriddi‹, dachte ich noch, überließ ihn dann allerdings seinem Schicksal.

Mit Spriddi hatte ich die Vereinbarung getroffen: »Wenn ich mich mit einer hässlichen Frau unterhalte, weil ich zu besoffen bin, um es zu merken, dann will ich das aber auch niemals gesagt bekommen.« Jeder behielt es für sich und verdarb mit irgendwelchen deplatzierten Kommentaren nicht die Illusion des Momentes.

»Was machst du so, Franka?« Diese Frage war sowas von tiefgründig, dass ich mir das bei meinem Alkoholpegel selbst nicht zugetraut hätte.

»Ich besuche Discotheken.«

Wenn ich mir das hätte selbst überlegen müssen, ich wäre niemals darauf gekommen. Fantastisch!

»Ach, was ein Zufall. Ich auch!«

»Seit wann?«

Ich sah auf die Uhr. »Um 21.35 sind wir aus dem Pub raus, und um 22 Uhr waren wir hier.«

»Ich wollte eher darauf hinaus, wie alt du bist ...« Franka lächelte.

Oh, Mann, dieses Lächeln, diese Augen. »Ich bin so alt, wie du mich haben möchtest.«

Ihr lächeln wurde breiter und meine Hose enger. Es lief. Es lief sogar sehr gut.

»Tanzen?«, fragte Franka.

Ich nickte.

Was Tobi an den Mannschaftsabenden in dieser Diskothek trieb war mir nicht wichtig. Ich trug die Gewissheit in mir, dass er keine Dummheiten machen würde. In mir schlummerte die Überzeugung, dass er niemals auf die Idee kommen würde, ebenso zu handeln wie seine Freunde. Er war mit mir zusammen, und das beteuerte er immer wieder. Tobi wollte nichts mehr von anderen Frauen. Das hat er mir tausendfach erklärt. Ich nahm es ihm ab. Es war umgekehrt genauso. Wir waren uns treu. Warum hätte wir uns gegenseitig bescheißen sollen? Es gab ja keinen Grund. Wir waren ein tolles Paar und unsere Beziehung funktionierte. So sollte es auch bleiben. Was hätte uns dazwischen kommen sollen?

Ich tanzte mit Franka einige Minuten, ohne dass wir uns dabei aus den Augen verloren. Wir berührten uns zwar nicht, aber angesehen haben wir uns, als wären wir splitterfasernackt.

Einen Moment ließ ich meinen Blick zum Rand der Tanzfläche abschweifen. ›Oh, nein‹, dachte ich, ›Spriddi knutscht Lolo.‹ Mein armer Kumpel tat mir so leid. Nicht weil es eventuell unangenehm hätte sein können. Ganz im Gegenteil dachte ich, dass Lolo sich mit hoher Wahrscheinlichkeit unfassbar ins Zeug legen würde, wenn sie mit Spriddi die Nacht verbringen sollte, aber er tat mir wegen der anderen Jungs leid. Der vielfache Hohn und Spott am morgigen Spieltag und dem folgenden Dienstag und Donnerstag und in all den Wochen danach waren ihm sicher. Die Mistkerle kicherten ja jetzt schon, rieben sich die Hände und legten sich die Sprüche für kommende Woche zurecht. Wenn es ganz schlecht lief und es Spriddi derartig runterzog, dann würde er eventuell am Sonntag nächste Woche auf der Bank sitzen. ›Verdammt, Spriddi, was tust du da nur?‹

Einen Moment später spürte ich Frankas Hand an meiner Wange. Die drehte den Kopf und forderte wieder meine volle Aufmerksamkeit.

»Wollen wir gehen?«, fragte sie.

Die Überraschung stand mir ins Gesicht geschrieben. »Wohin?«

»Ich habe draußen ein Auto stehen.«

Ein Auto? Sie wollte mit mir ins Auto? Das wunderte mich allerdings sehr. Aber warum hätte ich misstrauisch werden sollen? Sie war ein Knaller und wollte mich abschleppen. »Okay!«

Wir gingen hinaus. Sie ging vor und mit einem Handzeichen verabschiedete ich mich bei meinen Begleitern. Allen bis auf Spriddi stand der Mund auf. Nun, Spriddi stand der Mund ebenfalls auf, aber ihm eben nicht aus Erstaunen.

Franka und ich verließen die Diskothek.

»Da drüben ist mein Auto«, sagte sie und nahm meine Hand. Als wir einstiegen, war ich sowas von rattenscharf wie schon lange nicht mehr.

Bereits zwanzig Minuten später stand ich wieder neben Spriddi. »Wo warst du? Die Jungs haben mir erzählt, du hast eine abgeschleppt.«

Ich grinste breit. »Wo ist Lolo?«

Er winkte ab. »Ach, vergiss die. Immer wenn ich beim Knutschen die Augen aufgemacht hab, hab ich mich erschreckt.«

»Du hast dich erschreckt?« Ich musste so lachen.

»Ja, stell dir vor, du bist so in diese Sache vertieft und bist in Gedanken bei einer wunderschönen Nixe, die dir gerade mit ihrer Zunge den Mund veredelt. Dann machst du die Augen auf und siehst das da! Was hätte ich denn tun sollen, außer von ihr abzulassen?«

Ich kam aus dem Lachen gar nicht mehr heraus.

»Jetzt lenk aber nicht von dir ab, Mann. Sag schon, wo warst du?«, wollte Spriddi mit Nachdruck wissen.

Ich formte meine Handflächen als hielte ich etwas rundes, in der Größe eines Fußballs darin und bewegte meine Hände auf Gürtelhöhe auf und nieder.

»Kopfschuss«, war mein Kommentar, und Spriddi verstand.

Kreisligalegende

Kapitel 4

Husarenstreich

Kreisligafußball ist, wenn man einen ganz tollen Trick hinbekommen hat, aber selbst nicht weiß, wie das passiert ist.

TITUS
VERLAG

Als Spieler der A-Jugend wurde mir schon eine glorreiche Zukunft im Verein vorausgesagt. In unserer Jugendmannschaft war ich Führungsspieler, und unser Team nahm einen recht guten Platz in der Tabelle der Kreisklasse ein. Also, wir waren alle keine Überflieger oder so, und in jungen Jahren waren wir schon gar nicht so Knaller wie Messi oder Lahm. Kein Vergleich mit den Jungs. Auch kein Spitzenverein hatte Interesse an uns. Aber im Dunstkreis unseres Vereins und bei den Auswärtsspielen hatten ich, Spriddi und zwei, drei andere des Teams schon einen recht guten Ruf weg. Das machte uns schon irgendwie stolz.

Aus diesem Grund dauerte es nicht lange, dass die Senioren unseres Clubs bald bei uns anklopften und wollten, dass wir mal aushelfen. So junge unverbrauchte Hüpfer, die rennen konnten wie wilde Mustangs, konnte man immer gebrauchen – und wenn es nur für die letzte Viertelstunde war, wenn die Alten alle ausgepowert in den Seilen hingen. Erst recht konnte man uns gebrauchen, da es um die erste Mannschaft nicht so wahnsinnig gut bestellt war.

Schon als ich im Vorfeld mit Spriddi beim Training der ersten Mannschaft dabei sein durfte, wurde uns schnell klar: Hier weht ein ganz anderer Wind. Während wir in unserem Team die Leader waren, hatten wir nun plötzlich gar nichts mehr zu melden.

»Die beiden Youngsters zuerst in die Mitte«, hieß es beim Auftakt aller Trainingseinheiten, dem so genannten Eckchen. Ein abgestecktes kleines Feld, in dem fünf gegen zwei gespielt wurde. Jeder der fünf Außenspieler durfte nur einen Ballkontakt haben, ehe der Ball beim Mitspieler ankommen sollte. Kommt einer der beiden Spieler in der Mitte irgendwie in Berührung mit dem Spielgerät, weil es ein Außenspieler durch Dämlichkeit oder Unvermögen nicht schaffte, den Ball zu einem Mitspieler zu bringen, so musste dieser Außenspieler, der den Fehler begangen hatte, mit dem Mittelspieler wechseln, der schon zwei Runden dem Ball hinterher gerannt war.

Zu Spielbeginn, nach der ersten Runde, durfte grundsätzlich der ältere Spieler der beiden Youngsters als Erster hinaus, und eine Regel stand in jeder Runde fest: Der erste Ball war grundsätzlich frei! Bedeutet, die Mittelspieler durften erst nach dem zweiten Kontakt eines Außenspielers draufgehen wie wilde Tiere auf frisches, blutiges Fleisch. Sollte der Spieler in der Mitte sich dennoch dazwischen werfen, obwohl der erste Ball frei war, kostete das eine Kiste Bier.

Dass Spriddi und ich zu Beginn eines jeden Trainings beim Eckchen in der Mitte starteten, war obligatorisch. Heutzutage fange ich niemals an, den Part übernimmt der so genannte Nachwuchs.

»Ihr sammelt die Leibchen ein und tragt die Trainingstore wieder an den Spielfeldrand«, hatte einer der Älteren damals immer am Ende des Trainings gesagt, und wir taten es, ohne zu knurren und zu murren. Es gab einfach kein Meckern von jungen Nachwuchshühnchen bei Anweisungen von etablierten Spielern.

Da hat sich das Blatt in der modernen Zeit ein wenig gedreht. Jeder der jungen Flitzer glaubt doch, dass er etwas Besonderes sei und weigert sich zuweilen sogar, das Tor fortzuschaffen oder dafür zu sorgen, dass die verschwitzten Leibchen zusammengehalten werden. Wenn dies passiert, gibt es zwei Möglichkeiten: Entweder gibt der Trainer einen Warnschuss ab, und der Jungspieler ist beim nächsten Mal raus aus dem Kader, oder der Trainer lässt es geschehen, weil er auf das frische Blut angewiesen ist, wodurch die Spritzer glauben, sie könnten sich in Zukunft schier alles erlauben. Leider ist Letzteres viel zu häufig der Fall.

Diese Beschwerde höre ich von Tobi sehr häufig. Die jungen Spieler sind so arrogant hier, die jungen Spieler sind so überheblich da. Mich würde mal interessieren, ob das jede Generation Sportler über die Jugend gesagt hat. Genauso wie jede Generation Eltern sich darüber beschwert, dass ihre Kinder so verdammt aufmüpfig waren. Dabei sagen die gleichen Kinder dann im Erwachsenenalter, dass sie ja nie so schlimm waren wie die Jugend heute. Ist das beim Fußball genauso? Packen sich die Kicker niemals an die eigene Nase und schauen, was sie in jungen Jahren getrieben haben? Oder waren sie wirklich so brave Lakaien? Kann ich mir irgendwie nicht vorstellen …

Die damalige Saison, in der wir als A-Jugendliche ins Team geworfen wurden, verlief nicht erfolgreich für den TuS Germersbach. Sie hatten erheblich mehr Spiele verloren als gewonnen und kaum Unentschieden erreicht. Der Abstieg in die C-Klasse stand bevor. Alle waren sich einig: Das durfte nicht passieren. Der Verein war doch gar nicht so schlecht und hatte die C-Klasse nicht verdient. Die Wahrheit war allerdings damals und ist es noch bis heute: Wenn ein Verein so grottenschlecht spielt, dass er auf einem direkten Abstiegsplatz steht, dann hat er es sich selbst zuzuschreiben und die niedrigere Klasse durchaus verdient.

Doch soweit war es noch nicht. Es stand damals ein letztes Kreisligaspiel gegen die zweite Mannschaft des RSV Kriemling bevor. Die erste Mannschaft aus Kriemling kickte Bezirksoberliga, so hatten die Trainer der zweiten Mannschaft immer mal wieder die Möglichkeit auf bessere Leute zurückzugreifen. Das verzerrte zwar den Wettbewerb enorm, und der RSV Kriemling war verhasst in der B-Liga, aber es war durchaus legitim.

»So, Männers, wir haben nur noch eine Chance«, sprach unser damaliger Trainer vor der Partie in der Kabine auf uns ein. Dabei verwendete er fast immer das Wort »Männers«, als ob Männer nicht schon die Mehrzahl von Mann gewesen wäre. »Männers« sagte man eben, um die Allgemeinheit noch mal verstärkt anzuregen, glaube ich jedenfalls. Der Trainer war so ein kleiner mit Halbglatze und eigentlich Schuldirektor, oder sowas. Seinen Namen habe ich heute gar nicht mehr auf dem Schirm. Ich war immerhin gerade mal 17 Jahre alt und heute schon froh, dass ich mich überhaupt an diese olle Kamelle von damals erinnern kann und sie mir nicht schon längst aus dem Hirn gesoffen habe.

»Friedthal spielt in Neuburg«, sagte der Trainer, »und Geggenau in Niederpressburg. Wir können es noch auf einen Relegationsplatz schaffen und uns in zwei weiteren Spielen den Klassenerhalt erkämpfen.«

Man sollte denken, dass man als erwachsener Mensch, der diesen Sport regelmäßig und intensiv betreibt, die Konstellation bereits vorher begriffen hatte und dass diese Ansprache überflüssig gewesen wäre. War sie aber nicht. Ich bin mir sicher, dass es mindestens ein oder zwei Hohlroller im Team gab, die den Ernst der Lage oder die rechnerische Möglichkeit, sich aus der Misere wieder herauszuspielen, noch nicht realisiert hatten.

So ging der Trainer zu seinen Standardsätzen über und erklärte seinem Team nach und nach die Aufstellung, wie er vorhatte zu spielen. »Georg, du musst den Kasten hinten sauber halten. Rauskommen, Präsenz zeigen, laut sein. Heute zu Null. Ehrgeiz. Deutliche Kommandos an deine Verteidigung. Ich will dich hören, Georg. Hast du gehört? Ehrgeiz.«

Georg, der Torhüter, spuckte sich noch mal in die Handschuhe und nickte nur kurz.

Dann ging der Coach jeden einzelnen Feldspieler durch, und jeden Satz von ihm hatten die Akteure schon mindestens hundertmal gehört. »Dieter, hinten dicht. Am Mann sein. Nix anbrennen lassen. Du spielst den linken Verteidiger. Ehrgeiz, Dieter.«

Dieter reagierte kaum, denn der wusste genau, wo er spielen sollte. Wo er halt immer spielte. Und Dieter wusste auch, was er dort tun sollte. Was er eben immer tat. Und den Begriff ›Ehrgeiz‹ konnte Dieter auch bald nicht mehr hören. Doch er blieb ganz gelassen. Dieter war die Ruhe selbst.

»Moritz, du spielst rechts. Geh immer mit hoch zum Kopfball. Ich weiß du bist nicht der Größte, aber stören, Moritz, immer stören. Dein Gegner kann nix. Ehrgeiz.«

Das hatte Moritz schon die letzten Male gehört. Ein Kopfballduell hatte er in der gesamten Saison und in all den Jahren davor so gut wie noch nie gewonnen. Dennoch ließ er sich niemals entmutigen und schraubte sich mindestens drei Zentimeter in die Luft, wenn es um ein Kopfballduell ging. Laut des Trainers konnte scheinbar keiner seiner Gegner was. Dumm nur, dass fast jeder zweite mindestens einen Treffer in der Obhut von Moritz erzielte.

»Werner, du, Libero«, im Stenostil war es manchmal einfacher, die Position zu erklären. »Du musst heute besonders wach sein. Halt die Abwehr mit Dieter zusammen. Werner und Dieter, noch mal, echt Ehrgeiz, ey!«

Auch Werner hatte die Liberoposition bereits bis zum Erbrechen oft gespielt. Was blieb ihm auch für eine andere Wahl? Er hatte die 40 bereits deutlich überschritten, hatte fast gänzlich graues Haupthaar und einen Vollbart. Werner pfiff aufgrund seines Bierbauches konditionell aus dem letzten Loch. Mehr als den Libero konnte er nicht mehr spielen, aber das konnte auch kein anderer im Team wie Werner, denn da war Erfahrung und Stellungsspiel gefordert. Das hatte kein Spieler wie er. Werner war die damalige Kreisligalegende. Kreisligalegenden endeten meistens als Libero. Damals hatte noch keiner der Verteidiger etwas von der Viererkette gehört.

»Hans, Vorstopper. Wie immer.« Hans nickte. Mit leerem Kopf lässt es sich leicht nicken. Hans hätte jede andere Anweisung ohnehin nicht begriffen. Einer war immer im Team, der wie immer spielen sollte. Bei dem forderte der Trainer auch selten besonderen Ehrgeiz – entweder konnte dieser nicht erwartet werden, oder der Spieler spielte sowieso immer wie im Blutrausch. Hans war da eher der Rambo unter den zähnefletschenden Hyänen.

»Johnny, Mitte Mitte. Verteil die Bälle. Aber hol sie dir auch von hinten. Ehrgeiz, Junge! Sei nicht so lauffaul.«

Bei Johnny biss der Coach auf Granit. Der übergewichtige Metzger lief nur, wenn eine neue Perle am Spielfeldrand stand.

»Peter und Horst, linkes und rechtes Mittelfeld. Klaro? Macht Dampf, Jungs. Ehrgeiz. Ohne euch haben die Jungs vorne kein Futter. Ferdinand muss beschäftigt werden.«

Peter und Horst sahen sich wissend an und nickten sich zu.

»Ferdinand, du bist vorne unser Trumpf. Du machst die Dinger rein, die dir Konstantin und Gary servieren. Schmeiß dich überall rein. Du musst dahin gehen, wo es wehtut. Wir müssen die verdammte Pille irgendwie über die Linie bekommen.«

»Ehrgeiz, Trainer?«, fragte Ferdinand plötzlich.

Ich wusste nicht, ob er den Coach nur verarschen wollte. Für einen Moment war ich verunsichert.

Aber dann, kam die Bestätigung vom Trainer. »Ja, Ehrgeiz, Ferdi!«

»In Ordnung«, erwiderte Ferdinand.

›Die meinen das tatsächlich ernst‹, fuhr es mir durch den Kopf, aber ich tat einen Teufel, jetzt zu lachen oder dieses Gespräch nur im Geringsten anzuzweifeln.

»Gary und Konstantin. Ihr rennt die Außenbahnen hoch und runter. Hoch und runter. Hört ihr …«

›Wo denn sonst hin?‹, dachte ich leise.

»… hoch und runter. Die ganze Zeit. Ich will, dass ihr euch nach dem Spiel die Lunge rauskotzt. Ehrgeiz, Gary. Ehrgeiz, Konstantin. Wenn ihr nicht mehr könnt, dann haben wir frische Leute draußen.« Der Trainer zeigte auf mich und auf Spriddi.

Nun kam der Trainer auch endlich auf uns Ersatzspieler zu sprechen. »Tobi, Spriddi, Mark. Ihr bleibt draußen.«

›Ach, das ist ja mal eine neue Info.‹ Ich wollte nicht frech werden und hielt die Fresse.

Mehr sagte der Trainer nicht zu uns. Die Reservespieler waren dann wohl doch nicht so wichtig, wie ich mir das erhofft hatte. »Denkt dran, Männers, wenn wir die Kackpartie hier und heute für uns entscheiden und die anderen uns ein bisschen in die Karten spielen, dann können wir dem Tod noch mal von der Schippe springen. Also, kommt zusammen, Männers.«

Jeder streckte seinen Arm aus, und die Männer stellten sich kreisförmig auf, wobei die Hände übereinandergelegt wurden.

Alle brüllten im Gleichklang: »Eins, zwei, drei, Sieg!«

In der nächsten Sekunde puschten sich die Spieler gegenseitig auf, klatschten in die Hände, schrien »Komm! Komm! Komm!« und einer sogar »Ehrgeiz!«, bis ein anderer die Kabinentür aufriss, damit im Anschluss alle geschlossen herausrennen konnten.

Alle bis auf Spriddi, Mark und mich, wir mussten noch die Kabine ein bisschen aufräumen und halbleere Wasserflaschen in die Kästen zurückstellen, um sie dann mit auf den Platz zu tragen. Zum Anpfiff waren wir aber pünktlich auf der Reservebank.

Wir Jungspunde verstanden nicht genau, was in den letzten Minuten geschehen war, aber irgendwie musste das Prozedere die Horde animiert haben, nun den Gegner vom RSV Kriemling vom Platz zu fegen. Theoretisch jedenfalls.

In der Realität schleppte sich die Partie von Minute zu Minute dahin. Kaum ein Pass kam an. Die Spieler keuchten. Herausgespielte Torchancen waren Mangelware. Sogar falsche Einwürfe wurden ausgeführt. Bedrängnis vor den Toren entstand eigentlich nur durch individuelle Fehler der Spieler oder durch Zufallsprodukte. Es spielte regelrecht Not gegen Elend - eben ein ganz normales Kreisligaspiel. Der Schiedsrichter musste den Mittelkreis für seine Tätigkeit kaum verlassen, und selbst wenn er es musste, wäre er so viel Bewegung gar nicht gewohnt gewesen.

Die B-Klasse hatte ja noch nie den besten Ruf oder dass dort unglaublicher und hochtalentierter Fußball gespielt wurde. Diesem Klischee wurde dieses Match vollkommen gerecht. Die erste Halbzeit endete, ohne dass ein Tor gefallen wäre oder dass die Torhüter beider Mannschaften ernsthaft gefordert wurden. Jeder der Keeper durfte ein paar Abstöße ausführen, wobei sie sich schwer taten mit dem steinharten Spielgerät über die Mittellinie zu kommen. Es geschah eine Dreiviertelstunde praktisch nichts, aber dieses Nichts regte die Gemüter der Zuschauer so auf, das diese dachten, es wäre ein wahnsinnig spannendes Spiel gewesen.

»Männers, es ist alles bestens. Wenn ich da draußen stehe und mir dieses Spiel ansehe, sieht das verdammt gut aus«, sagte der Trainer und log das Blaue vom Himmel runter. Was hätte er auch sonst tun sollen? Er wollte nicht verlieren und als Absteiger der Saison gelten. Nein, er wollte heute den letzten Strohhalm packen und mit diesem Spiel die verkorkste Saison noch mal zum Guten wenden. Dazu bediente er sich einem bereits vielfach angewandten Mittel: Motivation. Einer zwar verlogenen Motivation, aber wenn man jemanden anspornen möchte, dann wüsste ich nicht, dass die Regel existiert: Sag dabei immer die Wahrheit.

»Wenn wir hier heute als Sieger von Platz gehen, Männers, dann können wir es schaffen, die Klasse zu erhalten. Und ihr habt es verfluchte Scheiße verdient, diese Klasse zu halten. Keiner von euch ist ein C-Klasse-Spieler!«

Lügen, Lügen, nichts als Lügen!

»Wir müssen noch 45 Minuten ackern, Männers. 45 Minuten! Nicht mehr. Es gibt keine Verlängerung und kein Elfmeterschießen. Es sind noch 45 Minuten, in denen ihr eure Eier in die Hand nehmen müsst und kämpfen, wie um euer Leben.«

Dieses Bild vor meinem geistigen Auge von Männern, die ihren Hodensack packen und fighten bis zum Umfallen, habe ich niemals vergessen können.

Und nun kam der absolute Motivationsschub: »Hört zu, Männers! Wenn wir heute hier gewinnen, dann hat uns unser Präsident drei Kisten Bier auf Vereinskosten versprochen. Auf Vereinskosten, Männers, hört ihr? Und … passt jetzt genau auf, Männers, … wenn wir die Klasse halten und die anderen Vereine spielen, wie wir es brauchen, dann lässt er für heute

Abend zehn Kästen springen. Zehn Kästen Bier. Ist das nicht geil?«

Allgemeines Gemurmel erklang.

»Ihr habt richtig gehört. Zehn Kisten. Für euch, eure Frauen und für die Zuschauer da draußen. Ihr alle könnt euch heute Abend sowas von die Kante geben, bis ihr nicht mehr stehen könnt. Und wenn wir es schaffen, Männers, dann verspreche ich euch, dann rufe ich von jedem Einzelnen von euch morgen früh den Chef persönlich an und sage ihm, weswegen ihr nicht auf die Arbeit kommen könnt. Weil ihr nämlich etwas zu feiern hattet. Habt ihr gehört?«

Das Gemurmel wurde lauter.

»Ob ihr das gehört habt?«

»Ja!«

»Und jetzt raus, Männers. Ehrgeiz!«

Ich will nicht sagen, dass das Spiel in der zweiten Halbzeit ansehnlicher wurde. Jedoch muss man sagen, es war mit Sicherheit spannender, da kampfbetonter. Zwei Spieler flogen kurz hintereinander vom Platz. Einer von uns, einer von denen. Die zirka 120 Zuschauer inklusive Ersatzspieler und Betreuer beider Vereine tobten bei jeder Szene. Man merkte deutlich, dass beide Mannschaften das Spiel gewinnen wollten.

Wie während der zweiten Halbzeit bis zur Trainerbank durchsickerte, hatte der RSV Kriemling auch etwas zu gewinnen. Sie konnte zwar weder auf- noch absteigen, aber einer der beiden Mitabstiegsaspiranten hatte dem Team ebenfalls drei Kisten Bier geboten, wenn sie uns besiegen würden.

»Diese verdammten Sausäcke«, fluchte unser Trainer, als er davon Wind bekam.

Als sich dann herausstellte, dass sogar beide direkte Konkurrenten von uns, jeweils drei Kästen geboten hatten, wodurch sich der Anreiz auf sechs Kisten für den RSV erhöhte, schimpfte unser Trainer wie ein Rohrspatz.

»Diese kleinen Pisser glauben wohl, sie könnten das Spiel kaufen«, und er brüllte über den Platz: »Zehn Kisten, Männers. Rennt!«

Die Spieler auf beiden Seiten rannten lange Zeit wie die Hasen.

»Tobi, du kommst rein. Lauf dich warm!«, sagte der Trainer plötzlich. Ich erhob mich von der Bank und wollte gerade loslaufen, da meinte er schon: »Bleib hier, du bist dran!«

Meine Muskulatur war weder warm noch hatte ich mich gedehnt. Im Grunde wurde ich einfach ins kalte Wasser gestoßen, eine Verletzung war also fast vorprogrammiert, wobei die Vorgehensweise nicht unbedingt ungewöhnlich war, wie ich in meinen späteren Jahren als Kreisliga-Fußballer feststellen sollte.

Es war die 71. Minute. Gary kam für mich raus. Er war völlig fertig, setzte sich jedoch nicht auf die Bank, sondern ging weit hinter die Barriere, drehte sein Trikot auf links und steckte sich eine Zigarette an. Ich sollte für ihn auf die Linksaußenposition. Dabei hatte ich gar keinen linken Fuß. Ich schoss mit rechts, ich konnte gar nichts anderes und musste mir den Ball immer mühsam zurechtlegen, bevor ich eine Flanke hereinbringen konnte. Das erschwerte mein Spiel enorm, aber ich schlug mich wacker. Ein Tor haben wir nicht geschossen, aber immerhin haben wir bis zur 85. Minute auch keines erhalten. Immer noch 0:0. Das Spiel wurde bei den Zuschauern hinter der Barriere immer spannender.

Und dann kam mein Moment. Es war ein Eckball. Konstantin trat ihn hinein. Alle versammelten sich im Zentrum vor dem Tor. Der Fünfmeterraum war überfüllt und quoll praktisch über. Die Spieler stolperten über ihre eigenen Füße, so eng war das, und jeder brüllte gleich: »Elfmeter! Elfmeter!«

Ich orientierte mich eher Richtung Strafraumgrenze und blieb ungedeckt. Keiner beachtete mich, weil ich scheinbar nicht den Zug zum Tor hatte, wie all die anderen Spieler meiner Mannschaft und weil ich mit knapp 17 Jahren nicht wirklich ernst genommen wurde.

Konstantin lief an und versemmelte den Eckball so ungestüm, dass der Ball über alle hinweg im hohen Bogen dahinflog.

»Was war das denn?«, riefen einige der Zuschauer.

Der Ball hatte eine ungeheure Länge und war für keinen zu erreichen. Alle erwarteten, dass er irgendwo im hinteren Strafraumeck aufdotzen würde, um dann nutzlos ins Aus zu rollen. Ein klassischer B-Klasse-Eckball.

Doch ich war flink und erahnte bereits früh die Flugbahn des Balles. Mit einem Sprint in die hintere Strafraumecke ergriff ich meine letzte Chance und hechtete rücklings in die Luft, um das Leder mit einem Fallrückzieher noch einmal in die Gefahrenzone vor das Tor zu bringen. Ich riss mein Becken in die Höhe und trat, so fest ist konnte, zu.

Normalerweise enden sollte Aktionen mit unangenehmen Abschürfungen und Spott von den Rängen für den Spieler, der es wagte einen solchen Stunt hinzulegen. In der B-Klasse kann das einfach keiner, das war Fakt. Doch in meinem damaligen Falle, sollte meinem Kunstflug eine ungeahnte Wirkung folgen. Der Ball senkte sich ungünstig für dem Torhüter des RSV Kriemling in den Fünfmeterraum an allen Freunden und Feinden vorbei und tickte neben dem Pfosten hinter der Linie auf. Das Ding war drin! Ich wusste nicht genau, wie ich es gemacht hatte, aber das Ding war drin, verdammt. Es war drin! Plötzlich stand es 1:0 für uns.

Mein Jubellauf muss im Anschluss Stunden gedauert haben. Man sagt mir heute noch nach, dass man mich damals mit dem Lasso hatte einfangen müssen. Es war ein so unbeschreibliches Gefühl, dass dieses Meisterstück, dieser Husarenstreich, dieser Traum für jeden Fußballer geglückt war, dass ich heute sogar noch manchmal davon süß träume.

Nun mussten wir noch knappe fünf Minuten inklusive der Nachspielzeit überstehen. Dabei wurde eine weitere Lüge unseres Trainers jäh aufgedeckt: In der zweiten Halbzeit waren es mehr als 45 Minuten. Und wir mussten es ausbaden. Bald sollten wir unsere drei Kisten Bier sicher haben. Und das dank meiner Leistung.

Noch vier Minuten. Ich war so nervös, dass mir die Knie bei jedem Schritt schlotterten.

Noch drei Minuten. Der Trainer wechselte Spriddi endlich ein, um Zeit zu gewinnen.

Noch zwei. Der Trainer pfiff alle Spieler in den eigenen Strafraum zurück, um zu mauern und vor dem Tor alles abzuriegeln. Es durfte kein Unglück mehr geschehen. »Ehrgeiz, Männers!«

Noch eine Minute. Nun wurde auch Mark eingesetzt, der in diesem Spiel jedoch zu keinem Ballkontakt mehr kam. War vielleicht auch besser so.

Und aus, aus, das Spiel war aus! Deutschland ist Welt… äh, der TuS Germersbach hatte die Partie gewonnen. Die drei Kisten waren uns sicher.

Was nun folgte, ist legendär. Unser Spielausschussvorsitzender hing sich an das Festnetztelefon des Vereinsheims, da damals Handys noch nicht so wirklich verbreitet waren, und rief die anderen beiden Sportplätze nacheinander an. Das Wunder geschah: Beide Mannschaften unserer direkten Konkurrenten verloren, und unser TuS schob sich mit der letzten Partie auf einen Nichtabstiegsplatz. Noch nicht einmal eine Relegation mussten wir spielen. Alles, weil mein Fallrückzieher im Netz landete. Ich gebe ja zu, dass der Schuss so nicht geplant war, aber das konnte nur unerheblich sein. Der 1:0 Endstand war besiegelt, und die zehn Kisten Bier standen kurze Zeit später für die Allgemeinheit zur Verfügung.

Jeder klopfte mir auf die Schulter und sagte Sachen wie: »Tobi, du wirst ein ganz Großer« oder: »Tobi, aus dir wird was!« oder: »Tobi, mach so weiter, und wir sehen dich mal im Fernsehen!«

Sie gaben mir Bier zu trinken. Nach dem zweiten Bier ging ich duschen und nach dem dritten Bier nach Hause, denn ich musste ja am nächsten Tag zur Schule. So war das eben, ich war ja noch keine Kreisligalegende. Ich ahnte nicht, dass der nächste Grund etwas so Gewaltiges zu feiern erst Jahrzehnte später wieder Realität werden konnte. Ich war ein Junge, dem etwas geglückt war, was er selbst gar nicht fassen und verarbeiten konnte.

Kreisligalegende

Kapitel 5
Erzfeinde deluxe

Kreisligafußball ist, wenn man in fast jedem gegnerischem Team einen hat, den man auf den Tod nicht ausstehen kann.

TITUS
VERLAG

Die erste Mannschaft von Pittlingen spielt heutzutage in der Gruppenliga. Die zweite treibt in der Bezirksliga ihr Unwesen. Alles sportliche Regionen, mit denen der TuS Germersbach nichts zu tun hat und leider niemals etwas zu tun haben wird – sind wir zur Abwechslung mal realistisch. Die dritte Mannschaft des 1. FC Pittlingen fällt jedoch in der C-Klasse herum. Es ist der größte Verein im Umkreis, und die Mitglieder glauben scheinbar alle, sie wären die Geilsten. Ich kann mir nicht helfen, aber irgendwie sind diese Schnösel aus Pittlingen ziemlich hochnäsig.

Der 1. FC Pittlingen war schon immer der größte anzunehmende Feind des TuS Germersbach, denn es gab Zeiten, da spielten beide erste Mannschaften in der gleichen Klasse. Die drei Jahre in der Kreisliga A waren für unseren TuS die sportlich erfolgreichste Ära. Das war noch vor meiner Zeit, aber der Legende nach waren die Derbys gegen Pittlingen immer hart geführte Matches, in denen sich die Spieler gegenseitig nichts schenkten und alles abverlangten. Der Überlieferung nach waren das alles sportlich hochqualitative Veranstaltungen mit bis zu eintausend Zuschauern pro Spiel. Wenn man das heutige Gekicke beider Vereine anschaut, kann man sich das gar nicht vorstellen. Im Stillen glaube ich ja, dass die Erinnerungen an diese Ereignisse durch die Emotionen, die die Spiele ausgelöst haben, stark geschönt sind und keiner mehr wirklich beurteilen kann, ob es fußballerisch tatsächlich ein Leckerbissen war. Bestimmt sind die alten Kicker voll wie die Pisspötte auf den Hartplätzen von damals rumgestiefelt, und die Zuschauer hatten ebenfalls ordentlich einen im Tee, sodass zum einen das Spiel spannender wurde und die Anzahl der Zuschauer sich visuell verdoppelt, um nicht zu sagen, verdreifacht hatte. Wenn man die Männer und Frauen von früher fragt, dann haben die so unglaublich viel mehr gesoffen als wir heute. Da liegt doch meine Vermutung nahe. Oder?

Unser TuS erkämpfte sich laut der geschichtlichen Überlieferung in den sechs legendären Partien sogar zwei Siege und ein Unentschieden. Das ist zwar schon ewig her, aber davon hat praktisch jeder im Club Kenntnis. Das gehört zum Grundwissen, wenn man hier Vereinsmitglied ist. Der 1. FC Pittlingen ist der Erzfeind, und das wird immer so bleiben. Das einzige Gute daran, wenn man einen Feind hat: Es hat Struktur. Man hat jemanden, den man auf den Tod nicht ausstehen kann. So muss man sich nicht lange nach Arschlöchern umsehen. Unsere Arschlöcher kamen alle aus Pittlingen und kickten beim 1. FC.

Einen bestimmten Patienten aus diesem Club konnte ich ganz persönlich besonders leiden. Er war das Oberhaupt aller Arschlöcher und glaubte von sich, die Weisheit mit Löffeln, ach, was rede ich, mit Suppenkellen gefressen zu haben. Zu allem Übel fand er sich selbst wunderschön und war davon überzeugt, auf dem Fußballplatz wahnsinnig talentiert zu sein. Valentin Cross. Wenn ich diesen Namen in den Mund nehme, bildet sich spontan ein ätzender Pilz auf meiner Zunge, der nur medikamentös zu behandeln ist. Wenn ich diesen Namen lese, ist Augenkrebs nicht fern, und für eine Chemotherapie kann ich bereits einen Termin vereinbaren. Wenn ich diesen Namen höre, wachsen aus meinen Ohren kleine Wurzeln, die sich hinunter zu meinem Hals schlingern und versuchen, mich zu erdrosseln. Meine bevorzugte Bezeichnung für diesen Spacken ist lediglich ›V‹, mehr bekomme ich nur selten raus. V ist die personifizierte Dämlichkeit, gepaart mit einer Überheblichkeit, die seinesgleichen sucht.

Valentin traf ich vor einem halben Jahr das erste Mal im ›Costa's‹, einer kleinen Bar einige Kilometer vor Germersbach. Ich saß da mit ein paar Freundinnen, und er kam mit zwei Freunden herein. Meine Mädels waren von Anfang an hin und weg. Gar nicht mal wegen ihm, sondern weil die drei gemeinsam einfach ziemlich gut aussahen. Es hatte was von einem Tarantino-Filmstar-Auftritt. Birte und Klara stießen mich sofort an, als sie die drei sahen. Mich ließ der Anblick eigentlich ziemlich kalt, denn zum einen hatte ich mit Tobi schon meinen ganz eigenen Filmstar, und zum anderen kannte ich solche

Typen. Viel heiße Luft, die einem die Sinne vernebelte, aber am Ende doch kalter Kaffee, der bitter schmeckte. Diese Filmstar-Verschnitte konnten mir nichts von einem galoppierenden Pferd erzählen. So dachte ich damals jedenfalls …

Ich bin nicht sicher, wie oft ich V schon über den Weg gelaufen bin. Leider geschah das aufgrund der Ortsnähe viel zu häufig. Manchmal sah ich ihn im Supermarkt, ab und an in der Nachtschicht. Wir sahen uns, erkannten uns, grüßten uns niemals und gingen weiterhin unserer Wege. Dies hatte sich über die Jahre so eingependelt, war aber auch einmal anders.

Es ist nun sicher fast zehn Jahre her, da kannte ich V nur, weil er angeblich beim 1. FC Pittlingen eine große Nummer war. Ein neuer Spieler, der sein Geld angeblich wert war. Jeder wusste, Pittlingen zahlte nicht schlecht, forderte dafür aber ein gehöriges Maß an Leistung. Demnach musste V auch ein annehmbarer Kicker sein. Soviel zur Vorgeschichte.

Zur damaligen Zeit existierte noch die zweifelhafte Tradition, dass die Vereine der umliegenden Ortschaften ein gemeinsames Fest austrugen. Es nannte sich ›Fanmeile‹, und jede der insgesamt sechs Ortschaften war nacheinander einmal mit der Organisation und als Gastgeber an der Reihe. Aus allen Orten und über deren Grenzen hinaus kamen Besucher zur ›Fanmeile‹, und die Zahlen der Gäste stiegen stetig von Jahr zu Jahr. In dem besagten Jahr traf die Wahl auf Friedthal, einem kleinen beschaulichen Ort, der so viele Einwohner wie Kühe hatte. Das Dorf lag auf einem Hügel und drumherum existierte nur Wald und Wiesen. Eine Straße führte hoch nach Friedthal und eine weitere Straße auf der gegenüberliegenden Seite hinab. Weswegen dieses Kaff auf der höchsten Erhebung weit und breit ›Friedthal‹ hieß, haben die Gründer der Siedlung mit ins Grab genommen. Wahrscheinlich war die Namensgebung ein Spaß und ist aus einer Bierlaune heraus entstanden. Die Verantwortlichen mussten voll wie die Pisspötte gewesen sein und konnten mit Sicherheit ihren eigenen Namen nicht mehr auf die Reihe kriegen. Der damalige

Ortsvorsteher musste ein Clown gewesen sein oder Dick und Doof in einer Person. Anders kann ich mir das nicht erklären.

Auch wenn Friedthal so ziemlich das kleinste Dorf war, dass ich kannte und einwohnermäßig nur von Steppendörfern im tiefsten Afrika unterboten wurde, bekam der Ort trotzdem eine komplette Fußballmannschaft zusammen. Immer. Friedthal hat noch niemals ein Spiel abgesagt, weil sie keine Leute zusammenbekamen. Es ist niemals vorgekommen, dass die Truppe wegen unerwarteter Alkoholleichen, Urlaubern oder Schichtarbeitern nicht antreten konnte. Und wenn der Opa mit dem Enkel spielen musste, Friedthal stand zum geplanten Anpfiff verdammt noch mal immer mit elf Mann auf dem Platz. Eigenartigerweise war der gemeine Friedthaler grundsätzlich nicht besonders hübsch und zudem riesengroß. Die Friedthaler waren die Orks aus unserer Gegend. Es lag die Vermutung nahe, dass in Friedthal die Eltern der Spieler über die Generationen öfter mal Geschwister waren. Beweise dafür gab es allerdings nie. Der häufigste letzte Satz in Friedthal kurz vor einer Trennung war vermutlich: »Lass uns einfach gute Geschwister bleiben.«

Der Sportplatz in Friedthal lag auf dem höchsten Punkt des Dorfes und war mit einem hohen Fangzaun umgeben. Der Zaun musste besonders hoch sein, denn wenn mal ein Ball drübergedroschen wurde, war der praktisch für alle Zeiten verschwunden. Das Leder legte, nachdem es den Zaun überwunden hatte, hunderte Meter zurück, blieb im mannhohen Gras oder im Gestrüpp des anliegenden Waldes liegen und ward niemals wieder gesehen. Zwar ging immer eine arme Seele aus Friedthal los, um den Ball zu suchen, aber vor Spielende war dieser Ork niemals wieder zurück – ob mit oder ohne Ball war dabei auch nie gewiss.

»Warum sind die Friedthaler eigentlich alle so hässlich?«, fragte mich Spriddi einmal.

»Das sind die Gene, Spriddi, die Gene.«

»Ja, natürlich sind das die Gene. Aber warum sind gerade in Friedthal so viele Riesen und Quadratköppe im Team?«

»Passt auf, Spriddi: Das Erbgut von Mensch und Schwein stimmt zu neunzig Prozent überein. Verstehst du? Neunzig Prozent. Dieser Wert wird nur von wenigen anderen Tieren übertroffen, zum Beispiel von Menschenaffen. Beim Schimpansen sind es 98 Prozent. Das bedeutet, wenn nur ein Chromosom, Genstrang oder nur eine Zelle in diesem ganzen Gefüge von der Norm abweicht, wird entweder ein Gnom oder ein Untier aus dir. Wenn deine Mutter und dein Onkel mütterlicherseits deine Eltern wären, weil sie nie aus dem Dorf rausgekommen sind, weil bei einem Sturm das Dorf von der Außenwelt vollkommen abgeschnitten war, dann wäre aus dir vielleicht auch ein Ork geworden.«

Spriddi dachte nach und sagte dann: »Oder ein Elb. Naja, vielleicht doch eher ein Hobbit, wenn ich so meinen Onkel betrachte.«

An Auswärtsspielen in Friedthal mussten wir uns stets besonders warm anziehen. Ich kam mir manchmal vor wie ein kälteempfindlicher Brasilianer, jedoch waren es in Friedthal immer vier bis fünf Grad kälter als in den umliegenden Ortschaften. Wenn man bei dem schönsten Sonnenschein in Germersbach losgefahren ist, kam man nicht selten auf dem Weg nach Friedthal in einen Schneesturm, Hagelschauer oder fuhr zumindest in eine Nebelwand. Friedthal war ein meteorologisches Phänomen.

Dadurch, dass der Sportplatz am höchsten Punkt des Ortes lag, blies immer ein heftiger Wind über die rote Asche. Es kam sogar jedes Jahr ein Lastwagen mit frischem Schüttgut, da der Platz nach und nach vom Wind ins Tal abgetragen wurde. Wenn man da vor dem Match bei der Platzwahl stand, wusste man niemals, in welche Richtung man zuerst spielen sollte. Würde der Wind abflauen oder heftiger werden? Es glich immer einem Lotteriespiel. Die Partie gewann meistens der, der die meiste Zeit mit weniger Gegenwind spielte. Das hatte nichts mehr mit Fußball zu tun, sondern war ein einziges Geplotsche und Gebolze gegen den Wind. Beziehungsweise musste man mit dem Wind im Rücken darauf achten, dass man den Ball nur ganz sachte antippelte, sodass er nicht gleich fünf Meter über die Latte flog. Ich habe Kopfbälle in Friedthal gesehen, die flogen so weit wie Dropkickabschläge von durchtrainierten Torhütern in Germersbach.

Als verlautet wurde, dass die Fanmeile erstmals in Friedthal stattfinden sollte, waren sämtliche potentielle Besucher gewarnt. Es sprach sich schnell herum, dass man auf sich achten und in Friedthal nicht allein im Dunkeln herumstreunen sollte. Frische unverbrauchte Gene waren dort jeder Zeit herzlich willkommen. Besonders nachts.

Natürlich waren auch wir vom TuS Germersbach mit einem Bierstand dort vertreten, und sehr viele unserer Mitglieder kamen, um einen netten Abend zu erleben. Die Bewohner, Vereinsmitglieder, Spieler und Ortsvorsteher der verschiedenen Dörfer, die an der Fanmeile beteiligt waren, fanden sich zahlreich in Friedthal ein.

Jedes Dorf hatte sein Areal, in dem es seinen Ort repräsentierte konnte. Es hatte fast etwas von einer Expo mit nettem Essen, ein paar Getränken und Sitzgelegenheiten. Es war keine große Sache und am Ende nur ein Dorffest, aber in Friedthal war es doch ein Ereignis des Jahrzehnts.

An jenem Abend hatte sich auch eine Gruppe aus Pittlingen in unser Areal verirrt. Das war kein Problem, denn es sollte ja ein großes, durchmischtes Fest sein. Pittlinger waren ja nicht per se bescheuert. Wir vom TuS hatten nur das Kriegsbeil in Bezug auf den Club 1. FC Pittlingen stetig im Anschlag.

In dieser Besuchergruppe befanden sich fünf Kerle, die alle mehr oder minder in meinem Alter waren. Nach kurzem Blick auf die Jungs war klar, es waren Fußballer. Vier kannte ich, einen nicht. Schmierig, großgewachsen, mit einem überheblichen Grinsen. Es war V.

Ich stand hinter dem Zapfhahn und hatte Thekendienst. Es gab einen festen Plan, in dem einige engagierte Helfer eingeteilt waren.

»Habt ihr auch Bier?«, fragte mich V und wollte scheinbar lustig sein, denn wir schanken ausschließlich Pils aus.

»Nun, welches willst du? Krombacher, Beck's, Corona, Schinkel's, Erdinger, Paulaner, Königs Pilsener, Römer Pils, Hansa Pils, Augustiner, Bayreuther Hell, Edelstoff, Bölkstoff, Bockbier, Export, Lager, Schwarzbier, Weißbier, Licher Bier, Kölsch, Berliner Kindl, Budweiser, Astra, Brinkhoff's Nr. 1, Ducksteiner, Diebels Alt, Flensburger, Amstel Bier oder … Gerolsteiner?«

»Gerolsteiner?«

Ich sah in Vs Augen bereits die Wut aufsteigen. »Äh, ich meinte, Guiness«, sagte ich.

»Habt ihr auch alkoholfreies Bier?« V wollte wieder witzig sein.

»Nein, aber glutenfreies Bier?«

V sah mich durchdringend an. »Willst du mich verarschen?«

»Du hast doch mit dem Scheiß angefangen«, konterte ich.

Seine Kumpels kicherten. Meine Leute lachten etwas lauter. V stand nun da wie ein Depp. Was im Grunde nichts Neues für ihn sein sollte, aber in diesem Moment nicht sein Ziel war.

»Du bekommst häufig eins auf die Fresse, was?«

Oh, nun hatte er mir gedroht.

»Was willst du Bier oder Dresche?«, fragte ich.

»Dresche?« V blies sich auf und zeigte die volle Breite seiner Brust. »Von dir?«

»Von mir oder von jemand anderem, was auch immer. War nur eine rein informative Frage. Vielleicht haut dir auch deine Mutti den Arsch voll, wenn du hier Stunk machst.« Ich gebe ja zu, dass ich große Vorteile hatte. Er war neu hier. Meine Leute standen um mich herum. Sie würden jederzeit eingreifen, wenn V seinen Ausraster bekommen würde. Das wusste ich genau. Deswegen konnte ich mich ganz gelassen auf die Rhetorik konzentrieren.

»Stunk? Du willst doch Ärger, mein Freund!«

»Ich weiß nicht, wer du bist. Aber eines weiß ich, dein Freund bin ich nicht. Aber blöd für dich zudem: Du weißt auch nicht, wer ich bin.«

V lachte. »Wer bist du denn?«

»Derjenige, der dir den Arsch versohlen lässt, wenn du hier den Dicken machst. Also, hier dein Bier.« Ich reichte ihm das volle Glas hinüber.

Ruhig nahm V es entgegen und grinste mich breit an. Was nun folgen sollte, war mir eigentlich klar. Mit einem Ruck kippte mir V das Bier ins Gesicht und schrie: »Komm, du Wichser, ich hau dir eine rein!« Er sprang wild vor mir auf und ab.

Unglaublich gelassen strich ich mir die Flüssigkeit aus dem Gesicht und meinte: »Dumm ist der, der Dummes tut. Das wusste schon Forrest Gump, und der war im Gegensatz zu dir mächtig schlau.«

Ein kurzer Blick von mir reichte, sodass meine Jungs sich auf V stürzten. Sie wollten ihm nicht wehtun, nur rausschaffen. Die Begleiter von V standen wie angewurzelt da und sagten kein Wort.

Ich zapfte ein frisches Pils und hielt es den Jungs von V entgegen. »Auch ein Bier?«

Von dem Vorfall habe ich gehört. Natürlich erst vor Kurzem. Die Version, die mir zu Ohren kam, lautete ein wenig anders. Tobi hatte einen dummen Spruch gegen die Mutter von Valentin gemacht, bekam ein Bier ins Gesicht geschüttet und danach ein paar Fausthiebe von Valentin. Tobi soll zusammengebrochen sein, und Valentin hatte schnell ein Nachsehen mit dem am Boden kauernden Tobi. Welche Version die wahre ist, kann ich mir denken. Von wem ich diese Version habe? Von Valentin …

In den folgenden Jahren hatten wir ein paar wenige Begegnungen auf dem Fußballplatz. Deswegen nur wenige, weil V in Pittlingen in der Gruppenliga spielte und nur bei Freundschaftsspielen in der Sommer- oder Wintervorbereitung gegen mich auf dem Platz stand. Aber auch da gingen wir uns mehr aus dem Weg.

Der Vorfall bei der Fanmeile blieb uns beiden immer im Kopf. Keiner konnte vergessen oder verzeihen. Natürlich hat V von meinen Jungs außerhalb unseres Areals noch eins auf die Mütze bekommen. Ich erwartete das zwar nicht, aber in diesem Fall war das obligatorisch. Vor allem, weil er draußen noch ein bisschen den Wilden mimen wollte. Jetzt mal ehrlich: gegen vier Mann? Mut hatte er ja – oder er war einfach nur dumm, wie Forrest Gump schon vorausgesehen hatte.

Kreisligalegende

Kapitel 6
Vorbereitungsphase

Kreisligafußball ist, wenn man zu Beginn der Vorbereitung aus dem letzten Loch pfeift.

TITUS
VERLAG

Als Mitte letzten Jahres die neue Saison mit der Vorbereitung eingeläutet wurde, gab es zwei Kategorien von Spieler: neue und alte. Diese, die schon seit Jahren im Verein waren, und die Jungs, die das erste Mal zu uns stießen, um das Team möglichst zu verstärken. Ein paar Spieler aus der letzten Spielzeit tauchten bei der ersten Trainingseinheit nicht auf. Bei manchen ist es schade, da sie gute Jungs waren und echt passable Kicker, aber scheinbar lockte entweder das Geld anderer Vereine, oder sie wurden irgendwo an einer Theke im Vollsuff von den Spähern der umliegenden Vereine abgepasst.

Das passierte immer wieder. Vereinsvorsitzende, Trainer oder Führungsspieler gehen gegen Ende der Saison gezielt in Kneipen, wo sich mögliche Spieler fremder Clubs aufhalten. Diese machen sie sich während eines Saufgelages zum besten Freund für den Moment und treffen kurzfristige Abmachungen, die langfristige Folgen haben. Mündliche Versprechungen zählen noch sehr viel bei uns auf dem Ort. Zur Sicherheit lassen sich die Haie der Vereine diese Vereinbarungen auf einem Zettel, einem Bierdeckel oder besser noch als Handyvideo bestätigen. Dann sind die Spieler in der Falle. Bums, aus!

Jedoch ist diese Vorgehensweise nichts Ehrenrühriges. Das machen alle. Auch Mitglieder aus unserem Verein tun das und haben auf diese Weise Spieler auf unsere rote Erde gelotst, die im nüchternen Zustand sonst niemals bei unserem Verein unterzeichnet hätten. Kluge Spieler, die etwas auf sich halten, sprechen über einen Wechsel niemals unter Alkoholeinfluss. Im Rausch der Sinne nimmt man falsche Komplimente für bare Münze.

»Du bist der geilste Kicker in der Gegend!«

»Im Ernst?«

»Klar, mit dir würden wir den Aufstieg sicher schaffen. Komm doch in unser Team.«

»Ich weiß nicht …«

»Bei uns ist die Kameradschaft einfach klasse!«

»Nun, in meinem alten Team ist die Kameradschaft auch ...«

»Du bekommst anstatt fünf Euro Auflaufprämie bei uns 7,50!«

»Wirklich?«

»Na, das Geld bist du doch allemal wert. Hat dir dein Trainer das niemals gesagt?«

»Nicht wirklich ...«

»Was ist das denn bitte für ein Trainer, der nicht erkennt, was für eine Perle er da im Team hat? ... tse, tse! Also, was nun? Spielst du nächste Saison bei uns?«

»Aber ich habe im Team mittlerweile echt gute Freunde.«

»Bei uns bekommst du neue und bessere. Fast jede Spielerfrau bringt pro Spieltag ein oder zwei Singlefreundinnen als Zuschauer mit. Wir machen bei uns fast jedes Wochenende gemeinsam Party, veranstalten ein Kabinenfest, Kirmes, Karneval, Weihnachtsfeier, zu Vatertag haben wir letztes Jahr eine saugeile Bierwanderung gemacht, und am Saisonende gibt der Verein für die Fahrt nach Malle noch was dazu. Ist das geil, oder ist das geil?«

Wenn der Spieler an dieser Stelle nicht 2,5 Atü in der Leitung hätte, würde er bemerken, dass diese Untermauerung des Zusammenhaltes und die wahnwitzige Versprechung in Bezug auf die Singlefrauen absoluter Kokolores war. In jeder halbwegs vernünftigen Mannschaft veranstaltet man diese Feste, und keine Singlefrau kommt tatsächlich regelmäßig auf den Kreisligaplatz. Der Verein gibt angeblich etwas für Mallorca hinzu? Klar, eine Runde Bier im Bierkönig.

Der Spieler reagiert jedoch an dieser Stelle wie 90 Prozent aller, die sich auf ein solches Gespräch in seinem alkoholgetränkten Zustand eingelassen haben. »Okay. Mann, ich freu mich drauf. Ich bin dabei!«

Um einige Spieler, die zu Ende der letzten Saison abwanderten und zur Vorbereitung der neuen Saison nicht auftauchten, war es wirklich nicht schlimm. Sie haben den Verein verlassen, und jeder von uns hätte gerne noch dafür bezahlt.

Man kann die Mannschaft auch durch Abgänge verstärken. Das waren entweder nur Unruheherde im Team oder Bankdrücker der Reservemannschaft. Von manchen wusste ich noch nicht mal den Namen, als ich ihnen zwei Wochen später in der Nachtschicht begegnet war. Die Gesichter erkannte ich noch, hatte sie aber eher schmerzverzerrt in Erinnerung, weil ich diese Typen im Training regelmäßig umgesäbelt hatte.

Neulich sprach mich sogar mal einer an. »Hey, Tobi!«

»Hey«, meinte ich nur, denn als er bei uns im Team war, hat er mich niemals angesprochen. Warum also mitten in der Nacht in der Disco?

»Alles klar bei dir?«

»Klar.«

»Ich kick jetzt in Neuenburg.«

»Aha …«

»Weißt du, Neuenburg, hinten bei Großklammern. Das ist fast 30 Kilometer weg von Germersbach.«

»Ich kenne Neuenburg.« Mich nervte das Gespräch schon nach wenigen Sätzen, und ich kam einfach nicht auf den Namen von diesem Heini.

»Da spiel ich jetzt in der Ersten.«

»Du?«

»Klaro. Beim TuS Germersbach hat man mich ja nicht so gefördert.«

Diese Wurst sollte erste Mannschaft beim TV Neuenburg in der A-Klasse spielen? Der hatte doch noch nicht mal bei uns in der zweiten Mannschaft regelmäßig gespielt.

»Aber woher weißt du, dass du in der ersten Mannschaft spielst, es ist doch noch Vorbereitungsphase. Da wird ein Team doch erst gebildet«, fragte ich, und mein Ton hatte durchaus überheblich geklungen.

»Die haben mir das versprochen.«

»Wer, die?«

»Die halt.«

»Die halt? Wer sind ›Die halt‹? Die Trainer, der Präsident, der Wirt, der Ballwart? Wer?«

»Na, alle.«

Ich wusste nicht mehr wie der Typ hieß, ich wusste auch nicht mehr, welche Position dieser Hohlbock sich anschickte zu spielen. Ich wusste nur, er war ein absoluter Fußball-legastheniker. Wenn der dribbelte, dann war meine Oma mit Rollator geschickter. Wie sollte er dann in der A-Klasse kicken? War das gesamte Team des TV Neuenburg bei einem Flugzeugabsturz ums Leben gekommen?

»Junge, glaub mir, die können dir noch nichts versprechen. Das ist Geschwafel.«

Das Gummihirn vor mir dachte scharf nach, und ich merkte, wie seine Stimmung schlechter wurde. »Du konntest mich noch nie leiden, Tobi.«

»Wa-was hat das denn damit zu tun?«, staffelte ich für einen Moment überrascht.

»Du warst in Germersbach immer eine große Nummer, Tobi, oh, ja. Mit mir hast du ja nie gesprochen.«

›Weil du ein Flachwichser bist‹, dachte ich, wollte dieses Gespräch aber nun sanft beenden. »Sorry, ich wünsche dir viel Glück in Neuenburg. Ich muss mal da rüber.«

»Du musst mal da rüber?«

»Ja, tschö!«

»Tschö?« Er wurde immer aggressiver.

Ich verstand nicht mal im Ansatz, was er von mir wollte. »Was ist los, …?«

»Tim. Ich heiße Tim.«

»Ja, Tim. Was ist los, Tim?«

»Du bist ein Arsch, Tobi.« Er sagte das so verbissen, dass da mehr dahinter sein musste, als dass er nur enttäuscht war, dass ich seine vermeintlich sportliche Leistung nicht anerkannte oder niemals mit ihm geredet hatte.

»Ich frage noch einmal. Was ist los, Tim?«

»Du hast meine Mutter gevögelt!«

Tobis Vergangenheit war mir immer bewusst. Ich weiß, dass er mehr Frauen hatte als andere Männer. Wenn er früher auf der Rolle war, unterwegs in Kneipen, Discos oder bei den Abschlussfahrten, ob auf Malle, in Düsseldorf oder im Sauerlandstern, dann tat er, was er als triebhafter Singlemann tun musste. Das war seine Natur. Einem Löwen kann man auch nicht verbieten zu brüllen und die Antilopen zu jagen. Wenn der Löwe satt ist, dann legt er sich hin und wartet, bis er wieder Hunger hat. Dann streckt er sich, brüllt kurz und rennt los, um sich seine nächste Mahlzeit zu besorgen. Ein Löwe hungert nicht, wenn er nicht muss. Tobi war so ein Löwe, und sein Futter waren die Mädels. Gebrüllt hatte er immer gut und bekam seine Nahrung daraufhin. Dabei konnte natürlich auch eine Mutter gewesen sein. Warum nicht? Frauen mit Kindern erstarren ja nicht zu Salzsäulen, nur weil sie Kinder haben. Ich wusste, das Tobi in diesem Bereich früher sehr aktiv war. Das hat mich auch irgendwie an ihm gereizt. Er war erfahren, und ich wollte ihn bändigen. Lange dachte ich, ich hätte das auch geschafft. Kann man Löwen zähmen? Und ich meine nicht wie im Zirkus, dass sie durch Ringe springen und dem Dompteur nicht die Kehle durchbeißen. Ich meine, so zähmen, dass man sie alleine zum Gassi rausschicken kann …

Er sagte zu mir: »Du hast meine Mutter gevögelt!«, und ich war entsetzt, dass ich ihm wahrscheinlich recht geben musste.

»Nun ja, wie kommst du darauf, Tim?«

»Ich weiß es.«

Wollte ich der Sache auf den Grund gehen? Sollte ich nun wirklich erfahren, welche meiner Verflossenen seine Mutter war? Wie alt sollte die überhaupt gewesen sein?

»Wie heißt du mit Nachnamen, Tim?«

»Feldmann.«

»Und wie ist der Vorname deiner Mutter?«

»Doris.«

Eine Doris Feldmann kannte ich gar nicht. Was allerdings nichts heißen musste. Manchmal war ich schon recht betrunken, und dann … ach, was red ich.

»Ich kenne keine Doris Feldmann. Tut mir leid.«

»Damals hieß sie noch Doris Gärtner. Feldmann ist der Name meines Vaters. Sie haben vor etwa elf Jahren geheiratet.«

Was? Das war der Sohn von Doris. Natürlich kannte ich Doris. Sie war etwa 6 bis 7 Jahre älter als ich und eine Rakete in der Kiste. Das war nun … wie lange war das her? Elf oder zwölf Jahre? Daran erinnerte ich mich mit Grauen zurück. Ja, es war 2006. Exakt in diesem Jahr. »Du, deine Mutter war damals Single …«

»Sie lebten getrennt. Und du hattest nichts Besseres zu tun, als auf sie draufzuspringen.«

»Woher weißt du davon überhaupt auf einmal?«

»Sie haben sich getrennt. Vor einer Woche. Dabei kam es heraus. Sie hat von ihrem Seitensprung damals erzählt.«

»Tut mir leid …«, meinte ich.

»Es tut dir nicht leid.«

Dieses Gespräch nahm eine Wendung, die mir gar nicht gefiel. »Okay, es tut mir nicht leid. Warum auch? Deine Mutter hat sich als Single ausgegeben. Und dass sie einen Sohn hatte, war mir auch nicht klar. Selbst wenn, … Tim, das war vor über 10 Jahren. Du bist heute … wie alt? 22?«

»23«, berichtigte mich Tim.

»Eben.«

»Es war meine Mutter!«, brüllte er mich an.

Jetzt ging mir Tim mächtig auf die Nerven. »Mütter vögeln eben auch mal ganz gerne und deine richtig gut.«

Das war für ihn zu viel. Er stürzte sich auf mich und wollte mir an die Gurgel. Ich wehrte ihn ab, hatte jedoch Skrupel davor, ihn zu verletzen. Er torkelte, fiel hin. Tim hatte deutlich einen über den Durst getrunken und hatte jegliche Feinmotorik aus seinem Körper verbannt. Es dauerte nur wenige Atemzüge, da kamen schon ein paar Leute und hatten Tim herausgeschafft.

Als Spriddi herangeeilt kam, wollte er wissen: »Was war mit Tim? Warum ist er ausgerastet?«

»Ach, du weißt noch wie er heißt?«

»Natürlich weiß ich das. Er hat doch bei uns gespielt.«

»N-ja!« Ich biss mir auf die Lippen und ärgerte mich über mich selbst. »Ich hab ihm gesagt, dass er in der A-Klasse nichts zu suchen hat.« Mehr verriet ich nicht. Ich war froh, dass ich mich bei dem Gerangel nicht verletzt hatte. In der Vorbereitungsphase kann man eine Verletzung unter keinen Umständen gebrauchen. Eine neue Mannschaft wird formiert, da will man von Anfang an dabei sein. Wenn man zu Saisonstart verletzt ist, dann dauert es länger wieder ins Team zu kommen, als wenn man zwischendurch lädiert vom Platz geht. Wobei meine Angst in Germersbach, in der B-Klasse, fast übertrieben war.

Auch wenn Tobi nicht in der Bundesliga gespielt hat und auch nie eine höhere Klasse als die B-Liga kennen gelernt hatte, nahm er seinen Sport ernst. Nicht so ernst, dass er in Askese leben wollte, er achtete auch nicht wirklich auf seine Ernährung, aber wenn er durch eine Dummheit nicht hätte spielen können, dann wäre ihm das sehr nahe gegangen. Er flog bereits ein- oder zweimal wegen Meckerns vom Platz, das hatte ihn mehr angefressen, als wenn er wegen einer Notbremse sechs Wochen gesperrt gewesen wäre. Tobi war ein Teamplayer. Er brauchte die Gemeinschaft. Ich verstand das und ließ ihm da alle Freiheiten. Vielleicht manchmal zu blauäugig …

Beim Start der Vorbereitung wird ziemlich schnell klar, wer seinen Körper fitgehalten und wer geschludert hatte. Bier und Zigaretten über mehrere Wochen regelmäßig ohne eine Minute Sport zu treiben, sind nicht besonders förderlich für die Kondition. Wenn man dann noch Fast Food und Cola in sich reinfeuert, wirkt sich das deutlich auf die erste Trainingseinheit aus. Sie war für einen Sonntag um 10 Uhr angesetzt, und ich war überrascht, wie viele doch an diesem Vormittag den Weg zum Sportplatz fanden. Wir waren fast vollzählig, von ein paar Urlaubern mal abgesehen.

Doch läuft die Vorbereitung jedes Jahr auf die gleiche Art ab. Die Jungs kollabieren fast und hängen nach zehn Minuten Eckchen und fünf Minuten Warmlaufen schon dermaßen in den Seilen, dass sie die Dehnübungen nur unter Anstrengung ordentlich absolvieren können.

Nach der zweiten oder dritten Trainingseinheit sind die Kameraden dann aber wieder allmählich in der Spur und fast so fit wie zum Ende der letzten Saison – was natürlich schon allein darauf schließen lässt, wie unfit man in der Kreisliga eine Saison beendet.

In diesem Jahr stand ein neuer Trainer vor uns. Nicht jeder war darauf vorbereitet, und so mancher zeigte sich überrascht. Doch nun wurde es Realität. Der Neue war da: Willi Brehm. Er war der gesamte Trainerstab in Personalunion. Ein Noname in unserer Gegend. Angeblich hatte er mal eine Jugendmannschaft von Mainz 05 unter seinen Fittichen. Ob F- oder A-Jugend hat offenbar nie jemand gefragt. Er war knapp über 60 Jahre, trug einen etwas zu engen hellblauen Trainingsanzug, Halbglatze und war eher schlecht rasiert, als dass es als Drei-Tage-Bart bezeichnet werden konnte. Was er vom Fußballsport verstand, lag im Dunkeln. Skepsis lag von Beginn an in der Luft.

Ein wenig schlecht gelaunt baute er sich vor dem Team auf und begann seine erste Ansprache. »Leute, ich bin Wilhelm Brehm. Ihr könnt mich Willi, Coach, Trainer oder Boss nennen, das ist mir egal. Ich bin hier, um euer Freund zu sein. Aber Freunde sind manchmal auch grausam zueinander. Denn ich verlange Einsatz. Wir werden trainieren, damit wir 90 Minuten rennen können. Und wenn wir 90 Minuten rennen wollen, dann müssen wir es schaffen 900 Minuten joggen zu können. Wer es nicht ausrechnen kann: 900 Minuten sind 15 Stunden. Ein Amateur-Marathonläufer benötigt etwa 5 Stunden für einen Marathon. Das bedeutet, wenn wir hier mit der Vorbereitung fertig sind, in ein paar Wochen, dann werdet ihr fähig sein, drei Marathons zu laufen – am Stück. Und ihr werdet fähig sein 90 Minuten zu rennen. Das ist Einsatz. Einsatz und Feedback. Das verlange ich. Feedback von euch. Ich will wissen, wie es euch geht, was ihr anders machen wollt und warum …«

»Wie wäre es mit einem Halbmarathon, anstatt drei ganzen?«, rief Spriddi belustig rein.

Der Trainer sah ihn an. Von oben herab. »Du spielst schon mal in der zweiten Mannschaft.«

Allgemeines Gelächter. Keiner ahnte, dass Willi Brehm das ernst meinte.

Dann fuhr er fort. »Wir werden in dieser Saison oben mitspielen. Die Kreisklasse B ist nichts für euch. Ihr solltet da raus. Wir wollen aufsteigen. A-Klasse. Bezirksliga. Da wollen wir mindestens hin. Ihr seid mein erstes Team in der Kreisliga, und ich möchte, dass ihr in ein paar Jahren zurückblickt und darüber lacht, dass ihr mal in dieser Klasse gekickt habt.«

Was Willi Brehm da bezweckte, war mir nicht ganz klar. Wollte er uns bewusst kleinreden, damit wir uns erheben, um uns selbst aus diesen Regionen zu spielen? War das wirklich sein Plan? Na, ich war jedenfalls gespannt.

Begonnen haben wir die Trainingseinheit mit etwas, wovon wir bis dahin nie etwas gehört hatten.

»Als Erstes machen wir den Coopertest, Freunde. Das bedeutet zwölf Minuten laufen und dabei so viel Weg zurücklegen, wie es euch möglich ist.«

Der Coopertest? Unter uns Spielern entstand Gemurmel und Gelächter.

»Kann ich vorher noch ein Bierchen trinken?«, fragte Hummel und erhielt die passende Retourkutsche des Trainers: »Du, zweite Mannschaft.«

Also ging es los. Wir sollten unsere Bahnen um den Fußballplatz ziehen. Die Außentemperatur war mit 22 Grad Celsius optimal und die Luftfeuchtigkeit von 68 Prozent bei einem Normalwert. Alle Probanden waren körperlich gesund und litten nicht an Erkrankungen der Atemwege. Beste Testbedingungen, wenn man den Vorabend in der Nachtschicht außer Acht ließ.

Ich fühlte mich gut und hüpfte wie ein junger Hirsch vorwärts. Neben mir liefen Spriddi und Pommes. Beide mindestens ebenso fit wie ich, so dachte ich. Pommes hatte noch ein paar Jahre mehr auf dem Buckel und damit mehr Erfahrung. Er war gestern nicht in der Nachtschicht.

»Seid clever!«, sagte Pommes noch vor ein paar Tagen. »Vor dem ersten Training mit einem neuen Trainer macht man am Vorabend eine lange Videonacht mit einer Perle. Sonst nix!«

Die erste Minute des Cooperlaufs hatte ich nun überstanden. Spriddi neben mit grinste mich an, und Pommes lief gelassen in ordentlichem Tempo.

Erst als Minute fünf anbrach, merkte ich, dass mit Spriddi nicht mehr alles in Ordnung war. Pommes hatte sich einige Meter vor uns abgesetzt. Mir ging es noch ganz okay.

»Spriddi, alles gut?«, fragte ich.

Doch er prustete nur: »Ich glaub, der letzte Döner von heute Nacht will gleich raus.«

»Nach fünf Minuten?«

»Du hast doch gehört, was der Trainer gesagt hat. Fünf Minuten rennen ist wie 50 Minuten joggen«, erklärte Spriddi.

»Aber wir rennen doch nicht.«

Spriddi drehte seinen Kopf zu mir. Er war kreidebleich. »Glaub mir, ich renne!«

Nach weiteren zwei Minuten brach Spriddi fast ab und reihte sich weiter hinten ein. Übergewichtige, Kettenraucher, Quartalssäufer, richtige Säufer und Spriddi, der von allem so ein bisschen war, hinkten dem Hauptfeld hinterher. Das Hauptfeld bestand aus vier Leuten. Pommes, Franzi, Hasso und ich. Wenn man es genau betrachtete waren die anderen das Hauptfeld und wir die Ausreißer, nur die Ergebnisse zeigten etwas anderes.

»Nicht stehen bleiben, langsam weiterlaufen, wenn ihr nicht mehr könnt. Immer weiterlaufen!«, rief Brehm, als er merkte, dass es mit einigen zu Ende ging. Mitleid hatte er nie, aber immer einen Tipp parat.

Das war allerdings für Leute wie Spriddi zu viel des Guten: »Alter, ich kotz gleich alles raus, was ich jemals zu mir genommen habe!«

Das Positive am Coopertest: Man musste nur zwölf Minuten durchhalten. Ob rennend, joggend, vor sich her tippelnd oder krabbelnd, nach genau zwölf Minuten war die Quälerei vorüber.

»Nun, ich sage mal so«, meinte der Trainer, als er nach Ende des Tests die Entfernungen der einzelnen und noch keuchenden Spieler notiert hatte. »Da ist noch Luft nach oben. Ihr macht es mir einfach. Besser werden ist hier nicht schwer. Ich hoffe, ich kann mit eurem Feedback rechnen.«

An diesem Abend durfte ich Tobi nicht antippen. Ihm tat alles weh. Es meinte zu mir, es wäre das härteste Training gewesen, das er je mitgemacht hatte. Tobi war völlig fertig und begeistert zugleich. Ich konnte nicht einordnen, ob er jemals wieder mit diesem Trainer was zu tun haben wollte oder ob er gut fand, was der Neue da tat. Schnell schlief Tobi an diesem Abend ein und schlummerte tief und fest wie ein Baby. Am nächsten Morgen kam er vor Muskelkater kaum aus dem Bett und schleppte sich hinkend und humpelnd unter die Dusche.

»Geht es dir gut?«, fragte ich Tobi, doch der winkte nur ab.

»Wird schon. Lass mich einfach ein bisschen bewegen. Solange die Muskeln kalt sind, tut es noch weh. Nachher wird es besser.«

Aber besser wurde es erst Tage später …

Beliebt war Willi Brehm bei niemandem. Die Spieler stießen nach dem Trainingseinheiten nicht mit ihm an und sprachen nicht mehr als das Angemessene mit ihm. Willi unterhielt sich mit den Betreuern, mit dem Vereinspräsidenten oder mit dem Wirt. Private Gespräche mit den Jungs gab es kaum. Er war der Louis van Gaal der Kreisliga. Während wir laufen mussten, fuhr er mit dem Fahrrad neben uns her.

Er zeigte der Mannschaft Übungen im Training, von denen niemand jemals etwas gehört hatte und die nur richtig gemacht wurden, solange Willi uns beobachtete. Immer wieder passierte es, dass der Coach eine neue Übung erklärte und der Erste im Team machte sie prompt falsch. Niemand wollte bei Willi der Erste sein.

Andere Trainer reihten sich beim obligatorischen Abschlussspiel einer jeder Trainingseinheit ein, weil die Anzahl der Spieler ungerade war und die Anzahl der beiden Teams nicht aufging. Aber Brehm ließ entweder das Abschlussspiel einfach weg, was im Sinne der Spieler ein Affront gegen die Kreisliga war, oder er strukturierte die Mannschaften noch während des laufenden Spiels um. Das leider so oft, dass am Ende keiner mehr wusste, ob er nun in der Siegermannschaft länger war oder nicht. Das war eigentlich sehr wichtig, denn meist ging es im Abschlussspiel um einen Kasten Bier, den die unterlegene Mannschaft zahlen sollte.

»Der Coach geht mir voll auf den Sack«, meinte Pitty. »So unsympathisch muss man erst mal sein.«

Die meisten gaben ihm Recht, doch die Meinung wurde noch nicht allgemein breitgetreten. Man behielt es noch für sich, denn jeder wollte in der ersten Mannschaft kicken und nicht wegen Unstimmigkeiten abrutschen.

»Wenn ich in der zweiten Mannschaft lande, schütte ich mich jeden Sonntag zu.« Dies war keine Drohung von Pitty. Es war viel mehr eine Befürchtung. Denn er hatte Bange davor, sonntags keine Aufgabe mehr zu haben, die ihn wenigstens ansatzweise davon abhielt, unkontrolliert zu saufen.

Pitty hätte man als den treuergebenen Spielertypen eingestuft. Der Treuergebene macht das, was ihm gesagt wird. Er spielt vorne, hinten, in der Mitte, als Manndecker oder als Abräumer – Pitty konnte alles, bis auf ins Tor gehen. Wenn es der Mannschaft nutzte, dann holte er sich ohne nachzufragen mal eine gelbe oder rote Karte. Auch wenn er danach sechs Wochen gesperrt war. Bei Rangeleien war Pitty immer vorne mit dabei und verteidigte seinen Mitspieler – auch wenn dieser ganz klar gefoult hatte. Pitty stand zu seinen Jungs und zu seinem Team. Wenn der treuergebene Pitty mal auf der Bank landete, war er nicht sauer, sondern setzte alles daran, wieder schnellstens im Aufgebot der ersten Elf zu stehen.

In den Spielpausen, im Sommer oder im Winter, war mit Pitty nichts anzufangen. Seine Partygänge eskalierten mit Voranmeldung. Er war zwar kein Single, aber nichts konnte ihm so wichtig sein, wie sein Fußballsport. Eine Frau konnte ihn nicht zum Positiven beeinflussen. Pitty war ein Opfer seiner selbst.

Im Gegensatz zu Cello. Cello hieß eigentlich mit vollem Namen Domian Cello, aber Domian war ein Name, den er selbst nur von seiner Mutter hören konnte. Jeder andere sagte Cello und wusste, dass er eine klassische Sturmspitze war. Er war mehr der Starrsinnige. Nur diese eine Position ganz vorne konnte er spielen und wollte sich nie auf etwas anderes einlassen. Wenn mal eine taktische Änderung vorgenommen wurde, war Cello hoffnungslos verloren. Er konnte am Ball nur einen Trick, aber den so gut, dass er jeden Verteidiger in der Kreisklasse B damit foppen konnte. So schoss Cello mit Ansage seine Tore. Nach hinten arbeitete Cello nicht. Er blieb stur stehen und wartete auf die Bälle, die sein Spiel füttern sollten. Ich fand Cello als Spieler immer zum Kotzen, aber dummerweise machte er eben seine Hütten. Damit hatte er auch bei mir seine Daseinsberechtigung manifestiert.

»Wenn der Coach mich aus dem Sturm nimmt, gehe ich nach Pittlingen«, meinte Cello in der Vorbereitungsphase an einem Abend im Pub.

»Bist du bekloppt? Was willst du in Pittlingen?«, fuhr ihn Pommes an. »In Pittlingen spielen nur Schwuletten und Affen. Und wie ein Affe siehst du nicht gerade aus.«

»Bei dem Trainer …«, wollte Cello erklären.

»Egal, was für einen Trainer wir haben«, unterbrach ihn Pommes, »von uns geht keiner nach Pittlingen. Verstanden?«

Pommes war der Spielertyp Vorbild. Was er sagte, hatte Gewicht im Team und im Verein. Er war einer der Älteren im

Kader und hatte bereits viele Trainer kommen und gehen sehen. Viele Jahre war Pommes der Kapitän der Mannschaft und für mich immer die wahre Leitfigur. Auch wenn diese Saison Diver unser aktueller Spielführer war, konnte er und kein anderer vor ihm aus Pommes' Schatten treten. Pommes konnte einschätzen, wie es mit Willi Brehm beim TuS Germersbach wohl weitergehen oder enden würde. Aber er behielt es für sich.

Pommes bekam seinen Namen von einem seiner früheren Jugendtrainer. Der Trainer Manni war mit Pommes, damals nannten ihn noch alle Manuel, im Stadion, und der kleine Manuel aß in seiner dicken, weißen Daunenjacke genüsslich eine Pommes Frites nach der anderen. Wie das Spiel ausging war Nebensache. Weil die Daunenjacke so auffiel, fiel Manuel auf, und alles, was er tat, war Pommes in sich hineinschaufeln. Als Manni ihm kurze Zeit später einen Eimer mit Tiefkühl-Pommes-Frites geschenkt hatte, war der Spitzname fürs Leben geboren. Pommes wurde kaum noch Manuel genannt – jedenfalls nicht beim Fußball.

Wenn Tobi von Pommes redete, dann immer respektvoll. Natürlich war Pommes auch kein Musterknabe, aber Tobi orientierte sich an ihm – sportlich und privat. Tat Pommes seine Meinung kund, dann hörte Tobi zu und versuchte zu begreifen. Meist kam er zu dem Schluss, dass Pommes tatsächlich recht hatte, auch wenn es manchmal im ersten Moment als sehr gewagte These erschien. Pommes war Tobis heimliches Idol. Und ganz ehrlich, wenn Tobi sich in ein paar Jahren wirklich einmal wie Pommes zu einem gestandenen Mannbilds entwickeln sollte, dann fände ich das gar nicht so übel …

Zu Pommes sieht man auf. Er macht vieles richtig, und selbst ich kann noch viel von ihm lernen. Wenn ich eine Kreisligalegende bin, dann ist Pommes ein Kreisligamythos. Unauffällig macht er seinen Job im Dienste der Mannschaft. Alles für den Verein, alles für das Team. Pommes war im Team immer unentbehrlich. Er zeigte als Vorbild den Jungen, wo es lang ging, was sie tun sollten und was sie besser lassen sollten. Wenn mal ein Tor nach dem Training vom Platz getragen oder die Leibchen eingesammelt werden sollten, dann genügte ein Wort von Pommes. Er delegierte, und man respektierte ihn.

»Du wirst nicht nach Pittlingen gehen, hörst du?« Er redete auf Cello ein.

»Okay, ich denke darüber nach.« Cello war stur. Selbst Pommes biss sich manches Mal die Zähne an ihm aus.

Die Waldläufe unter Willi Brehm waren hart. Er kannte kein Pardon. Man musste da durch.

»Wenn ihr kotzen müsst, Leute, dann kotzt. Danach machen wir weiter.«

Und der ein oder andere hatte tatsächlich gekotzt. Nicht nur sinnbildlich, weil er den ganzen Scheiß dicke hatte. Als Porno über dem Geländer hing und sich von innen nach außen kehrte, war er überraschenderweise gar nicht gut gelaunt.

»Verfickter Brehm! Was machen wir hier eigentlich?«, fragte er mich.

»Trainieren, Porno. Wir müssen für die Saison fit werden.«

»Fit? Wenn ich für eine beschissene Olympiade trainieren soll, dann will ich das vorher wissen. Das ist doch nicht Kreisklasse. Wo hat der woher trainiert? Eine Jugendmannschaft von Mainz 05? Das waren wohl alles Terminatoren!« Er kotzte weiter. Die Überanstrengung zwang ihn dazu.

»Bleib hier, Porno. Ich rede mit dem Trainer und sag ihm Bescheid, dass du heute früher Schluss machst.«

»Was? Vergiss es. Der Pisser kriegt mich nicht klein. Ich komme mit.«

Und Porno hatte es wirklich durchgezogen. Er war der Typ Hitzkopf. Auf dem Platz hatte ihm das schon so einige gelbe und gelb-rote, manchmal auch rote Karten eingehandelt. Er steckte niemals auf und war stocksauer, wenn er mal ausgewechselt wurde. Porno hatte seinen Namen, weil er gerne über Sex redete und weil er mit seinen zurückgegelten Haaren und seiner schaufenstergroßen Sonnenbrille, die er bis weit nach Sonnenuntergang außerhalb des Sportplatzes immerfort trug, aussah wie ein Pornodarsteller aller erster Sahne. Und nicht einer von den heutigen durchtrainierten Zapplern. Nein, diese Spargeltarzane aus den 70ern waren da eher das Vorbild. Porno wog bei seinen 1,85 Metern höchsten 65 Kilo. Er musste einen Stoffwechsel haben wie ein Schimpanse während der Paarungszeit. Wenn ich ihn essen sah, schaffte er sich kiloweise Fast Food und Pizza zwischen die Kauleiste, sodass andere aus allen Nähten geplatzt wären. Porno dachte bei Auswärtsspielen schon bei der Fahrt zum Sportplatz darüber nach, wo wohl der nächste McDonald's war, damit er auf der Rückfahrt auf jeden Fall dort einkehren konnte. Er sprach immer mit vollem Mund und fast nie jugendfrei. »Kennt ihr den Unterschied zwischen einem Fleischpenis und einem Blutpenis?«

»Ja, Porno. Der Blutpenis ist kleiner und saugt sich mit mehr Blut voll um am Ende genauso groß zu sein, wie der Fleischpenis, der nicht so viel Blut aufnimmt. Ich kenne das schon …«

»Das ist richtig, Tobi, aber was ist noch der Unterschied zwischen einem Blut- und Fleischpenis?« Porno grinste dabei und biss in einen Burger.

»Was meinst du, Porno?« Mir war klar, dass nun einer seiner unglaublich tiefgründigen Theorien folgen würde.

»Ganz einfach. Der Fleischpenis hat einen Herren mit der größeren Fresse.«

»Wie meinst du das?«

»Ein Mann zeigt sich anderen Männern natürlich nicht mit einem Ständer. Das machen nur etwa zehn Prozent aller Männer, und jeder sollte wissen, aus welchem Grund. Der gewöhnliche Heteromann geht in die Sauna, duscht nach dem Sport oder macht FKK mit einem schlaffen Pimmel. Bedeutet, seine Kollegen wissen gar nicht wie groß der Kawenzmann am Ende werden kann. Scheinbar baut sich dieser ziemlich gewaltig auf, wenn es zum Verkehr mit einer Frau kommt. Und …«, Porno biss wieder in den Burger, die Soße lief ihm die Finger runter, »dann ifft doch klar, waff die Typen denken, weiffst du, wie iff das meine …«, endlich schluckte er herunter. »Die sind mächtig beeindruckt und behandeln den Kumpel mit dem großen Schwanz mit mehr Respekt.«

Ich runzelte die Stirn, sagte aber nichts.

Porno leckte sich die Soße des Burgers von den Fingern. Es sah ziemlich ekelhaft aus, wenn er das tat. »Mehr Respekt bedeutet, er kann sich mehr leisten, verbal weiter aus dem Fenster hängen. Ein Mann mit einem vermeintlich großen Penis hat eine größere Fresse. So wie unserer Trainer. Der muss gar keinen großen Riemen haben. Er ist einfach der Chef und deswegen kann er das Maul aufreißen, wie er will. In einer Reihe mit ganz vielen anderen gleichgestellten Trainern würde die Größe es Pimmels entscheiden, wer am Ende die größte Fresse hat. Klar?«

»Klar.« Es brachte nie etwas, Porno bei seinen Theorien zu widersprechen. Er hatte für jedes Gegenargument eine weitere Erklärung … und noch eine und noch eine!

Das war auch sein Problem auf dem Spielfeld. Wenn Porno kickte, legte er sich regelmäßig mit dem Schiri an. Jede Entscheidung wurde kritisiert. Von keinem Schiedsrichter konnte er die Entscheidung einfach hinnehmen, weil er ohnehin nichts daran ändern konnte. Noch nie, niemals - und in tausend Jahren nicht - hatte ein so genannter Unparteiischer seine Entscheidung einfach so zurückgenommen und ins Gegenteil gekehrt, weil ein Spieler lauthals gemeckert hatte.

Der Standardspruch vom Trainer »Und kein Wort zum Schiri« kam bei Porno nicht an. Es hat sein Hirn einfach niemals erreicht, wenn man sagte: »Passt bei dem Schiri auf, der zeigt sofort Gelb.« Das interessierte Porno nicht im Geringsten. Wenn der Trainer Glück hatte, konnte er Porno in hitzigen Spielen noch rechtzeitig rausnehmen, bevor er

Gelb-Rot bekam. Aber selbst dann saß Porno mit hochrotem Kopf auf der Bank und ließ verbal Dampf ab. »So eine Scheiße pfeifst du doch schon das ganze Spiel, du Pisser!«

Was Porno für einen Penis hatte? Na, was wohl …

Die Vorbereitung dauerte bei uns knappe sechs Wochen. Wir hatten unsere Körper in dieser Zeit mehrfach entgiftet, hatten in die Hecken gereihert, Trainingsmethoden kennengelernt, von denen wir wenn überhaupt zuvor nur im Fernsehen etwas gehört hatten und konnten plötzlich in der Nachtschicht viel länger feiern als zuvor. Unsere Körper waren gestählt, geschliffen, perfektioniert – jedenfalls so perfekt, wie es Willi Brehm in dieser Zeit mit diesem minderwertigen Material möglich war.

»Nächsten Sonntag steht unser erstes Punktspiel an, Leute. Ich werde am Donnerstag in der Spielersitzung den Kader bekanntgeben. Es wird vielleicht nicht jedem recht sein, was sich in den letzten Wochen für mich herauskristallisiert hat, aber damit müsst ihr Leben. Das Feedback von euch fand ich okay, obwohl ist mehr brauche. Ich will mehr von euch wissen. Ich brauche mehr Infos über euer Gemüt oder euer Wohlbefinden …«

»Auch dass du uns auf den Sack gehst mit deinem ›Feedback‹?«, warf plötzlich Porno ein.

Jeder im Raum hielt den Atem an. Porno hatte etwas ausgesprochen, was längst überfällig, aber jetzt gerade doch unangebracht war. »Ist deine Frage, ob ihr es sagen sollt, wenn ich euch auf den Sack gehe oder dass ich euch auf den Sack gehe?«

»Dass.« Porno konnte nicht die Fresse halten.

Aber er hatte nicht unrecht. Vielen war die Rhetorik des Trainers zuwider. Er wollte die Spieler auf eine Art motivieren, die sie nicht gewohnt waren. Sie sollten »beißen«, an Stellen die sie nicht ernst nahmen. Er forderte, dass sie »über Grenzen gehen sollten«, deren Existenz sie seit Jahren erfolgreich ignorierten.

Wie oft hatte Tobi daheim schon geflucht und geschimpft. Der Trainer sei zu hart für die B-Klasse. Er würde die Jungs kaputtmachen. Mit erboster Stimme berichtete mir Tobi immer wieder von diesem Coach. So hatte ich Tobi noch nie erlebt. Er machte sich scheinbar ernsthafte Sorgen um den Zusammenhalt des Teams.

»Ich habe keine Lust darauf, dass unsere guten Kicker wegen diesem Schleifer abwandern. Am Ende noch nach Pittlingen.«

Viel konnte ich dazu nicht sagen, ich wollte für Tobi nur da sein und ihm zuhören. Das ist manchmal das Beste, was man tun kann. Schön ist es, wenn man diese Präsenz gedankt bekommt, wenn der Partner erkennt, auf wen er sich verlassen kann. Ich weiß nicht, ob es Tobi immer klar war …

Willi Brehm blickte zu Porno herüber und ging zwei Schritte auf ihn zu. Ich dachte, gleich würde er Porno rausschmeißen. Doch alles, was Brehm sagte: »Coopertest!«

Coopertest? Oh Mann, das hatte uns noch gefehlt. Verflucht noch eins, warum nur? Weil Porno das Maul nicht halten konnte? Wollte er Porno damit eine reinwürgen? Porno sollte wohl schuld an der schlechten Laune des Trainers sein und die Strafe auf seine Kappe nehmen.

Das negativ gestimmte Gemurmel im Team folgte auf dem Fuße. Keiner hatte Lust auf diesen bescheuerten Coopertest. Zwölf Minuten im Kreis rennen, so schnell es ging - wer braucht das schon?

»Gut«, rief Porno mit nachhaltigem Sarkasmus in der Stimme. »Darauf warte ich schon so lange. Wurde auch Zeit!«

Ich reihte mich neben Porno ein. »Ist gut jetzt, Porno. Mach den verschissenen Coopertest, und halt endlich den Mund! Du machst es nicht besser.«

»Ich bin doch eh raus, Tobi«, war sich Porno sicher.

»Dann mach es für die anderen nicht noch schlimmer! Halt jetzt dein blödes Maul!«

Porno verstand und blieb ausnahmsweise ruhig.

Als der Coopertest startete, dachte ich an mein erstes Mal. Vor sechs Wochen waren wir im Kreis gelaufen, als wären wir ein vertrottelter Hühnerhaufen. Heute lief es jedoch vollkommen anders. Jeder von uns hatte ein zügiges Tempo drauf und lief locker zehn Minuten vollkommen losgelöst. Nach etwa zehn Minuten brachen zwar die ersten ein, aber waren dennoch schneller als in den ersten Minuten vor sechs Wochen. Etwas war geschehen. Wir haben zwar alle den Rand voll von »Feedback« und »Einsatz« und konnten die Visage von Willi Brehm nicht mehr sehen, aber er hatte etwas bewirkt. Die zwölf Minuten des Coopertests vergingen wie im Flug. Ich hätte in diesem Tempo gut und gerne noch weitere fünf bis zehn Minuten laufen können. Es war für jeden Einzelnen von uns ein Aha-Erlebnis.

Der Coach notierte sich die Entfernungen, die jeder Spieler zurückgelegt hatte und lief durch die Reihen. Dann fragte er Pommes: »Feedback, Pommes. Wie fühlst du dich?«

»Bestens, Trainer.«

Brehm nickte. Er fragte den nächsten Spieler. »Spriddi, du? Feedback?«

»Alles gut, Coach.«

So lief er einen nach dem anderen ab. »Du? Feedback? Wie fühlst du dich?«

»Gut!«

»Du?«

»Bestens!«

»Was ist mit dir, Porno? Wie hast du die zwölf Minuten überstanden? Feedback?«, und der Trainer sagte das Wort »Feedback« besonders deutlich.

Porno baue sich auf. »Kein Problem, Willi.«

Einen Moment lang sah sich Brehm unter seinen Spielern um, dann sagte er: »Als ich euch vor sechs Wochen diesen Test habe machen lassen, dachte ich, ihr würdet währenddessen abnippeln. Aber ihr hattet es mit Ach und Krach überlebt. Das zeigte mir, dass in euch Potenzial steckt. Heute, sechs Wochen später, habt ihr diesen Test noch einmal absolviert und jeder, … ich betone …, jeder hat eine Steigerung von mindestens 50 Prozent erreicht - Torben sogar über 100 Prozent.«

Torben hatte in den letzten sechs Wochen zirka zehn Kilo abgespeckt. Er war schon immer ein ziemlicher Fettwanzt, aber auf der Linie eine Katze … naja, jedenfalls für sein Körpergewicht. Nun sah er fast so aus wie Oli Kahn. Also, ich meine, nicht ganz so hässlich, eben nur vom Körperbau her.

»Was sagt mir das, Leute? Das war das Feedback, dass ich benötigt hatte. Ihr seid fitter denn je. Jedenfalls fitter als ich und jeder andere im Verein es euch jemals zugetraut hätte. Wenn euch mein Geschwätz auf den Sack ging und wir die Spiele in der Saison gewinnen, dann soll mir das recht sein. So, jetzt geht duschen! Wir sehen uns am Donnerstag.« Daraufhin ging Willi Brehm einfach fort.

Ich kam mir vor wie Karate Kid, der gerade von Mr. Miagi gezeigt bekommen hat, wie dämlich er eigentlich ist. Wir sahen uns an und gingen in die Kabine. Kaum einer der Spieler redete. Wir wuschen uns, zogen uns an und fuhren, ohne noch ein Bier im Vereinsheim zu trinken, nach Hause.

Ich wollte bis zum Sonntag kein Bier mehr trinken. Ein paar Videoabende mit Carola waren das Einzige, was ich nun brauchte.

Kreisligalegende

Kapitel 7

Die WM, meine Ex und ich

Kreisligafußball ist, wenn du glaubst, dass du Fußball im Fernsehen vollkommen verstehst.

TITUS VERLAG

Männer, die sich neu kennen lernen, diskutieren früher oder später eine bestimmte wichtige Frage: »Und, welche WM hast du als erste bewusst erlebt?«

Durch diese Frage ordnen sie sich gegenseitig ein. Hierdurch werden Generationen definiert.

Hat man 1982 live verfolgt, als Deutschland im Finale gegen Italien wegen eines ominösen Paolo Rossi verlor? Oder wollte es das Schicksal, dass man mit Mexico 1986 und dem Adidas Tango Azteca das erste einschneidende sportliche Großereignis erlebte?

Legendär als Toni Schumacher uns gegen den Gastgeber mitten in der Nacht im Elfmeterschießen den Einzug ins Halbfinale sicherte, um dann im Finale wie ein Anfänger die erste hohe Flanke in den Strafraum zum 0:1 gekonnt zu unterlaufen. Legendär die Aufholjagd mit den Treffern von »Rudi, Rudi, Rudi!!!« und Kalle Rummenigge. Es war die Zeit, in der man noch »Farbfernseher« sagte, denn es gab sie noch, die Schwarz-Weiß-Geräte. Natürlich ohne Fernbedienung. Wohin sollte man auch umschalten? Erstens gab es nur drei Sender und zweitens schaltet man während der WM morgens den Fernseher ein und abends auf demselben Sender wieder aus. Nix da mit Zapping – Werbung gab es ja auch keine. Der Farbfernseher übermittelte die letztlich bittere Niederlage der Deutschen Nationalmannschaft gegen Maradona direkt 1:1 ohne spürbare zeitliche Verzögerung. Damals war das noch eine Errungenschaft, und niemand wusste so genau, wo Argentinien eigentlich lag. Zudem hatte diesem kleinen, dicken, gelockten, angeblich so wahnsinnig tollen Gaucho, diesem Typen, der den Begriff »Die Hand Gottes« geprägt hatte, niemand den Weltpokal gegönnt.

Man musste das den deutschen Fans aber auch nachsehen. Sie hatten jedes Spiel live gesehen, fieberten jede Sekunde mit und waren voll konzentriert auf Fußball, Fußball, Fußball. Vier Wochen gab es nichts anderes im Leben. All diese Spannung, all das Adrenalin, das die deutschen Körper in dieser Zeit produzierten … und dann kein Happyend. Da beginnt man einen Maradona zu hassen – aus tiefster Seele.

Was den Kreisligafußballern aber immer heilig sein sollte, waren alle Weltmeisterschaften, egal welche. Ob Italien 1990, USA vier Jahre später, ob die Zidane-Show in Frankreich oder das deutsche Finale in Japan, egal wo, Amateurfußballer aus allen Dörfern und Städten dieses Landes klebten völlig paralysiert am Bildschirm, wurden eins mit dem Spielgeschehen, versetzten sich in die bittere Lage von Roberto Baggio beim Elfmeterschießen 1994, von Oliver Kahn im Finale 2002 oder ganz früher von Heribert Fassbender, wenn er mal wieder ein Spiel verkommentierte - um nur wenige tragische Figuren der WM-Geschichte zu nennen.

Als Kaiser Franz nach der gewonnenen WM 1990 verlautbarte, dass Deutschland über viele Jahre nicht mehr zu schlagen sei, glaubten die Menschen ihm. Überall in der großen, weiten Fußballwelt wurden deutsche Kicker respektvoll und ehrenvoll behandelt. Wenn man ins Ausland kam und auf dem Hotelgelände mit ein paar dusseligen Poolbesuchern eine Mannschaft bilden sollte, dann wurde man als Deutscher behandelt wie Lothar Matthäus oder Jürgen Klinsmann höchstpersönlich. Wenn ich im Urlaub Fußball gespielt habe, dann wollte ich natürlich gewinnen. Wie schön war es da, einen Engländer wegzuflexen, einem Franzosen im Kopfballduell den Ellenbogen ins Gesicht zu rammen oder einen Spanier abzugrätschen. Ich begann internationale Spielerfahrung zu sammeln - über die in Deutschland geborenen Gegenspieler mit Migrationshintergrund hinaus.

Meine erste Weltmeisterschaft, die ich bewusst miterlebt hatte, war 1998 in Frankreich. Die Zeiten, in denen die deutsche Elf regelmäßig ins Finale vorstoßen sollte, pausierten damals für eine Weile. Ich nannte meine Quietscheente in der Badewanne Zinedine und liebte den Moment, als Brasilien endlich gestoppt wurde – diese arroganten Schnösel.

Bereits 2002, als ich mir Oliver Kahn für selbstbewusstes Auftreten zum Vorbild machte, für Siegeswillen und die Tatsache, dass Schönheit im Auge des Betrachters liegt, hatte ich die ersten Ambitionen, die fremden Mädchen in halbdunklen Discotheken anzusprechen.

Eine volltrunkene Nacht in einem Tanzlokal sollte der Ausgangspunkt für meine erste weibliche Errungenschaft sein. Ich konnte es mit List und Tücke eben geradeso abwenden, dass mich der Türsteher aufgrund meiner Minderjährigkeit der Lokalität verwies. Meine erste Freundin lief mir dabei über den Weg. Eigentlich hatte sie mich damals angemacht und trank selbst einiges über den Durst. Aber das war mir ja egal. Sie war die erste Frau nach meiner Mutter, der ich an die Brüste durfte. Dies reichte zu jener Zeit vollkommen aus, um fest zusammen zu sein. Immerhin zwei Wochen und ein Tag!

Insgesamt lag das Vergnügen überwiegend auf meiner Seite, da ich als unerfahrener junger Kerl diesem Mädchen kaum etwas zu bieten hatte, wobei der Begriff »Vergnügen« aus heutiger Sicht eher zu überdenken ist. Ein bisschen Fummeln hier, ein bisschen Fummeln dort, das war es dann schon – aus heutiger Sicht war das doch nervig auf die Dauer. Ich weiß gar nicht, wie ich das zwei Wochen und einen ganzen Tag durchhalten konnte. Aber immerhin, sie war die Erste – natürlich auch die Erste, die mich verlassen hatte.

Nun noch mal zur Klarheit, falls ich mich nicht deutlich genug ausgedrückt habe: Als Erstes kam der Fußball in mein Leben, dann das Bier, anschließend passierte lange nichts weiter, und spät, sehr spät erschienen dann die Frauen in meinem Lebenslauf.

Das wohl größte fußballerische Ereignis, dass ich Zeit meines Lebens erleben durfte: als 2006 die Weltmeisterschaft des Jahrhunderts im eigenen Land stattfand. Schon die Vorfreude war unbeschreiblich! Unser Kaiser Franz hat es natürlich auf ganz legale Art und mit reiner Überredungskunst geschafft, alle Entscheidungsträger bei der FIFA davon zu überzeugen, dass Deutschland die beste Wahl war. Wow! Und ich war dabei – also, vor dem Fernsehen!

›Danke, lieber Gott, dass ich das erleben darf‹, dachte ich, als Sepp Blatter bei der FIFA-Entscheidung in alle Welt hinausposaunte: »The winner is Deutschland!«

Was aber noch viel großartiger war, sollte man jedenfalls meinen: Ich hatte pünktlich kurz vor Eröffnung der WM eine neue Freundin, somit mächtige Schmetterlinge im Bauch und war unglaublich verliebt. Naja, es ging so. Aber ich redete mir die rosaroten Elefanten gekonnt ein, um alles noch schöner zu machen.

Was konnte es Besseres geben? Fußball jeden Tag im Fernsehen, Public Viewing in Bars und an großen öffentlichen Plätzen mit viel Bier und der perfekten Liebe. Einfach klasse! Eine wundervolle Kombination, da sind sich ja wohl mal alle einig. Naja, … abwarten!

Begonnen hat für mich die heiße Phase der WM mit der Entscheidung Jürgen Klinsmanns für den Torhüter Jens Lehmann und gegen den Titanen Oliver Kahn. Unser Oli durfte nicht mehr als Nummer Eins auflaufen. Das grenzte für mich an Majestätsbeleidigung. Oliver Kahn, der noch 2002 dafür sorgte, dass wir ins Finale kamen. Oliver Kahn, der als Titan gefeiert wurde. Oliver Kahn, der gehalten hat wie ein Übergott – außer im Finale, okay.

Dieser »Oooooooli!!! Oooooooli!!!«, dem zuvor in sämtlichen Stadien dieser Nation die Bananen entgegen geflogen kamen und den nun ganz Deutschland als Übermenschen vergöttert hatte, musste seinen Stammplatz zwischen den bundesdeutschen Pfosten abgeben? Undenkbar!

Leider war es plötzlich schreckliche Realität für mich. Ich hatte es zwar im Hinterkopf immer geahnt, dass es mit ihm bergab gehen würde, als Oli begann, in München den ortsbekannten Disco-Wanderpokal flachzulegen, aber wahrhaben wollte ich es nie. Sämtliche Vorbereitungsspiele der Nationalmannschaft kurz vor dem Turnier verloren für mich an

Bedeutung. Jeder Ballkontakt von diesem Lehmann gewann an Brisanz. Ich habe dem Lockenkopf die Pest an die Torwarthandschuhe gewünscht. Gegen wen sie auch immer spielten, ob Luxemburg, Japan oder die A-Jugend von Graz – alles Mist!

Als ich meine neue Freundin zwei Wochen vor der Weltmeisterschaft kennenlernte, gestaltete sich alles super, alles toll, alles rosarot. Wie das halt mal so ist bei Frischverliebten. Doris war einige Jahre älter als ich und definitiv schon erfahrener als alle Frauen zuvor. Ich fand sie hübsch und liebenswert. Eine Granate! Einfach der Wahnsinn im Bett!

›Das isse‹, dachte ich damals. Von ihr habe ich Carola aber nie erzählt. Warum auch, es war lange vor ihr, und nicht jedes Detail meines Lebens muss ich ihr preisgeben. Zu dem damaligen Zeitpunkt, dachte ich, Doris hätte etwas, was mich auf Dauer faszinieren könne, aber Ende Mai 2006, als sie mir über den Weg gelaufen war, fand ja noch keine Fußballweltmeisterschaft statt.

Am 9. Juni 2006 eröffnete Bundespräsident Köhler endlich das wundervolle Großereignis, von dem die damalige Generation noch lange berichten sollte. An diesem Tag wurde mein frisch ausgepackter Beamer eingeweiht, in großen Mengen Bier konsumiert und das erste Spiel der Deutschen Nationalmannschaft im Eröffnungsspiel befiebert. Mein Interesse ging nahe Null, dass die damalige Wade der Nation von Michael Ballack zwickte. Ob nun mit oder ohne diesen Ballack war mir beim Anstoß Wurst. Und dass nun der Austauschspieler Borowski die Sache reißen musste, war mir ebenfalls vollkommen Latte. Das erste Spiel musste zwingend notwendig gewonnen werden. Keine Frage!

Ich hatte meine erste kleine, eigene Wohnung, und es war alles perfekt durchorganisiert. Der Kühlschrank fasste nichts weiter als Bier, mein bester Kumpel Spriddi sagte zu, rechtzeitig vor dem Spiel bei mir zu ein, Doris sollte eine Bekannte mitbringen, die Spriddi angeblich ganz nett fand, und der

Beamer warf ein 1-A-Bild auf meine Raufasertapete. Was für eine Entwicklung vom Farbfernseher ohne Fernbedienung zu dem 4½-Meter-16:9-Bild mit Dolby Surround System und Fernbedienung. Wahnsinn!

Ich saß auf meiner ersten eigenen Couch, hatte ein kühles Bier in der Hand und dachte mir: ›Junge, du hast es schafft! Gleich ist WM. Geil!‹

Genau um 16.30 Uhr sollten Doris und ihre Freundin da sein, um nach der prächtigen Eröffnungsfeier gut eingestimmt, um exakt 18 Uhr und null Minuten auf den Punkt fit zu sein. So war es angedacht. So und nicht anders. Ich hatte mich schon Tage im Vorfeld gefreut wie das kleine Kind damals im Jahre 1998, als Zinedine die Brasilianer im Finale deklassierte – ich meine den Fußballer, nicht mein Quietscheentchen.

Um 16.34 Uhr klingelte das Telefon. Schon mal ein Scheißzeichen, wenn vier Minuten zuvor eigentlich schon alle da sein wollten. Unausstehlich bimmelte diese fortschrittliche Errungenschaft der modernen Kommunikation. Widerwillig nahm ich den Anruf an und drückte den Knopf mit dem grünen Hörer. Ich ahnte, dass jetzt nur Müll kommen konnte.

»Du Scha-hatz«, auch ein besonders schlechtes Zeichen, wenn die Freundin das eigentlich einsilbige Wort ›Schatz‹ so künstlich in die Länge zieht - noch dazu, wenn sie vor vier Minuten bereits hätte da sein sollen. »Ich schaff es nicht ganz pünktlich. Ich bin noch daheim!«

War mir klar. Aber was sollte ich sagen? Den Grund wollt ich gar nicht wissen. »Ja, gut! Dann fahr jetzt eben los! Bist dann ja in ein paar Minuten da.« Ich versuchte damit, die Situation zu retten, aber ich ahnte nicht, dass alles viel schlimmer war, als ich dachte.

»Äh, ich muss noch duschen, Schatz!«, erwiderte Doris auf ihre unnachahmlich süße und gleichermaßen schuldbewusste Art.

Als ich diese Worte hörte, wusste ich genau: Das wird nix mehr! Duschen war ja für eine Frau nicht nur ausziehen, Wasser auf den Körper, einshampoonieren, noch mal Wasser, abtrocknen, anziehen, durch die Haare fahren, fertig. Nein, nein! Duschen hieß bei Doris im Allgemeinen einen Tick mehr. Ich habe dieses Prozedere innerhalb der letzten zwei Wochen schon mindestens achtmal beobachten dürfen, können, ... müssen.

Duschen bedeutete ausziehen, Wäsche zusammenlegen, damit sie bloß nicht verknittert. Danach stellte sie von außerhalb der Duschkabine und auf Zehenspitzen zunächst den Hahn der Mischbatterie genauestens ein, um eine perfekte Wassertemperatur zu erhalten. Erst danach wurde der Körper ohne den Haaren auf dem Kopf angefeuchtet, eingeseift und rasiert. Rasieren musste immer sein. Die Beine als erstes, gründlich versteht sich, anschließend die angestoppelte Schambehaarung, der Haaransatz unter den Achseln anschließend auch.

Dies stand nun an, und man bedenke dabei, dass ich in meiner Wohnung auf heißen Kohlen saß und endlich Gesellschaft für mein Großereignis im Fernsehen haben wollte – wie es seit Tagen verabredet war.

Sodann erst, wenn die Haut von Doris glatt und weich war, bewässerte sie sich die langen, blonden Haare. Nach dem Shampoo für strapaziertes und trockenes Haar kam die Pflegespülung für helle Farbe, damit sich die blonden Strähnen nicht so schnell auswaschen. Der Damenfrisör war ja schweineteuer. Sollte dann bald die Spülung vollends aus dem Haupthaar entfernt sein, tupfte sich Doris noch in der Duschkabine - nicht außerhalb, denn das war ja immer ein bisschen kühl - mit dem Handtusch aus flauschigem und aprilfrisch duftendem Frottee ab. Die Haut sollte nicht durch ein raues Handtuch aufgerubbelt werden. Auch wenn der geflieste Untergrund im Juni keineswegs kühl anmuten konnte, verließ sie den kleinen, weichen Badteppich vor dem Spiegel nicht.

Bodylotion, Handcreme und Feuchtigkeitscreme für das Gesicht und die Nasenspitze verwöhnten nun die Haut.

Wenn sie an der bereits getragenen Wäsche schnüffelte, die sie zuvor so akkurat zusammengelegt hatte, kam sie selbstverständlich zum Schluss: Die musste gewaschen werden. Ab in den Wäschekorb. Schließlich stand sie nackt vor dem Kleiderschrank und hatte wieder einmal nichts zum Anziehen. Der Schrank war zwar proppenvoll, und selbst ich hätte etwas zum Anziehen darin gefunden, aber als wäre es verhext, sagte ihr eine ganze Weile überhaupt nichts zu. Jedoch konnte sie sich schlussendlich doch zu einer äußerst geschmackvollen Auswahl entscheiden, die der im Wäschekorb gelandeten beängstigend häufig zum Verwechseln ähnelte.

Ich saß in der Zwischenzeit bereits mit dem dritten Bier in der Hand auf meiner Couch. Allein natürlich!

Nun wurde im Bad der Fön gegriffen und voll Stoff auf das Haupthaar draufgehalten. Die fast schon luftgetrockneten Zotteln müssten in ansprechende Form gebracht werden. Ein bisschen Gel, etwas Haarspray, dann wieder ein Hauch Fönhitze - schließlich wieder ein ordentlicher Hieb Haarspray, und noch mal, und noch mal, fertig! Die Frisur saß bombenfest. Jetzt noch gründliches Zähneputzen, keine Kreisbewegungen, sondern strack von oben nach unten, von Rot nach Weiß, erst Kaufläche, dann Außenfläche, schließlich die Innenfläche der Zähne. Am Ende noch mit Mundwasser gurgeln.

Was auf gar keinen Fall fehlen durfte war die Kriegsbemalung: Lidschatten, Wimperntusche, Eyeliner, Rouge, Lippenstift, Abdeckstift auf Unreinheiten der Gesichtshaut, … und schon war das Duschen beendet!

Nur nebenbei gesagt, war das die absolute Kurzfassung. Ehrlich! Denn Peeling, Hornhautschaben, Augenbrauenzupfen und Zahnseidenbehandlung wurde zur Feier des Tages und mir zuliebe vernachlässigt. Ich wusste sofort, als ich hörte »Ich muss noch duschen!«, sie würde die Letzte sein, die mich mit ihrer Gegenwart zum Eröffnungsspiel beglücken würde.

Spriddi hatte mir seine Entschuldigung mit einer SMS übermittelt. Er stand auf der Autobahn im dicksten Stau. Jeder, aber auch jeder Mensch, der in Deutschland über einen Führerschein verfügte, musste wohl zur selben Zeit Feierabend gemacht haben. Alle wollten das deutsche Match schauen und eierten gleichzeitig zur Autobahn. 9. Juni 2006 zwischen 16 und 18 Uhr Stau in Deutschland! In ganz Deutschland!

Und die Bekannte meiner süßen Perle? Naja, die war ja auch eine Frau. Das Ende vom Lied ist bereits zu erahnen. Ich saß während der gesamten Eröffnungsfeier alleine auf meiner Couch. Ich blickte auf das perfekte Bild auf meiner Tapete und hörte leise das Bier im Kühlschrank wimmern, das nach Zuneigung bettelte und getrunken werden wollte.

»Wir sind gut gekühlt, bitte, nimm uns!«, flüsterten die Flaschen im Chor. »Nimm uns! Bitte, nimm uns!«

»Ja, ich kümmere mich ja um euch. Leider kann ich euch nicht alle auf einmal trinken. Wartet noch ein bisschen. Keiner von euch wird vernachlässigt werden.«

Angela Merkel saß in der Münchner Allianz-Arena, das dieser Tage WM-Arena genannt werden musste. Ihr gefielen augenscheinlich die Geschehnisse auf dem Fußballplatz während der Eröffnungsfeier. Sie klatschte gleichzeitig vor sich hin pfeifend, hatte offensichtlich gar kein Rhythmusgefühl und guckte wie klein Doofi aus der Wäsche. Echt toll, wenn das jemand gesehen hat. Hoffentlich erkannten die unzähligen Kommentatoren dieser Welt während der entsprechenden Einblendung unseren damaligen neuen Herrn Bundeskanzlerin nicht.

Entsetzt nahm ich völlig vereinsamt wahr, dass bei der Eröffnungsfeier Deutschland überwiegend mit bayrischen Elementen präsentiert wurde. Um die Waden trug der gute Deutsche in Lederhose natürlich lange, selbstgestrickte Strümpfe bis unter die Achseln. Gamsbärte und Kuhglocken bedienten jedes Klischee über dieses unsere Land.

›Ich hatte noch nie eine Lederhose an! Was soll das?‹

Allerdings wurden die Szenen mit den Kuhglocken in den arabischen Ländern unter Garantie herausgeschnitten. Dort wurde ja mit einer Minute Verspätung gesendet, um anzügliche Bilder wie freie Oberkörper beim Trikottausch deren Zuschauern vorenthalten zu können. Bei den Kuhglocken kam diese Verfahrensweise sicher erstmals zum Einsatz. Es hatten nämlich 20 bis 30 junge Männer eben eine solche Kuhglocke im Schritt hängen und bewegten die Hüfte merkwürdig vor und zurück, um dem Metall Töne zu entlocken. Das sah vollkommen dämlich aus. Fürchterlich und peinlich zugleich. Also, in Saudi-Arabien wurden in diesem Moment mit hundertprozentiger Sicherheit jubelnde Fans aus der Konserve gezeigt und nicht diese metallpoppenden, deutschen Jünglinge. Da waren sogar Kinder darunter. Wer hatte sich das denn bitte ausgedacht um Gottes Willen?

Und was machte unsere Angie dabei? Sie klatschte und pfiff spitzmündig!

»Zeit, dass sich was dreht …!«, trällerte Herbi Grönemeyer und tanzte dabei recht unbeholfen und tapsig über die Bühne.

Und Angie? Die klatschte. Zwar nicht im Takt, aber sie klatschte.

Mein Gänsehaut-Gefühl, als alle bisherigen Weltmeisternationen nacheinander das Stadion betraten, hätte ich gerne mit meiner Freundin im Arm geteilt. Zumindest wäre es schön gewesen, wenn irgendjemand mir Gesellschaft geleistet hätte, aber, oh, wie schrecklich, ich kauerte auf meiner Couch, und niemand war weit und breit, mit dem ich mich über die olle Angie lustig machen konnte. Der Teufel ist ein Eichhörnchen!

Plötzlich, es musste etwa 17.03 Uhr gewesen sein, klingelte es an meiner Tür. Wie von der Hornisse getreten, eilte ich zum Eingang, riss den Hörer der Gegensprechanlage zu meinem Ohr und spürte die Freude in meinem Herzen.

›Endlich! Endlich jemand da.‹

Als ich durch den Hörer vernahm, dass wohl mein Besuch schon das enge Treppenhaus hoch zu meinem kleinen Zwei-Zimmer-Küche-Bad-Apartment eiligen Schrittes emporkroch, öffnete ich frohen Mutes die Wohnungstür.

›Die sind wohl schon heiß auf Fußball, deswegen rennen die so‹, dachte ich verzückt und blickte unerwartet in vollständig fremde Gesichter.

›Ääääh, Moment ...!‹, dachte ich dann und musste mit ansehen, dass diese wunderbaren Menschen, die im Gesicht und auf ihrer Kleidung schwarz-rot-goldene Farbe trugen, an mir vorüber schritten, um eine Etage höher zu meinem Nachbarn zu gehen.

›Der Sack hat doch so viel Besuch gar nicht verdient!‹

Irgendein fabelhafter Fußballfan dieser Gruppe musste wohl aus Versehen an meine Klingel gekommen sein, wodurch ich aufgeschreckt wurde. Ich verzieh ihm traurigen Herzens und schloss melancholisch gestimmt die Tür, hinter der ich eine kleine Träne wegdrückte.

Als ich um 17.30 Uhr immer noch alleine auf das Ereignis in München blickte, platze mir die Pelle. Ich gab dem Flehen meines Bieres ein weiteres Mal nach und öffnete die vierte Pulle. Meine Erfahrung zeigte mir, dass bis zum dritten Bier noch alles gesittet und ordentlich abläuft, aber meist brechen ab dem vierten Bier die Dämme, und aus vier werden schnell gut und gerne zehn.

»Hmmm, lecker!«, sagte ich laut und genüsslich, aber keiner hörte mich. »Wer auch immer jetzt gerade nicht da ist, kann mich mal gern haben!«

Egal! 17.31 Uhr und 25 Sekunden: Leer der Humpen! 17.32 Uhr: Plopp, die fünfte Flasche wurde aufgerissen. 17.39 Uhr: Ich war immer noch alleine, die Aufstellung wurde im Fernsehen bereits präsentiert. Von Lehmann, über Lahm bis hin zu Miro Klose, alle da! Das fünfte Bier, wie sollte es anders sein, wurde dabei geleert. Plopp, es ist 17.42 Uhr. Langsam konnten die mich alle mal nicht nur gern haben.

Mein Handy vibrierte.

Du, Tobi, bin voll zu spät. Ich komme bald. Fang doch schon mal ohne mich an.

Die Antwort konnte ich mir nicht verkneifen:

Danke für die tolle Nachricht, Spriddi. Fast hätte ich Kaiser Franz angerufen und hätte die ganze Veranstaltung abgeblasen, weil du nicht da bist. Noch mal Glück gehabt!

17.47 Uhr: Plopp! Allein war ich nicht mehr! Mein Gerstensaft hielt immerhin zu mir. »Prost, mein liebes Bier, du hast mich noch nie enttäuscht!«

Doch da: »Palim-Palim!« Jemand wollte zur Tür herein.

»Nääh, nicht schon wieder«, dachte ich und bleib auf meinem Sofa erst mal sitzen.

Ich umklammere mein nun achtes Bier etwas fester, das Kondenswasser perlte vom Glas auf meine Hand, angenehm kühl. Diese Flasche war das einzige Wesen, abgesehen von seinen Vorgängern, hicks, das mir in der schlimmsten Zeit beistand. Als es schließlich doch ein weiteres Mal läutete, wandelte sich meine Stimmung in einem Bruchteil einer Millisekunde von Ei-Leckt-Mich-Doch-Alle-Mal-Am-Arsch in Ja-Endlich-Geht-Es-Los-Yippieh-Ja-Yeah! Okay, weder Doris noch Spriddi standen vor der Hütte, sondern die Bekannte von Doris. Eva war da. Klein, dick, unansehnlich und zudem war sie nicht allein. Mit ihrem neuen Freund stand sie vor mir und grinste so breit wie ein Briefkasten.

›Breitmaulfrosch‹, dachte ich und hoffte, dass mein Alkoholpegel nicht veranlasste, dass ich es laut aussprach.

»Hallo, das ist Wolfi. Ist Doris noch nicht da?«

Wolfi? Der Typ ließ sich wirklich von seiner Freundin so nennen? Naja, wenigstens hatte ich jemanden im Haus, mit dem ich zu meinem neunten Bier anstoßen konnte.

»Nee, lass mal, muss noch fahren«, sagte Wolfi aber, der von mir als Saufkumpane für eine Sekunde fest eingeplant war, aber die Seifenblase zerplatzte jäh.

Ich dachte, ich falle aus allen Wolken, als ich das hörte. Der hatte doch tatsächlich das goldgelb-schimmernde erstklassig gekühlte Pils verschmäht, weil er seine Olle nicht dazu bringen konnte, an diesem geschichtsträchtigen Abend zu fahren. Es war das Eröffnungsspiel der WM im eigenen Lande! Deutschland spielte! Was musste es denn noch für gute Gründe geben, um Bier zu vertilgen?

›Was ein Luschi!‹ Meine Meinung zu Wolfi stand fest. ›Aber was soll's, dann eben nicht. Pah! Eine Perle der Natur vor die Säue!‹

Als mein ausgestreckter Arm mit der kühlen Flasche Bier hoffnungsvoll in Richtung Eva wanderte, wiegelte sie mit einem Lächeln ab: »Nä, nä, nä, ich hab kaum was gegessen und hatte wenig Schlaf.« Sie linste kurz zu Wolfi rüber, der stolz zurücklächelte.

In mir machte sich Ekel breit. ›Denk an was anderes, Tobi. Denk an was anderes. Denk an rosa Elefanten!‹

Eva führte weiter aus: »Wenn ich Bier trinke, dann bin ich ja gleich voll!«, und sie kicherte albern, wie eine vertrottelte Hyäne es nicht besser hinbekommen hätte.

»Ist doch super!«, meinte ich. »Ich wünschte, mir würde es auch so gehen.« Schlechtes Argument meinerseits.

»Palim-Palim!« Die Türglocke bat ein weiteres Mal aufdringlich um Einlass einer weiteren Person. Verdammt, gerade als die Nationalhymne gespielt wurde.

»Komm mal runter, Tobi, hilf mir mal!«, forderte mich Spriddi über die Gegensprechanlage auf, dem wohl kaum bewusst war, dass er mich um 17.55 Uhr vom Fernsehbild wegholte. Einen überflüssigen Kasten Bier und eine Schüssel Nudelsalat waren die nichtigen Gründe, den Anpfiff zu verpassen.

»Das darf nicht wahr sein, schon 20 Sekunden gespielt«, bemerkte ich, als ich wieder in meine Wohnung stürmte.

Wolfi und Eva grinsten mich blöde an, als wollten die mir sagen: »Wir haben den Anstoß live gesehen und du nicht, ätsch!«

Schnell riss ich Spriddi und mir ein Bier auf, damit es dann auch wirklich richtig losgehen konnte. Aber was mussten meine ohnehin schon leidenden Ohren hören?

»Haste ein Wasser für mich? Ich will heute Abend mal nichts saufen. Hab es die letzte Zeit echt übertreiben und muss mal langsam machen!«, sagte Spriddi.

Wer war dieses Wesen vor mir? Spriddi, der mir einmal vorgeführt hatte, wie man Bier auf 50 verschiedene Arten öffnete? War es der Spriddi, der auf jeder Party weit vor mir betrunken war? Sein Körper musste von einem Dämon besetzt worden sein.

»Warum, Spriddi? Warum heute?« Mir fiel alles aus dem Gesicht. »Was heißt denn hier Wasser? Hier! Bier! Da ist auch Wasser drin. Wir ballern heut einen. Auf, schluck! Druckbetankung deluxe! Auf! Los! Du wolltest doch hier pennen, Mensch!«

»Nee, klappt nicht! Hab morgen früh noch einen Termin!«

Meine Todesblicke trafen ihn. Spriddi und einen Termin? Spriddi hatte keine Termine. Er hatte niemals Termine – außer zum Reifenwechseln in der Werkstatt. Mein Freund Spriddi zog nie zurück, wenn es um ein Bier ging. Der Typ ließ sich immerhin von aller Welt Spriddi nennen! Das war doch alles Mist heute. »Wo hast du meinen Freund gelassen? Spriddi, hat dich dieser Dämon aufgefressen?«

Er reagierte kaum und setzte sich zu Eva und Wolfi, um dem Spiel zu folgen.

›Aber alles egal!‹, dachte ich. ›Deutschland wird heute Costa Brava oder Costa Cordalis oder so weghauen. Immerhin läuft das Spiel schon‹, und meine Gedanken konnte ich nicht mehr so ganz sortieren.

18.07 Uhr, schon wieder »Palim-Palim«. Na, wer sollte das wohl sein? Meine Madame hatte es doch noch vor Abpfiff geschafft. Weltklasse! Man konnte fast stolz auf Doris sein. Ich freute mich innerlich wie ein Schnitzel, dass sie nun endlich da war, öffnete ihr die Pforte zum Fußballglück und sah sie die Stufen hinaufschreiten: elegant und graziös wie eh und je! Als ich ihr dann allerdings ins Gesicht schaute, ahnte ich nichts Gutes.

»Boah, was ’ne Hetze!«, stieß sie hervor. »Also, so eine Hektik mache ich nicht mehr mit. Hab im Super-Schnellprogramm geduscht und dann dieser verfluchte Verkehr.« Mit diesen Worten gab sie mir zwischen Tür und Angel einen kurzen, emotionslosen Begrüßungskuss.

Anschließend hielt sie blitzartig inne und schaute mich voller Entsetzen an. Diesen Blick vergesse ich niemals. Diese Augen, eng, skeptisch, vorwurfsvoll, missbilligend, ungläubig!

›Was issn jetzt?‹, dachte ich und erhielt sogleich die passende Antwort.

»Du stinkst ja jetzt schon nach Bier«, und dabei verzerrte sie so unbeschreiblich hässlich das sonst so hübsche Engelsgesicht.

Frauen wissen ja gar nicht, sie haben ja keine blasse Ahnung, wie unheimlich unattraktiv und überaus abstoßend sie auf einen Mann wirken, wenn sie seine angebliche Alkoholfahne bemängeln. Die größte Lüge der Menschheit war die Bierfahnenlüge. Sowas gab es nie und wird es nie geben. Da ist doch eher die Erde eine Scheibe, und J.F.K. wurde von Lee Harvey Oswald erschossen. Welcher Mann will mir da widersprechen?

»Immerhin spielen die ja schon fast zehn Minuten«, meinte ich zu meiner Verteidigung. Auf meine oppositionelle Haltung hin erntete ich nur weitere verächtliche, wortlose Blicke.

Sie fächelte sich demonstrativ frische Luft ins Gesicht, begrüßte alle mit Bussi-Bussi, pustete die Wangen auf und forderte mich auf: »Ein Glas Wasser, schnell, sonst geh ich ein!«

›Wäre nicht das Schlimmste‹, dachte ich natürlich nur und holte ihr brav aus der Küche das Getränk.

Selbstverständlich wusste sie auch selbst, wo alles stand, hätte sich auch eigenhändig bedienen können. Aber dann hätte sie mir den Genuss des Spiels gönnen müssen. Naja, meinem Gold-Schatz war einfach zu heiß. Verständlich! Vollkommen klar! Der Fußballgott war ja schuld. Denn er hatte diesem Land hervorragendes Wetter beschert, und dadurch waren die Temperaturen eben ein bisschen höher als sonst.

Gerade als ich in der Küche stand, schrie Wolfi aus dem Wohnzimmer: »Lehmann ist verletzt!«

Sollte wirklich das Flehen von mir und Oli K. erhört worden sein? Der Klinsi-Liebling war verletzt? Zu schön, um wahr zu sein. Mit einem Affenzahn brauste ich zurück zum Mittelpunkt des Geschehens. Ich dachte, den Keeper hatte einer von den Gegnern umgemacht, aber nein, der Typ hatte sich sogar von alleine wehgetan.

›Der ist ja blöder, als angenommen‹, dachte ich und grinste.

Leider war die Verletzung nicht so schlimm. Oli K. und ich wurden wieder enttäuscht. Mr. Leh-Man konnte weiterspielen. Ich blickte gebannt auf die Projektionsfläche meines Beamers. Doch kaum hatte mein Schätzchen ihr Glas Wasser angenippt, fiel meiner Süßen ein: »Och, jetzt noch einen leckeren Schluck Weißwein, mein Liebling!«

»Liebling« sagte sie jetzt nur, damit sie ihren zugegebenermaßen äußerst knackigen Hintern nicht selbst bewegen musste.

»Eva, du auch?«, fragte sie noch ihre Freundin.

»Wein gerne, aber hast du auch roten?«, wollte sie von mir wissen.

›Wie, jetzt? Erst kein Bier trinken wollen, und dann soll ich eine dämliche Korkflasche öffnen?‹, dachte ich, sagte aber: »Freilich hab ich weißen und roten Wein, ihr zwei Zuckerschnuten.«

Was blieb mir schon für eine Wahl? Also bin ich hellhörig in die Küche getrottet, um den beiden Damen aufwendig die Weinflaschen zu öffnen, aber bloß nichts vom Spiel zu verpassen. Meine Konzentration widmete ich weiterhin dem Geschehen der Fernsehübertragung – nun im Audiomodus.

Auch wenn es nur der Ton war, der zu mir drang, ich durfte nichts verpassen. Und gerade als ich an dem Korkenzieher riss wie ein Wilder aus dem tiefen Busch passierte es: Phillip Lahm donnerte in der 17. Minute den Ball nach einem herrlichen Alleingang mit seinem starken rechten Fuß von der Strafraumgrenze in den rechten Winkel des Tores von Costa Blanca, oder so. Dass ich dieses Tor nicht live hatte beobachten können, brauche ich wohl nicht zu erwähnen.

Von diesem Zeitpunkt an hatte ich mich nicht mehr von meinem Platz bewegt. Meine Augen waren fixiert auf das Fernsehbild. Nix und niemand konnten mich dazu bringen, mich abzuwenden. Na gut, außer als Doris aus der Küche rief: »Scha-hatz, wo ist denn das Salatbesteck?«

Da musste ich wohl oder übel schnell herübereilen, um meinem süßen Hasen zu zeigen, dass das Salatbesteck präzise dort lag, wo es sonst auch immer lag. Ansonsten habe ich den deutschen Sieg völlig genießen können. Es war herrlich die deutschen Tore bejubeln zu können. Zwar hatte meine Freundin nicht begriffen, weswegen man so ausrasten konnte, nur weil ein Ball in einem Netz untergebracht wurde, und Eva und Wolfi waren fast schon eingeschlafen, weil sie so müde waren, und Spriddi babbelte nur Schwachsinn, wenn er nüchtern war, aber meiner Stimmung tat dies nach elf Bier keinen Abbruch. Ich fand das Spiel toll!

Ohne Frage freute ich mich ebenfalls darauf auch alle anderen Begegnungen an diesem Tag zu verfolgen. Nachdem ich am Abend noch Polen gegen Ecuador mit viel Diskussion und Überzeugungskraft Doris gegenüber sehen durfte, reifte mit dem vierzehnten Bier ein fester Gedanke, der mich nicht mehr losließ: ›Ich muss die Alte loswerden! Vollkommen egal, wie gut sie im Bett ist, sie mag kein Fußball und versteht nicht, dass ich darauf abfahre.‹

Ich war damals noch lange keine Kreisligalegende, aber ich wusste, dass Doris' Einstellung und meine Leidenschaft nicht zusammenpassten. Sie war keine Frau für mich. Sie war nicht annährend so wie später Carola. Wenn ich heute auch noch an den kleinen Tim denke, der mir damals vorenthalten wurde, weiß ich, dass meine Entscheidung, die ich gleich am nächsten Morgen vollstreckte, die richtige war.

Ob ich es im Nachhinein falsch finde, dass ich Doris noch ein letztes Mal in meinem Bett habe übernachten lassen, obwohl ich mich gedanklich schon von ihr getrennt hatte? Ach, ist doch egal. Die restliche WM war jedenfalls gerettet.

Kreisligalegende

Kapitel 8
Kabinenfest

Kreisligafußball ist, wenn du jeden noch so bekloppten Anlass wahrnimmst, um zu feiern.

TITUS
VERLAG

Als unser erstes Punktspiel mit Willi Brehm als Trainer abgepfiffen wurde, waren wir alle im Höhenflug. Wir hatten unseren Gegner gerade mit 4:2 weggeballert. Nach fünfzehn Minuten stand es bereits 3:0 für uns, und in der 65. Minute erhöhte Porno zum 4:0. Wenn eine Mannschaft wie wir so klar führt, dann wird sie im Spiel allerdings nachlässig. Plötzlich bekamen wir ein Gegentor und zwei Minuten später noch eins. Wenn Torben fünf Minuten vor Schluss nicht weitere zwei Unhaltbare herausgefischt hätte, stünden wir wieder mit fast nichts da, nachdem wir so gut gestartet waren. Torben selbst war überglücklich, da er die beste Leistung seiner Karriere gezeigt hatte.

»Leute, das war ein spannendes Spiel«, meinte Brehm, als er uns nach Abpfiff noch einmal in die Feldmitte geholt hatte. Wie bildeten einen Kreis, und der Coach ging auf und ab, wobei er jedem nacheinander tief in die Augen sah. »Unser Plan war es, heute zu gewinnen. Das haben wir geschafft. Ein spannendes Spiel hatte ich nicht von euch gefordert. Ich wollte einen klaren Sieg. Das haben wir leider nicht geschafft. Aber Rom ist auch nicht an einem Tag erbaut worden. Ihr wart gut, etwa 70 Minuten lang. Dann wurdet ihr überheblich, deswegen hätten die uns fast noch lächerlich gemacht – und das auf unserem eigenen Platz. Leute, glaubt mir, auch wenn ihr euch heute fühlt, als wärt ihr dem Teufel noch einmal von der Schippe gesprungen, … das war verdammt gut. Jeder einzelne war verdammt gut. Ein gutes Team. Vergessen wir die letzten 20 Minuten, und lasst uns genau dort weitermachen. Auf geht's, duschen!«

Wir standen in der Runde und hingen an Willis Lippen. Was er sagte, hatte Hand und Fuß. Wir fühlten, was er fühlte, wir verstanden, was er sagte. Er war unser Coach, für jeden Einzelnen von uns. Wir hatten heute gesiegt, als Team.

Als Tobi an diesem Abend zu Hause war, erkannte ich ihn kaum wieder. Er redete von seinem Trainer wie von einer Vaterfigur. Wie von einem Mann, zu dem er aufschaute, um von ihm zu lernen. Ich kannte Tobi genau, und wenn er so von einem Menschen redete, dann war er sehr beeindruckt. So beeindruckt, dass dieser Mensch nicht mehr viel falsch machen konnte, um in der Gunst von Tobi zu fallen. Tobi hatte plötzlich eine neue Perspektive für die kommende Saison. Er wollte zusammen mit Brehm etwas bewirken. Tobi war voller Tatendrang.

So einen Saisonstart hatten wir während meiner Zeit beim TuS Germersbach noch nie hingelegt. Wir waren uns alle sicher, dass wir dies zu großen Teilen Willi Brehm zu verdanken hatten.

Unser Coach ließ sich jedoch nicht dafür feiern. »Das ist nur ein einziges Spiel gewesen, Leute. Das bedeutet gar nichts.«

Die allgemeine Partylaune vermieste diese Aussage keineswegs. Unser Präsident gab unserer Mannschaft eine Kiste aus und im Anschluss zudem noch der Wirt.

»Muss nicht jemand aus dem Strafenkatalog noch eine Kiste geben?«, wurde die Frage in die Runde geschickt. Es musste sich dringend noch ein Spender für eine weitere Kiste finden.

Der Strafenkatalog war immer eine gute Einnahmequelle für die Mannschaftskasse. Derjenige, der diese Sitte erfunden hat, musste ein Genie gewesen sein. Durch diese Strafen, die aufgrund einzelner Vergehen von Spielern verhängt wurden, konnte das Team teilweise ganze Abschlussfahrten finanzieren. Die häufigste Strafe war jedoch ein Kiste Bier. Die zwanzig Flaschen waren immer beliebt und wurden zu jeder Gelegenheit gerne auf schnellstem Wege geleert.

»Kiste!«, rief die Meute zu fast jeder Untat. Wenn der Ball im Training unmotiviert über den Zaun gedroschen wurde: »Kiste!« Wenn ein Spieler zum Spiel mit ungeputzten Schuhen auftauchte: »Kiste!«

Kaum ein Vergehen wurde dabei nicht geahndet. Aber jeder Strafenkatalog hatte dennoch seine Eigenarten:

Pro Minute, die ein Spieler zu spät zum Training oder einem Treffpunkt erschien, musste er einen Euro in die Mannschaftskasse zahlen. Da kam bei manchen alkoholkranken

Patienten einiges zusammen, wenn sie morgens länger im Kahn liegen blieben oder zu lange kotzend über der Schüssel hingen.

Sollte ein Kicker aus dem Kader es tatsächlich wagen, unentschuldigt zum Spiel oder zum Training mit Abwesenheit zu glänzen, dann wurde es teuer. 25 Euro wurden dann fällig, und diese Strafe erschien mir immer zu milde, denn einen Anruf beim Trainer konnte man immer tätigen. Ein Anruf bei einem Mitspieler zählte nie, das wäre ja noch schöner.

Es passierte ganz gerne mal dem einen oder anderen Spieler, dass er die Beine öffnete wie eine Hamburger Hafennutte, sodass der Gegner den Ball hindurchschieben konnte. Wenn dies im Spiel geschah, dann waren gleich fünf Euro fällig, die in die Kasse wanderten. Passierte das im Training: »Kiste!« Fragt sich nur, was besser war. Zugegeben waren fünf Euro weniger als eine ganze Kiste kaufen zu müssen, aber von der Kiste hatte auch der Spender etwas.

Eine Gelb-Rote oder Rote Karte wegen Meckerns war ein Sonderfall, denn das musste doppelt bestraft werden. Wer die Mannschaft in einem Punktspiel schwächte, weil er die Klappe nicht halten konnte, der musste zehn Euro in die Kasse geben und im nächsten Training unaufgefordert eine Kiste Bier fürs Team hinstellen.

Ein weiser Mann hatte mal gesagt: »Wer von der Ersatzbank kommt, der sollte versuchen, nie wieder auf dieser zu landen.« Passierte das in einem Spiel, dass ein eingewechselter Spieler durch einen Platzverweis innerhalb des gleichen Spiels wieder auf der Bank saß, kostete das doppelt so viel. 20 Euro plus zwei Kisten.

Durst ist etwas Großartiges. Zu viel Durst kann manchmal ins Geld gehen. Zum einen kostet Bier meist Geld, wenn nicht gerade wieder eine Kiste von einem Straftäter gegeben wurde, zum anderen wird es teuer, wenn der Durstige letztlich ins Vereinsheim oder in die Kabine kotzt. Da werden dann zehn Euro und eine Kiste für die Mannschaft fällig. Die einzige

Chance, wie sich der Täter bei einem solchen Delikt rehabilitieren kann: wenn er noch am gleichen Abend vom Trainer nach Hause gefahren wird und dem dann auch noch ins Auto kotzt. In diesem Falle geht der Täter straffrei aus. Deswegen sollten Trainer ganz vorsichtig damit sein, wenn sie gefragt werden, ob sie den Spieler eventuell wohlbehütet heimbringen können. Der Trainer sollte sich immer vergewissern, ob der Spieler nicht schon ins Vereinsheim gekotzt hat.

Kotzt der Spieler erstmals an dem Abend ins Auto des Trainers, so greift die gleiche Strafe wie im Falle des Vereinsheims oder der Kabine – plus Ersatzbankpflicht im nächsten Spiel.

Geburtstage, Hochzeiten, erstmalig die Kapitänsbinde in einem Spiel zu tragen, ein Hattrick zu schießen und die Geburt eines Kindes ziehen alle die gleiche Aktion nach sich: »Kiste!«

Ein Torwart darf niemals den Fehler machen, vollkommen sauber nach dem Spiel wieder in die Kabine zu kommen. Auch wenn das Spiel 17:0 ausgegangen sein sollte, muss er sich einmal geworfen oder wenigstens hingefallen sein. Die weiße Weste des Keepers ist ein ganz klarer Fall für die »Kiste!«

Eine besonders ernste Bestrafung erhält ein Spieler, der mit einer Spielerfrau eines Kameraden erwischt wird. Das gehört sich einfach nicht und ist mehr als hinterfotzig. Dieser Spieler muss je nach ortsüblichen Bordellpreisen einen Betrag zahlen, der jeden Edelnuttenpreis übersteigt, und dazu zehn Kisten Bier für die Mannschaft. Eine Bestrafung umgehen kann ein Täter für diese Tat, wenn er in derselben Nacht eine weitere Spielerfrau ins Bett holen konnte und diesen Dreier mit der Handykamera festgehalten hat, um dies dann im Vereinsheim mit einem Beamer an die Wand zu projizieren. Dieser Fall ist zwar noch niemals eingetreten, aber vielleicht wird es ja zu meinen aktiven Zeiten als Fußballer noch passieren.

Warum man unter erwachsenen Männern Strafen in Aussicht stellen muss, damit sie sich an die Regeln der Gemeinschaft halten, wurde mir nie klar. Diese Institution Strafenkatalog hatte Tobi und all die anderen schon so viel Geld gekostet, dass sie in ihren Jobs teilweise zusätzliche Schichten arbeiten mussten, um die Strafen zu finanzieren. Wer fast jede Woche 20 Euro für eine Kiste Bier ausgeben musste, weil er so dämlich war, sich alle Nase lang tunneln zu lassen, der musste das Geld entweder bei Mami und Papi leihen oder das Sparbuch plündern. Die Mannschaftskasse wurde aber scheinbar stetig künstlich gefüllt, denn es wurden immer wieder neue Strafen für vermeintliche Delikte erfunden. Vergessenes Duschgel, ein vergessenes Handtuch oder eine liegengelassene Sporttasche musste immer mit einer Kiste Bier ausgelöst werden. Jetzt mal ehrlich, wer kann das denn andauernd finanzieren? Wenn ich fortwährend damit um die Ecke käme, dass ich für meine Aerobic-Gruppe eine Kiste Prosecco ausgeben müsste, würde Tobi mich doch für komplett bescheuert halten. Aber beim Fußball war das offenbar okay.

Über all diese Schandtaten hinaus gab es zahlreiche weitere Vergehen, die eine stets gefüllte Mannschaftskasse garantierten. In unserer Phase der Saison, nach dem ersten Spiel, befand sich noch so gut wie nichts in der Kasse. Willi Brehm ließ Verspätungen von vornherein nicht zu und prophezeite jedem Spieler die Reservebank, sollte er nicht fähig sein, sich wenigstens vorher zu melden. Aus Respekt und Furcht vor dem Zorn des Trainers blieb die Kasse dadurch weitestgehend leer.

»Wir sehen uns Dienstag«, war nach dem ersten Spiel alles, was Willi Brehm sagte, bevor er an diesem Tag verschwand. Gesellig war er nicht gerade, und das würde er wahrscheinlich auch niemals werden.

Die folgenden Wochen verliefen überaus erfolgreich für den TuS Germersbach. Wir konnten fast jedes Spiel mit einem Sieg beenden und ließen nur bei zwei Spielen mit umstrittenen Unentschieden Punkte liegen. Nach sechs Spieltagen waren wir Tabellendritter. Ein hervorragendes Ergebnis, auch wenn die Mannschaften in der Tabelle alle noch eng beieinander lagen.

Zudem schienen unsere Spieler wie ausgewechselt und nicht mehr so vergesslich wie sonst, denn niemals vergaß jemand mehr seine Schienbeinschoner, sein Handtuch, sein Duschgel oder das richtige Schuhwerk für den Platz. Auch unsere Betreuer nahmen ordentlich aufgepumpte Bälle zu Auswärtsspielen mit, mit denen wir uns vernünftig aufwärmen konnten. Keiner ließ mehr den Wertsachenkoffer mit allen Handys, Brieftaschen und Autoschlüssel unbewacht in der Kabine liegen. Der ganze Verein verhielt sich fast wie ein Proficlub, und alle waren plötzlich voll bei der Sache.

Aufgrund dieser hervorragenden Welle, die unsere mannschaftsinterne Laune weit nach oben katapultierte, freute sich jeder auf das alljährliche Kabinenfest. Eine Tradition, die seit Jahrzehnten gepflegt wurde, auf die sich jeder Spieler wie Bolle freute. Dieser Abend, der überwiegend in der Umkleidekabine des Sportplatzes stattfand, hatte seinen ganz eigenen Flair und wurde ausschließlich von den Neuen im Team ausgetragen. Jedes Jahr eskalierte die Party genau dann, wenn der erste in der Kabine in Klamotten und voller Montur unter der Dusche stand, um völlig besoffen den Witzbold zu markieren. Nachts duschen auf dem Kabinenfest war sehr beliebt und für alle überaus belustigend, erst recht wenn die Wasserratte vergessen hatte, sein Handy aus der Hosentasche zu nehmen.

In diesem Jahr waren eigentlich fünf neue Spieler die Ausrichter des Kabinenfestes und Brehm selbst, aber nur drei neue Spieler, die nach der Vorbereitung noch übrig waren, zeigten sich anwesend. Natürlich gab es Verschleißerscheinungen durch Willis hartes Training. Die Neuen sollten der Tradition nach für Getränke und Speisen sorgen sowie Musik. Mehr brauchte es nicht.

Willi Brehm zeigte sich recht großzügig und übergab den drei Neuen ganze 200 Euro. Den kümmerlichen restlichen Betrag und die Organisation überließ er seinen Untergebenen.

»Ich bin mal gespannt, ob Brehm überhaupt auftaucht«, meine Porno zu Beginn des Abends.

Aber Spriddi und ich waren uns sicher, dass dies eine unbegründete Sorge war. »Logisch kommt er. Er ist zwar kein Partylöwe, aber das wird er sich doch nicht nehmen lassen. Wir sind auf dem dritten Tabellenplatz. Besser haben wir seit Jahren nicht gestanden.«

Es war klar, das sehr viel Lob und Komplimente an diesem Abend auf den Trainer niederprasseln würde. Dass plötzlich jeder verstünde, weswegen er so hart zu den Jungs war. Brehm wurde mittlerweile von jedem Spieler als Trainer geachtet, auch wenn sie nicht nachvollziehen konnten, dass er menschlich so unnahbar war.

»Ich hab den noch nie richtig lachen sehen«, sagte Pommes. »Aber er ist eben nicht der Typ für sowas. Er liebt die Ernsthaftigkeit und wenn er Ziele erreichen kann. Sein Ziel war es, dass er uns nach oben schafft. Wenn er so weiter macht, kann er das packen.«

»Glaubst du wirklich, wir können aufsteigen?«, meinte Torben. Unser Keeper hatte sein Lebtag noch nicht mal davon geträumt, irgendwann aus der B-Klasse rauszukommen. Er war insgeheim froh, dass er bei uns verweilen durfte und nicht zu einem Verein in der C-Klasse musste.

»Wenn wir alle weiterhin mitziehen, könnte es was werden«, schätzte Pommes ein.

Mit zunehmender Dauer des Abends wurden die Gemüter ausgelassener. Die enge Kabine wurde mit 45 Personen gefüllt: Spieler, ein paar ehemalige Spieler, Betreuer und ein paar Fans haben sich auch sehen lassen. Es war wie auf jeder guten Party, je enger es wurde, desto weiter stieg das Stimmungsbarometer. Die Luft in dem Raum war zum Schneiden, und der Boden klebte mittlerweile, weil hie und da natürlich etwas verschüttet wurde.

Jeder achtete aber darauf sein Getränk nicht fallen zu lassen oder anderweitig gravierend zu verschütten. Ein Bier zu töten, kostete eine Kiste an die Mannschaft. Das war im Strafenkatalog so verankert. Daran wurde sich gehalten. »Wer Bier verschenkt, wird aufgehängt!« Zum Glück wurde diese Regel niemals durchgezogen, sonst wären wir sicher alle schon tot.

Es war laut in der Kabine, es war muffig, und jeder fand es geil. Es waren nur Männer zugegen. Spielerfrauen fanden sich an diesem Abend keine ein. Wenn mal eine Frau aus dem Dorf sich sehen ließ, dann war klar, weswegen sie kam: Sie wollte neue Verbindungen knüpfen, sozusagen. Also, sie war schon viel zu lange Single. Da dies als inoffizieller Grund für das Auftauchen einer Frau beim Kabinenfest gehandelt wurde, wagte sich nur sehr selten mal ein weibliches Wesen in die Kabine. In den letzten zehn Jahren kam dies ein- oder zweimal vor.

Natürlich habe ich mich bei einem Kabinenfest niemals sehen lassen. Was hatte ich dort auch verloren? Dutzende betrunkene Männer standen eng beieinander, konnten sich durch die laute Musik kaum unterhalten und schrien sich förmlich an. In dieser Luft konnte kaum ein Mensch atmen, geschweige denn länger als ein paar Stunden überleben. Zigarettenkippen lagen überall herum, nach einer Weile war alles versifft, und man konnte sich nirgends hinsetzen, ohne sich vollzusauen. Das konnte nur Fußballern gefallen. Ich habe vor zwei Jahren, als ich ganz frisch mit Tobi zusammen war, den großen Fehler gemacht, mich dazu bereitzuerklären am folgenden Morgen nach einem Kabinenfest beim Aufräumen und Putzen behilflich zu sein. Was ich da gesehen hatte, verschlug mir die Sprache. So viel Dreck nach nur ein paar wenigen Partystunden habe ich vorher und danach nirgendwo gesehen. Eine Million Menschen bei der Loveparade in Berlin? Vergiss die, wenn du die Auswirkungen eines Kabinenfests gesehen hast. Damals hatte ich mir geschworen, dass ich mit dieser Tradition niemals wieder etwas zu tun haben wollte. Niemals.

Unsere Kabinenhits erstreckten sich von Icke Hüftgold bis hin zu Mia Brückner. Natürlich spielten wir auch Klassiker wie »Was wollen wir trinken, sieben Tage lang!«, aber Mia Brückner kam bei allen am besten an.

»Boah, wenn die Kleine hier wäre, das wäre doch ein geiles Kabinenfest«, meinte Spriddi.

Und Porno sah ihn zweifelnd an: »Was wäre dann? Mehr als singen wäre dann doch auch nicht drin.«

»Na, das würde doch reichen. Was glaubst du, wie die den Laden hier rocken würde.« Spriddi war erklärter Fan der Sängerin. Ob da ein wenig mitschwang, dass sie früher mal in Pornofilmen mitgespielt hatte, verriet er in diesem Moment nicht. »Vielleicht hätten wir ja Glück, und die Kleine zieht blank.«

Dem musste ich aber lachend widersprechen. »Nein, die ist jetzt Sängerin. Die würde nicht blankziehen. Singen, nicht Striptease!«

»Ja.« Spriddi sah es ein. »Aber cool wäre es trotzdem.«

Da waren sich alle einig.

»Was denkst du«, wollte Porno dann von mir wissen, »wird Brehm in der kommenden Saison noch bei uns sein?«

Die Frage überraschte mich. »Wie kommst du denn darauf?«

»Naja, der ist schon über 60. Er muss ja langsam an die Rente denken.«

»Otto Rehhagel hat trainiert bis er 143 Jahre alt war. Da haben wir noch ein bisschen Zeit«, argumentierte ich. »Außerdem ist das sicher vom Ablauf dieser Saison abhängig. Wenn wir gut abschneiden, wird er bleiben wollen. Wenn wir Mist bauen, wird er sich eventuell verabschieden.«

»Hat der überhaupt eine Frau? Vielleicht ist er ja deswegen immer so mies gelaunt.« Jetzt wurde Spriddi aber mächtig tiefgründig für seine Verhältnisse.

Keiner wusste darauf eine Antwort. Da wurde mir erst klar: Wir kannten unseren Trainer kaum. Außer dass er ein guter Fußballlehrer war, uns gerne striezte und die meiste Zeit mit seinen Emotionen hinter den Berg hielt, hatten wir keine Kenntnis darüber, was für ein Privatmensch er war. Was hatte er schon alles erlebt? Wo kam er her?

›Wir sind so verdammt oberflächlich!‹, dachte ich und war ein Stück weit wütend auf mich selbst.

Die Stimmung des Abends lenkte mich jedoch schnell wieder ab. Wir tranken, tranken und lachten. Wir lachten, lachten und tranken. Die Spieler erzählten von ihren Fußballerlebnissen aus früheren Tagen und von Dingen, die gerade erst passiert sind. Alles drehte sich um Fußball. Dieses Kabinenfest schweißte die Mannschaft Jahr für Jahr noch enger zusammen. Freundschaften entstanden oder wurden gefestigt. Es war immer ein gutes Gefühl, an diesem Ort zu sein, wenn die ausnahmslos friedliche Heiterkeit gepflegt wurde.

Einen Negativaspekt gab es diesmal jedoch. Porno bemerkte es als Erster. »Brehm ist nicht gekommen.«

Es war bereits nach Mitternacht und nicht zu erwarten, dass Willi noch auftauchen würde. Diese Erkenntnis trübte die Runde, und Porno sprach aus, was so mancher dachte: »Egal, wie gut er als Trainer ist, am Ende ist er doch ein Arschloch.«

Dem setzte niemand etwas entgegen außer ein Kopfnicken und Schweigen. Was hatte sich Brehm nur dabei gedacht? War ihm nicht klar, dass sich jeder der Anwesenden auf diesen Mannschaftsabend freute, ihm entgegenfieberte und dass dazu auch der Erfolgstrainer gehörte?

Man wollte es sich nicht anmerken lassen, aber die Laune hatte den Höhepunkt verlassen und sank. Nicht besonders viel, wir waren ja erwachsene Männer und wollten uns von einem Miesepeter nichts verderben lassen, dennoch war es schade. Sehr schade.

Mit diesem Gefühl in den Eingeweiden wurde es zwei Uhr. Die Musik lief noch immer ungeachtet etwaiger Nachbarn des Sportplatzes, denn sie wussten, dass am Abend des Kabinenfests kein Meckern oder Hadern mit der Lautstärke hilfreich war.

Ich sah noch aus dem Augenwinkel, dass unser Präsident Hardy in den Raum kam. Es wunderte mich nicht, es gingen immer mal wieder Personen ein und aus, um die Toilette zu besuchen oder frische Luft zu schnappen. Doch als Hardy diesmal den Raum betrat, war er kreidebleich. Hatte er den Alkohol nicht vertragen?

Allgemeines Gelächter aufgrund dieser Vermutung erklang, doch Hardy bahnte sich seinen Weg zur Musikanlage, um diese abzustellen.

»Heey!« Die Jungs beschwerten sich. »Hat wieder jemand die Bullen geholt? Die wissen doch alle, dass wir heute feiern.«

Doch Hardy hob die Hand, um kurze Aufmerksamkeit einzufordern. »Männer, hört mir mal zu. Bitte, ganz kurz. Es ist wichtig.«

»Ist Mia Brückner doch gekommen?«, rief Spriddi und die Meute lachte herzhaft.

»Bitte, Männer, es ist ernst.« Ernst? War etwas geschehen?

»Es geht um euren Trainer«, meinte Hardy dann, und in seinem Gesicht erkannte man, dass ihn etwas bedrückte, was nicht leicht auszusprechen war. »Ich habe gerade mit der Polizei gesprochen. Ein guter Freund von mir ist Beamter und hat mich angerufen. Vor ein paar Stunden ist hier im Ort ein Verkehrsunfall passiert.« Ein Raunen ging durch den Raum. Wir ahnten etwas Böses. »Er hatte auf dem Weg zu uns wahrscheinlich einen Herzinfarkt und erlag den Verletzungen infolge des Unfalls.« Hardy kämpfte mit den Tränen. Mit jedem weiteren Satz brach seine Stimme ein wenig mehr. »Er hat es leider nicht bis zu uns geschafft. Vielleicht hätte er bei einem Herzinfarkt bei uns in der Kabine … gerettet …«

Pommes stelle die Frage, die eigentlich keiner Antwort bedarf, aber jedem anderen lag sie auf der Zunge: »Ist er … tot? Willi?«

Hardy nickte. »Gegen 20 Uhr ist es passiert.«

Keiner von uns wusste, wo er hinschauen sollte. Uns blieben die Worte im Halse stecken. Wie konnte sowas nur passieren? Niemand wusste um das Herzleiden unseres Trainers.

Spriddi war einer der Ersten. Er ließ seinen Tränen freien Lauf, und andere folgten ihm. Die Musik blieb den Abend über gänzlich ausgeschaltet, die Gespräche wurden nur sehr gedämpft weitergeführt und drehten sich überwiegend um Willi. Er war in unser aller Köpfen, und wir konnten gar nicht glauben, dass er nun nicht mehr zu uns kommen würde.

Wenn er alles hingeschmissen hätte, nicht mehr unser Trainer hätte sein wollen, uns verabscheut hätte, beleidigt, niedergemacht und uns auf diese Weise für immer den Rücken gekehrt hätte, dann wäre dieser Abgang für uns leicht zu verarbeiten gewesen. Aber mit dem Tod eines Menschen konfrontiert zu werden, der uns nun so nahe stand, wenn auch nur im Sport, war schwer. Verdammt schwer.

»Hätten wir uns mehr um ihn kümmern sollen?«, fragte ich Pommes.

Doch er war sich nicht sicher. »Ich denke, er war nicht ohne Grund ein Eigenbrötler. Er trug höchstwahrscheinlich etwas mit sich, dass ihn nicht zum großen Menschenfreund machte. Dennoch war Willi ein Kenner auf seinem Gebiet. Er wird mir fehlen, auch wenn ich ihn jetzt noch nicht mal ein halbes Jahr kenne.«

»Er wird mir auch fehlen«, stimmte ich zu.

»Mir auch«, sagte Porno. »Er hat mir gezeigt, wo meine Grenzen sind. Weit über denen, die ich zuvor annahm. Ein guter Trainer, Motivator und cleverer Psychologe. Wir werden lange nach einem passenden Nachfolger suchen müssen.«

Ein Nachfolger? Porno hatte es angesprochen, und keiner von uns war zu diesem Zeitpunkt schon fähig darüber nachzudenken. Irgendwie musste es ja weitergehen. Hatte Hardy schon jemanden im Auge? Wer sollte die Truppe übernehmen und führen? Ging das überhaupt noch?

»Wir werden eine Entscheidung fällen, wenn wir soweit sind«, sagte Hardy in dieser Nacht morgens um vier Uhr.

Kaum einer von uns war nach Hause gegangen. Wir verbrachten die Nacht gemeinsam in dieser Kabine, bis die Sonne aufging und haben noch gemeinsam so manche Träne geweint.

Kreisligalegende

Kapitel 9

Fußball ist das richtige Leben

Kreisligafußball ist, wenn
du fest daran glauben willst,
dass außer Fußball nichts
weiter im Leben existiert.

TITUS
VERLAG

Unser Team lag in tiefer Trauer. Niemand konnte sich mehr konzentrieren. Die Trainingseinheiten der folgenden zwei Wochen fanden nicht statt. Ein Spiel wurde abgesagt, das für uns als verloren gewertet wurde, ein weiteres Spiel wurde verschoben. Verzweiflung und Lethargie machten sich breit. Hardy suchte händeringend nach einem Nachfolger für Willi Brehm. Unser Kapitän sollte zunächst standesgemäß das Training übernehmen. Das war stets so üblich, wenn der Coach im Urlaub, länger auf Arbeit oder anderweitig verhindert war. Naja, und Willi war ja auch irgendwie anderweitig verhindert.

In den neuen Trainingseinheiten war es wieder wie früher. Es waren mehr Hütchen auf dem Platz als Spieler. Kaum Spieler kamen. Wahrscheinlich konnten sie mit der Stimmung nicht umgehen.

Die Beerdigung unseres Coaches rührte jeden von uns zu Tränen. Außer einer Frau, die seine Schwester war, fanden sich nur Fußballer ein. Überwiegend aus unserem Verein, einige aus Mainz und eine Handvoll weitere Männer. Hardy lud die Schwester zu uns ins Vereinsheim ein. Dort sollte zu Ehren unseres Trainer Kaffee und Kuchen gereicht werden. Brehms Schwester willigte ein.

Als die Frau Ende 60 in den Raum trat, wurde es sehr ruhig. Jeder der Spieler reichte ihr die Hand, um dessen Beileid zu signalisieren. Die Schwester wirkte gefasst, aber dennoch niedergeschlagen. Pommes bot ihr einen Stuhl inmitten unserer Runde an, den sie gerne annahm.

»Ihr wart sein letztes Team, richtig?«, begann die Frau. Als Pommes und die anderen stumm nickten, fuhr sie fort: »Fußball war sein Leben. Viel mehr, als vor fünf Jahren seine Claire gestorben ist. Seitdem sie ihrem Krebsleiden erlag, lebte er allein. Er war schon Jahre vorher praktisch allein, denn er pflegte Claire insgesamt zehn Jahre, nachdem sie einen Schlaganfall erlitten hatte. Diese Schicksalsschläge machten ihn zu einem sehr ernsten und zurückgezogenen Menschen.«

›Wir kannten unseren Trainer gar nicht‹, fuhr es mir durch den Kopf, und es tat mir so leid, dass ich ihn niemals gefragt hatte, ob es ihm gut ging, ob man ihm irgendwie unter die Arme greifen konnte. Ich habe ihn immer nur als den harten Trainer gesehen. Aber er war ein Mensch, der ein Schicksal mit sich trug, von dem wir nichts ahnten. Auf dem Sportplatz tat er, was er konnte, um uns zu helfen. Aber hatten wir ihm je geholfen?

»Wilhelm lebte für seinen Sport. Das gab ihm Auftrieb, das war das Einzige, was er gerne tat. Wenn er Zuhause war, wollte er niemanden sehen.«

Wir hingen an den Lippen der Frau. Es war mucksmäuschenstill.

»Unser Kontakt war nur sporadisch. Telefonieren konnte man mit meinem Bruder nicht gut. Besuch mochte er nicht. Wilhelm war ein Einzelgänger, der jedoch auf seine Weise gerne unterstützte. Seinen Fußball wollte er an die Jugend weitergeben. Wo haben Sie meinen Bruder kennengelernt?«

Hardy ergriff das Wort. »Er war eine Empfehlung eines Bekannten, der ihn aus Mainzer Zeiten kannte. Wir wussten ja nicht, dass so ein Experte in unserer Nähe wohnte. Nach einem kurzen Gespräch wurde ich mir mit Willi Brehm schnell einig und verpflichtete ihn für die Arbeit in unserem Verein.«

Viele der Spieler hörten das zu ersten Mal. Niemand sprach ein Wort.

»Ich möchte ihnen allen aber noch eine wichtige Tatsache mitteilen. Mein Bruder war zwar ein ernster Mensch und nach außen hin immer sehr ruhig, er liebte aber jugendhaften Humor, wenn ich mit ihm sprach und erforschen wollte, was ihm gefiel, erwähnte er immer wieder seine Spieler. Die Spieler einer jeden Mannschaft, deren Eigenarten, ihre humorvollen Charaktere. Willi liebte es und nahm diese Stimmung gerne tief in sich drinnen mit in seine eigenen vier Wände. Deswegen möchte ich all den jungen Männern in diesem Raum sagen, bleiben Sie lustig, tun Sie, was Sie schon immer getan haben. Willi würde es so wollen.«

Als die Schwester uns verließ, lag die Trauer noch immer über uns. Ich empfand ihre Worte zugleich aufbauend, aber auch niederschmetternd, weil mir unsere Ignoranz deutlich wurde.

›Wir gehen unserem Sport nach‹, dachte ich, ›aber kennen wir unsere Kameraden wirklich?‹

Das erste Spiel nach Brehms Tod war eine Katastrophe. Unsere Jungs konnten keine Spannung aufbauen, ergaben sich bei dem kleinsten Widerstand. Der Gegner zimmerte uns ein Ei nach dem anderen ins Netz. Niemand unserer Spieler erhielt eine gelbe Karte, was als Sinnbild für die Zurückhaltung jedes Einzelnen stand. Ich bin nicht sicher, ob wir sieben Gegentore erhalten haben oder acht. Es konnten auch neun Tore gewesen sein. Nach einer Zeit zählte keiner mehr von uns. Es war nicht wichtig. Sie wollten einfach nur dieses Spiel zu Ende bringen.

Als der Schiedsrichter in der 90. Minute vier Minuten nachspielen lassen wollte, ging Spriddi auf ihn zu. »Pfeifen Sie bitte ab. Sie sehen doch, was hier los ist.«

Nach dem Spiel redete kaum jemand. Keiner machte irgendwem einen Vorwurf. Wir haben uns von dem Gegner abschlachten lassen, ohne nur einen Mucks von uns zu geben. Etwa eine halbe Stunde nach Abpfiff war der letzte Spieler gegangen.

In dieser Phase tat mir Tobi so leid. Ich wusste nicht, wie ich ihm helfen konnte. Der Teamgeist war mit dem Trainer gegangen, und die Jungs machten sich Vorwürfe. Jeder Einzelne rekapitulierte, was er über den Coach gedacht hatte. Es war in den wenigsten Fällen positiv. Sie merkten, dass sie blind waren und wünschten sich diesen Mann wieder an die Außenlinie zurück. Aber diese Zeiten waren endgültig vorüber. Tief im Inneren trug Tobi mit sich einen erbitterten Kampf aus und suchte nach einer Lösung für diese Situation. Er wusste aber nicht, wie er damit umgehen sollte oder wie er den Mitspielern gegenüber agieren sollte.

Nach unserem guten Start wurden wir nun in der Tabelle durchgereicht und gaben uns völlig auf. Hardy versuchte, Woche für Woche einen Kader aufzustellen, und er konnte einem leidtun, wenn er das Team zum Kampf überzeugen wollte. Er begann bereits donnerstags die einzelnen Spieler anzurufen, um sie darum zu bitten, doch am Sonntag zum Spiel zu kommen.

»Willi Brehm hätte es so gewollt!« Keiner hörte ihm wirklich zu.

Diese Prozedur zog sich bis in den Sonntag hinein. Die letzten Telefonate führte er kurz vor jeder Partie und war froh, wenn elf Spieler zum Anpfiff auf dem Platz standen. Es kam sogar vor, dass Pitty aus der zweiten Mannschaft mit seinem Vater auf dem Platz stand, weil der Papa ein ehemaliger Spieler war und reaktiviert werden musste. Pittys Papa war ja erst 57 Jahre alt. Sogar Hardy musste sich die Schuhe schnüren, und mein Jugendtrainer Charly stand ebenfalls mal neben mir auf dem Platz. Ich konnte nicht glauben, was da geschah. Erst da bemerkte ich, wie schlecht Charly am Ball eigentlich war. Nun, als Kind sieht man die Welt scheinbar völlig anders.

Diese Saison war für den Großteil der Spieler gelaufen, und die Matches wurden noch von einer Rumpfelf bestritten, die überwiegend Kicker aus der zweiten Mannschaft innehatte. Einige Spieler absolvierten nach dem Spiel der zweiten Mannschaft sogar im direkten Anschluss eine Partie in der ersten Mannschaft. Klar, dass die ab der zwölften Minute dann nicht mehr richtig laufen konnten.

Wenn ich sonntags auflief, dann nur, um den Verein nicht im Stich zu lassen. Hätten wir ein Spiel nach dem anderen abgesagt, wir wären als fester Absteiger in die C-Klasse gewertet worden. Das durfte ich nicht zulassen.

Keiner trainierte mehr. Jedes Spiel ging klar verloren. Wir schossen kaum noch Tore. Unsere Auftritte an den Wochenenden wurden immer desolater. Wir hatten sogar weniger Punkte als der HSV. Wenn man diesen Punkt erreicht hat, dann macht Fußball doch keinen Sinn mehr. Was sollte das alles überhaupt noch?

Pommes wusste, was die Vereinsführung plante. »Wir müssen versuchen, uns in die Winterpause zu retten, und dann müssen wir uns zusammenraufen, verdammt. Wir dürfen einfach nicht so sang- und klanglos untergehen. Wir haben einen Ruf zu verlieren.«

Pommes hatte recht, aber mittlerweile hatten wir das Tabellenende bereits erreicht. Der Vorletzte hatte einige Punkte mehr als wir. Es wäre also ein regelrechter Kraftakt, wenn wir es noch schaffen wollten, nicht abzusteigen. Aber wie sollten wir das ohne einen Trainer wie Willi Brehm nur hinbekommen?

Der Fußball brachte uns auf den Boden der Tatsachen zurück. Wir erkannten, dass es mehr gab, als sich am Wochenende zulaufen zu lassen. Es war nichts Verwerfliches daran, wenn wir das taten, aber wir durften dennoch nicht den Blick für unsere Mitmenschen verlieren, für deren Sorgen, für deren Leben. Das richtige Leben und die derzeitige Trauer hatten sich über unseren Sport gelegt. Unser Fußballspiel war ein Spiegelbild für unseren Seelenzustand. Wir konnten nicht mehr länger als Einzelspieler bestehen. Der TuS Germersbach musste zusammenrücken und sich gegenseitig helfen. Wer sollte diese Aufgabe in die Hand nehmen?

Kreisligalegende

Kapitel 10

Bei Null beginnen

Kreisligafußball ist, wenn
du endlich mal in einer Sportart
richtig gut sein kannst.

TITUS
VERLAG

»Carola«, sagte sie zu mir. »Aber nur weil du meinen Namen wissen wolltest, war doch nicht die ganze Show hier gedacht.«

Sie hatte recht, aber wie sollte ich nun die Kurve kriegen? Maria war ich los, damit ging mein Plan aber schon mal auf. Meine Schwalbe hatte gezogen. Schwalben sind wie zaubern. Bei beidem geht es darum, sein Gegenüber zu täuschen. Ich hatte zwar gerade erfolgreich gezaubert, aber wie zauberte ich mich nun in das Herz dieser Frau?

»Äh, Show? Nein. Ich bin einfach nur gestolpert.«

Im Hintergrund rief jemand dem Barkeeper zu, dass er doch keinen Krankenwagen rufen sollte.

»Gestolpert?« Carola lächelte.

Ich kam auf die Beine und zeigte auf die Kante am Boden. »Ja, da, guck. Diese Stufe ist doch tödlich.«

»Stufe?«, fragte Carola verdutzt. »Du hast unseren ganzen Tisch abgeräumt.«

»Oh, äh, die Getränke gehen natürlich alle auf mich. Und die nächste Runde auch. Zum Glück hat von euch niemand etwas abbekommen.«

»Ja, das war wirklich Glück.«

Ich lächelte nun. »Ist aber ein schöner Name.«

»Bitte?«, fragte sie.

»Dein Name. Carola ist doch dein Name, oder hast du gelogen?« Ich versuchte mein sympathischstes Lächeln aufzusetzen, das ich aufbringen konnte.

»Nein.«

»Also, nicht Carola?«

»Äh, doch, doch.«

»Sag ich doch. Schöner Name.«

Carola war völlig durcheinander und plötzlich nervös. Das war ein gutes Zeichen für mich. Sie fragte: »Wo kommst du überhaupt her, sag mal?«

»Von dort.« Ich zeigte auf die Toilettentür.

»Ich meine, … ach, egal, was ich meine.«

Von diesem Moment an traf ich Carola fast täglich. Bis heute gab es kaum einen Tag, an dem wir nicht zusammen waren. Außer an zwei Abschlussfahrten unserer Mannschaft waren wir immer beieinander. Entweder morgens oder dann abends, meistens beides. Ich hatte mich in Carola so schnell verliebt, wie ich bei meiner Schwalbe in dem Lokal auf die Erde gedonnert bin. Dieser Aufprall versetzte meinem Körper einen Schlag, sodass ich mich wahrscheinlich in die erste Person verliebt hatte, die ich ansah. Zum Glück war nicht der Barkeeper in der Nähe. Das wäre ein Spaß geworden.

Anfangs haben wir so viele Abende einfach miteinander auf der Couch verbracht. Ich konnte mit ihr über alles sprechen, durfte alles fragen, und Carola zeigte nicht nur an mir Interesse, sondern wollte auch alles über mein Hobby wissen.

»Also, ich kenn mich mit Fußball ja gar nicht aus. Wenn du mir diesen Sport erklären möchtest, musst du wirklich bei null beginnen.«

Ich grinste. »Du weißt nix? Gar nix?«

»Naja, dass so ein Spiel 90 Minuten dauert und dass elf Männer gegen elf Männer spielen. Dann gibt es noch einen Torwart, der den Ball in die Hand nehmen darf. Das … äh«, sie überlegte kurz, »das war es dann auch schon.«

»Okay«, meinte ich zu ihr. »Du hast es so gewollt. Ihr erklär dir alles. Alles, bis du Stopp sagst.« Ich richtete mich auf der Couch erwartungsvoll auf, und wollte gleich mal loslegen. Von dem Wohnzimmertisch nahm ich einen neuen Nuss-Nougat-Riegel, öffnete ihn und biss herzhaft hinein. Sie aß ständig Nuss-Nougat-Riegel.

»Hey«, rief Carola plötzlich. »Gib mir auch etwas!« Carola liebte diese Süßigkeit. Man sah es ihr nicht an, aber sie verschlang diese Dinger. Sie wusste, dass sie dick machten und die Fettleber förderten, aber wie sagte sie so schön: »Ein Laster ist okay, solange es das eine bleibt.« Im Gegensatz zu ihr hatte ich einen Laster voller Laster. Deswegen überließ ich ihr diesen Nuss-Nougat-Riegel gerne.

Sie nahm mir den Riegel aus der Hand, gab mir einen Kuss und sagte lächelnd, bevor sie hineinbiss: »Gut, ich bin gespannt … bis ich Stopp sage …«

Diese Gespräche mit Tobi waren zu dieser Zeit mein Lebenselixier. Ich saugte jede Silbe von ihm auf und mochte gar nicht mehr fortschauen. So verliebt war ich noch nie gewesen. Dieser Mann hatte alles, was ich mir vorstelle, dass er haben müsste. Ich fand ihn witzig, hübsch, schlau, und ich konnte ihm stundenlang zuhören. Lag ich in seinem Arm, gab er mir das Gefühl der Sicherheit, der Geborgenheit, sodass mir warm und heiß wurde. Diese Mischung war für mich der Inbegriff von Männlichkeit. Ich hatte zwar keine Ahnung, was er mir da versuchte zu erklären und konnte mir nur einen Bruchteil davon merken, aber ich liebte es einfach, ihm zu folgen, auch wenn der Inhalt mir Einerlei war. Da es um Fußball ging, blühte Tobi auf. Wenn es ihm gut ging, dann klebte ich an ihm und saugte alles auf, was er an positiven Gefühlen weitergab. Ich war so glücklich damals …

Wir erklärt man einer Frau den Fußballsport, wenn ihr das Thema bislang vollkommen am Arsch vorbei ging? Funktioniert das überhaupt? Ich musste bei Adam und Eva starten: »Also, Fußball kennt ja eigentlich jeder, denn es ist ein Breitensport. Breitensport ist ein verständlicher Begriff für dich, oder?«

Carola schlug mir auf den Oberarm und lachte herzhaft dabei. »Ich bin nicht blöd!«

»Okay, okay. Nun, ich denke, in Deutschland hat wohl jeder Kerl schon einmal in seinem Leben gegen das runde Leder getreten - zugegebenermaßen mehr oder minder gekonnt –, oder er hat wenigstens ein Fußballmatch gesehen. Sei es nun eine Weltmeisterschaftspartie im Fernsehen, mal in einem Stadion oder live auf dem dörflichen Bolzplatz ein unterdurchschnittliches Gekicke.«

»Ist euer Gekicke unterdurchschnittlich?«, wollte Carola dann wissen.

Ich kam ins Rudern. »Nun ja, was ist durchschnittlich? Hm, also Bundesliga ist überdurchschnittlich, dann ist C-Klasse oder in manchen Gebieten sogar D-Klasse unterdurchschnittlich. Durchschnittlich ist irgendwo dazwischen. Welche Klasse ist das dann?«

»Ist doch egal!«

»Egal ist das gar nicht«, erwiderte ich. »Wenn du diese Frage auf die Weltbevölkerung ausbreitest, dann ist unser Fußball in der Kreisliga mit Sicherheit überdurchschnittlich. In anderen Teilen der Welt spielen sie überwiegend garantiert nicht so gut wie wir. Hat Indien überhaupt eine Fußballnationalmannschaft? Wenn ja, ist dann der Turban auf dem Platz erlaubt?«

Carola sah mich verdutzt an. »Wie, bitte?«

»Egal«, diesen Gedanken musste ich wegwischen, hatte ja gar nichts mit dem Thema zu tun. »Wie auch immer, im Fußballsport spielen viele kleine Komponenten eine Rolle und bilden somit eine Einheit. Eine Menge kleine Dinge machen den Fußball aus. Ich könnte dir viele kleine Einzelheiten erläutern …« Ich war mir gar nicht sicher, ob Carola das wirklich hören wollte.

Doch sie schmiegte sich an mich und meinte: »Tu das, Tobi! Ich bin ganz Ohr.«

Gut, sie hatte es so gewollt. »Da ist als Erstes mal der Ball. Es ist ein aufgeblähtes, vorher gegerbtes Stück Haut einer Kuh, das seine Arbeitszeiten meist am Wochenende hat. Der Ball ist bei diesem Spiel das absolute Objekt der Begierde. Alle rennen ihm hinterher. Alle wollen was von ihm, aber leider nichts Gutes.«

»Kuh?«, fragte Carola.

»Naja, heutzutage ist es keine Kuh mehr. Eher so eine Plastikkuh.«

»Nichts Gutes?«, wollte sie dann wissen.

»Naja, der Ball bekommt bei diesem Spiel die meisten Tritte ab. Er wird öfter getreten als jeder Top-Stürmer. Er wird hoch geschossen, er wird weit geschossen, er prallt aus unglaublichen Höhen auf die Erde oder wird mit voller Wucht per Kopfstoß gegen Aluminiumstangen geschleudert. Und trotz all der Torturen gibt ein Ball nur selten klein bei. Noch nie hat ein Ball sich beschwert.«

Carola lachte. Genau das war mein Ziel. Wenn ich sie zum Lachen bringen konnte, ging mir das Herz auf.

»Jedes Team hat auch einen Trainer. Er wird auch oft Coach, Teamchef oder Schleifer genannt. Er ist sehr leicht zu erkennen. Meistens ist der Trainer die Witzfigur, die mit hochrotem Kopf tobend wild gestikulierend an der Seitenauslinie hin und her tigert. Während alle anderen hingehen können, wo sie wollen, darf der Trainer seinen markierten Bereich nicht verlassen. Jedenfalls bei den Profis.«

»Und bei euch?«

»Kreisliga ist, wenn der Trainer während des Spiels hingehen kann, wohin er möchte. Manche fangen sogar eine Keilerei an.« Auch wenn Carola die Stirn runzelte, redete ich weiter: »Der Trainer hat das schwerste Los von allen gezogen. Er darf nicht mitspielen, ist aber für das Spiel verantwortlich. Sollte die Mannschaft über mehrere Spieltage hinweg wahnsinnig schlecht spielen, ist er der Erste, der den Kopf hinhalten muss. Der Trainer wird dann gefeuert und ein anderes armes Würstchen wird sein Nachfolger. Dieser muss dann mit der gleichen Gurkentruppe möglichst zügig wahnsinnig gut spielen. Im Grunde ist der Trainer ein bezahlter Sündenbock, ein Übungsleiter fürs Training und zudem nichts anderes als bloß ein aktiver Zuschauer, allerdings mit viel weniger Rechten. Er darf weder den Schiedsrichter beleidigen, was die meisten Besucher eines Spiels tun, noch darf er einfach gehen, wenn er kein Bock mehr auf das Gekicke auf dem Platz hat. Manchmal bekommt man bei Kreisligaspielen echt Augenkrebs bei so viel Unvermögen. Der Trainer aber hat stets bei Wind und Wetter an seiner Linie zu stehen und Interesse zu heucheln.«

»So ein Trainer ist im Vergleich zu den Spielern ja wirklich arm dran«, stellte Carola fest.

»Sag ich doch …«

»Aber die Spieler sind doch nicht alle gleich. Kann man als Spieler immer auf allen Positionen spielen?«

»Ein Spieler kann immer und überall Spielen, außer als Torwart. Aber umgekehrt kann ein Torwart rein theoretisch überall im Feld spielen, als wäre er ein Spieler.«

»Das ist ja voll fies!«

»Fies ist das nicht, das ist die Regel.«

»Kann man einen Torwart auswechseln?«

Ich sagte: »Ja, klar. Dafür gibt es den Reservetorwart. Er ist im Grunde ein Großmeister der Heuchelei. Er gibt stets vor, Freude an guten Aktionen seines Erzfeindes zu haben, dem spielenden Torwart. Offenbar macht es dem Reservetorhüter nichts aus, nur Notnagel zu sein, aber innerlich brodelt es in ihm. Er wünscht der Nummer Eins von Bänderriss bis Schädelbruch alles, nur damit dieser vom Platz getragen wird und der Weg für ihn selbst frei wird. Wenn der agierende Keeper auf dem Platz Mist baut und schlecht aussieht, tanzt der Reservetorwart innerlich Rock 'n' Roll. Er liebt es, wenn ein Zuschauer oder irgendein anderer Mensch auf diesem Planeten Dinge sagt wie: »Mann, ist der heute schlecht« oder »Was ein Fliegenfänger!« Der Ersatztorhüter hasst es, seinen Konkurrenten vor dem Spiel warm zu schießen und dann völlig nassgeschwitzt auf die Reservebank zu eiern. Ein guter Trainer hält einen unzufriedenen Reservekeeper länger bei der Stange indem er die Aussage fällt, er wäre nicht seine Nummer Zwei im Tor, sondern die Nummer 1B. Das spornt den zweiten Mann an und bedeutet gleichzeitig einen Dreck.«

Carola schien es zu interessieren, was ich ihr da zu berichten hatte. Ihre Aufmerksamkeit tat mir gut, auch wenn ich diese Themen mit Frauen für gewöhnlich niemals besprach.

»Der Torwart hat doch auch solche Handschuhe an.«

»Du meinst Torwarthandschuhe?«

Da lachte Carola. »Ja, was denkst du denn? Schneehandschuhe, oder was? Du bist mir ja ein Experte.« Sie knuffte mir in die Seite.

»Und jetzt willst du wissen, was das mit denen auf sich hat?« Als sie nickte fuhr ich fort: »Die Handschuhe eines Torhüters sind seine wohl wichtigsten Utensilien. Er könnte barfuß und ohne Augen spielen, wenn er seine Handschuhe dabei hätte, wäre alle in Ordnung. Wichtig ist, dass die Handschuhe stets kompatibel zur Oberflächenbeschaffenheit des Balles sind. Denn wenn der Handschuh mit dem Ball nicht kann, dann ist das keine gute Partnerschaft.«

Da wurde Carola hellhörig. »Wenn der Handschuh mit dem Ball nicht kann?« Ihre Lippen näherten sich meinen, und ihre Hand wanderte unter mein Shirt. »Das musst du mir mal genauer erklären. Wer ist denn bei uns Handschuh, und wer ist der Ball?«

Ich flüsterte: »Nun, wie ich das sehe, bist du der Handschuh und ich hab die Bälle.«

»Aber ich habe doch auch Bälle. Viel größere sogar. Soweit ich aber weiß ist doch nur ein Ball erlaubt in diesem Spiel.«

»In dem Spiel, das ich meine, da sind unsere vier Bälle erlaubt.«

Wenn ich mit Tobi Sex hatte, dann fühlte sich das ehrlich an. Ich weiß nicht, wie er sich mit den Frauen zuvor liebte, aber wenn er mich küsste, dann spürte ich seine Zuneigung und die Wärme, die er ausstrahlte. Wie er mich ansah, mich berührte, als wäre ich für ihn ganz besonders, als würde er mich nicht beschädigen wollen, als hätte er Angst, mich mit einer falschen Bewegung kaputt zu machen. Er macht jedoch alles richtig. Jeder Wimperschlag von ihm brachte mich näher an ihn. Ich wollte nur bei ihm sein.

Mit Carola war alles anders. Plötzlich fühlte ich mich frei, dort angekommen, wo ich hingehörte. Vor ihrer Zeit sehnte ich mich lange Zeit nach etwas, aber wusste nicht, was dies sein könnte. Carola war es. Ich konnte alles mit ihr tun, konnte sein, wie ich bin und konnte mit ihr über alles reden, sogar über Torwarthandschuhe.

Noch etwas atemlos fragte sie mich: »Was ist eigentlich, wenn der Belag der Handschuhe und der Ball nicht kompatibel sind?«

Ich war noch nicht wirklich Herr meiner Sinne. »Was?«

»Na, du hattest doch über die Handschuhe eines Torwarts gesprochen.«

»Ach so, ja, ja, äh …«, ich richtete mich auf. »Es ist dann als würde man mit nassen Plastikhandschuhen ein Stück feuchte Seife fangen wollen. Der Ball flutscht einfach durch die Hände. Der Torwarthandschuh ist, um einsatzbereit zu sein, zu jeder Zeit mit dem Speichel des Keepers getränkt.«

Carola war entsetzt. »Die spucken da rein? So richtig?«

»Ja, sicher. Appetitlich wird es zu Beginn einer jeden Halbzeit, wenn der Torhüter durch die Reihen der Spieler läuft und jeden einzeln zur Aufmunterung abklatscht. In diesen Momenten verteilt der Torwart seinen Schnadder schön in den Händen der Spieler. Deswegen klatscht man mit einem Torwart auch nicht so richtig ab, sondern macht nur die Ghettofaust. Wenn einem Spieler erst einmal bewusst ist, dass der Torwart vor dem Spiel die Handschuhe von oben bis unten vollrotzt, dann bekommt er nicht mehr als die Faust.«

Carola lachte. Hatte ich schon erwähnt, dass ich es liebte, wenn sie lachte?

»Nur diese Feuchtigkeit gewährleistet ein sicheres Fangen der Kugel«, erklärte ich.

»Warum bist du denn kein Torwart geworden, Tobi?«

Das war eine sehr gute Frage. Warum eigentlich? Ich musste scharf nachdenken. »Naja, ich glaube, ich könnte mit dem Druck nicht umgehen.«

»Druck?«

»Na, stell dir mal vor, du machst einen Fehler als Torwart. Wenn der Mist baut, dann ist der Ball in den meisten Fällen drin. Als Torwart bist du die letzte Absicherung. Spieler können im Grunde ständig Fehler machen, es ist öfter jemand da, der diesen Fehler ausbügelt, oder man kann selbst hinterherrennen. Torhüter verursachen durch ihre Unkonzentriertheiten fast immer Tore. Zudem gibt es nur einen Torwart pro Mannschaft. Wenn es einen besseren Keeper im Kader geben sollte, bist du weg vom Fenster. Bei zehn Spielern ist die Gefahr viel geringer, dass du als einigermaßen guter Spieler einfach so ausgetauscht wirst.«

»Hast du schon mal auf der Ersatzbank gesessen? Also, ich meine von Anfang an, weil der Trainer dich nicht haben wollte ...«

Da musste ich grinsen. »Bisher hatte ich Glück. Irgendeine Position hat sich immer gefunden. Das ist der Vorteil eines Spielers.«

»Ist es denn so schlimm Ersatzspieler zu sein?«

»Naja, jeder will gerne von Anfang an spielen, es sei denn er hat vom Vortag noch einen im Tee. Dann ist eine Pause gar nicht übel.«

Carola schubste mich. »Du hast doch nicht etwa schon betrunken gespielt.«

»Naja, betrunken ist relativ. Mit Restalkohol sicher. Wir sind ja in der Kreisliga, da kann das schon mal vorkommen. Manche sagen, das wäre für die Klasse sogar Voraussetzung. Wenn es hart wird, geht man ganz gerne mal auf die Bank. Ersatzspieler sind meist eine Gruppe von zwei bis fünf lustigen Gesellen, die Spaß daran haben, dem Spiel von außen zu folgen. Entweder sauer, weil sie nicht spielen dürfen, frierend, zitternd oder gerade ausnüchternd. Meistens sitzen sich die Auswechselspieler dick eingepackt in Jacken und langen Hosen ihre Hintern auf harten Holzbänken platt. Jedenfalls bei uns in der Kreisliga. In der Bundesliga haben die ja gepolsterte Sitze.«

»Und die haben da Spaß dran?«

Ich schüttelte mit dem Kopf. »Nicht wirklich. Ein Reservespieler muss plötzlich und zu jeder Zeit bereit sein, einen verletzten Spieler zu ersetzen. Er darf sich nicht über kalte Muskeln oder mangelnde Vorbereitungsphasen beklagen, denn dafür ist ein Ersatzspieler da. Er muss, so kalt wie er ist, von hier auf jetzt rennen wie ein Blöder und dabei seinem aufgewärmten Gegenspieler auch noch den Schneid abkaufen können. Wenn ein Ersatzspieler diese Kriterien erfüllt, ist er perfekt.«

»Aber dann ist das Spiel doch total doof für so einen Spieler. Der guckt ja nur zu.«

Da musste ich ihr recht geben. »Ja, so ist das eben. Ein Spiel wird von den verschiedenen Akteuren vollkommen anders betrachtet. Der Ersatzspieler hat im Grunde dieselbe Sicht wie ein Zuschauer, nur sind diese Spieler weniger aufmerksam. Sie sind oft gelangweilt und warten nur auf ihren Einsatz. Und wenn der Trainer nach ihnen schreit, laufen die am Spielfeldrand auf und ab, richten sie die Kleidung, und dann geht es erst los. Vorher sind die nur so semiinteressiert. Wenn du das Spiel jedoch aus der Sicht eines Torhüters betrachtest ist es ein wenig anders. In manchen Spielen ist der Torwart Mittelpunkt des Spielgeschehens. Es wird all sein Können gefordert, um für seine grottenschlechten Mannschaftsspieler wenigstens ein Unentschieden herauszuholen. Meistens steht der Torwart aber dumm rum. Das Spiel plätschert im Mittelfeld vor sich hin, und wenn mal ein Schuss auf sein Tor kommt, geht der meilenweit daneben. Den Ball holen und Abstöße ausführen, ist dann das Einzige, was den Keeper einigermaßen warm hält. Der Torwart guck oft minutenlang bekloppt aus der Wäsche, muss dann aber noch schneller als der Ersatzspieler von einer Millisekunde auf die andere eingreifen und auf den Punkt hochkonzentriert sein. Diesen Spagat zwischen Dämmerzustand und Teufelsreflexen beherrschen nur die ganz Großen. Einige Keeper werden oft auf dem falschen Fuß erwischt und sind, wenn der Ball über die Torlinie rollt, noch gar nicht richtig wach. Jedenfalls passiert das bei uns in der Kreisliga schon mal.«

»Wie sieht das aus … aus der Sicht des … äh …«

Jetzt war ich gespannt, welche Position Carola nannte. Sie kannte ja kaum irgendwelche Bezeichnungen.

»... aus der Sicht eines Mittelstürmers?«

»Wenn der Mittelstürmer Ballkontakte hat, die länger als fünf Sekunden dauern, ist das eine Menge. Eigentlich rennt der Typ stets zwischen Mittellinie und gegnerischem Strafraum wie doof hin und her und hofft, mal ein gescheites Anspiel von einem Mitspieler zu bekommen, um ein obligatorisches Tor zu erzielen. Der Stürmer muss oft einfach nur auf knallharte Flanken seine Rübe hinhalten und die Flugbahn des Balles so ablenken, dass dieser in die Kiste fliegt. Der Mittelstürmer braucht definitiv ein gesteigertes Selbstvertrauen, denn in jedem Spiel, wird er bis auf wenige Zweikämpfe alle verlieren. Und selbst, wenn er mal einen gewinnt, muss er erst mal die elende Pille im Netz versenken, damit der Tag als Erfolg verbucht werden kann. Ich kannte mal einen Mittelstürmer, der hat bei einem 9:0 Sieg kein einziges Tor geschossen und war am Ende doch der Loser. Ein Spieler in dieser Position wird nur an seinen Toren gemessen. Schießt er keine Tore, war er auf dem Platz überflüssig. Das ist ungefähr so, als hätte man 9:8 gewonnen, und der Torwart hat hinten acht Eigentore geschossen. Das Spiel ist zwar ein Sieg, aber der Keeper ein Depp.«

»... und aus der Sicht eines Mittelfeldspielers?«

»Ach, da gibt es solche und solche. Die einen arbeiten defensiv, die anderen stolpern nur vorne rum. Den schlechten Mittelfeldspielern wird nachgesagt, dass das Spiel an ihnen vorbeiläuft. Oft sind Mittelfeldspieler die Schnicker in der Mannschaft ...«

»Schnicker? Hört sich an wie ein Schokoriegel«, meinte Carola lachend und biss wieder in einen ihrer Nuss-Nougat-Riegel.

»Nein, Schnicker ist ein Typ, der entweder vorgibt am Ball alles zu können oder es einfach nur ständig versucht. Er probiert, den Ball an der Mauer vorbei zu zwirbeln oder einen Eckball direkt reinzuhauen.«

»Mauer?«

Puh, jetzt wurde es anstrengend.

»Eine Mauer besteht im Normalfall aus zwei bis fünf mutigen Spielern, die vom Torhüter zusammengetrommelt werden, um das Tor vor einem arglistigen Freistoßschützen zu verteidigen – eben so einem Schnicker. Sie stellen sich in einer Reihe auf und warten, dass sie den Ball möglich volle Kanne abbekommen. Die Spieler in der Mauer scheuen sich nicht davor, den Ball aus genau neun Metern und fünfzehn Zentimeter, so will es auf jeden Fall die Regel, mit 150 km/h ins Gesicht, in die Magengrube oder gar in die glückbringende Familienplanung zu bekommen.«

»Die Familienplanung? Schatz, das machst du aber nicht.«

In diesem Moment hatte Carola zum ersten Mal »Schatz« zu mir gesagt. Es war eigenartig und schön zugleich. Ein paar meiner Ex-Freundinnen hatten zwar auch mal dann und wann diese Koseform benutzt, das ging jedoch emotional mächtig an mir vorbei. Es war mir schlichtweg scheißegal. Als Carola jedoch Schatz sagte, ging das runter wie Öl. Trotzdem wollte ich in diesem Augenblick einen auf ganz cool machen und nicht darauf reagieren. Irgendwie glaubte ich, dass ich ihr vorgaukeln musste, dass es mir nichts bedeutete, obwohl das meilenweit von der Wahrheit entfernt war.

Also sprach ich weiter, als wäre dieses ›Schatz‹-Wort nie gefallen. »Naja, Familienplanung eben. Da unten rein in den Glockenturm.« Wenigstens brachte ich Carola wieder zum Lachen. »Nur die besten bleiben stehen. Nicht selten stellt sich sogar ein tollkühner Spieler zur Verfügung, um dem Ball entgegenzustürmen, bevor dieser ihn mit einem gezielten Schuss zwischen die Augen niederstreckt.«

»O-weia!«

Doch ich konnte sie beruhigen. »So schlimm ist es nicht. Noch Fragen?«

»Eine noch, bevor wir wieder über Torwarthandschuhe reden können …«

Ich wusste genau, was sie meinte, denn sie kam mir wieder sehr nahe und flüsterte mir ins Ohr. »Wie ist das Spiel aus der Sicht einer Frau?«

»Hmm, lass mich mal nachdenken …, also, Frauen sehen ein Fußballspiel grundsätzlich aus einer völlig anderen Sicht als Männer. Für Frauen rennen da 22 Deppen einer Kugel hinterher, von einem schwarzgekleideten Aufseher begleitet. Manchmal können Frauen nicht verstehen, und davon kenne ich leider die ein oder andere, warum es einem Mann Spaß machen kann, darum zu kämpfen, einen Ball über eine ganz bestimmt Linie zu befördern und das öfter als die andere Mannschaft. Für die eine oder andere Frau ist Fußball eine dröge Bauernrennerei ohne Sinn. Aber dann frage ich dich, was sind andere Sportarten wie Tennis, Hockey, Rugby, Handball. Da gibt es doch auch nur einen Ball, und alle kloppen sich drum.«

Meine Argumente wollte Carola gar nicht mehr hören, sie erkundete meine Körper und war für jegliche verbale Kommunikation taub …

Kreisligalegende

Kapitel 11

Winterpause

Kreisligafußball ist, wenn du nach der Winterpause deine komplette Fitness verloren hast.

TITUS
VERLAG

Ich saß mit Pommes an der Theke des King's Crown Pub. Wir hatten das letzte halbe Jahr regelrecht in den Knochen. Es war voller Hochs und Tiefs, wir konnten unsere Gefühlswelt kaum noch einordnen. Nachdem wir zu Anfang der Saison als Team eine eingeschworene Gemeinschaft waren, fiel plötzlich alles zusammen wie ein Kartenhaus.

Zunächst waren wir gegenüber unserem neuen Trainer skeptisch, im Anschluss daran hassten wir ihn, aber erkannten, dass er gut für uns war. Viel besser, als wir es verdient hatten. Wir hatten ihn verteufelt, aber er wurde schnell unser Mentor, unsere Leitfigur. Die Mannschaft liebte Willi Brehm. Nachdem wir an der Kreisligatabelle ziemlich weit oben positioniert waren, liebten wir ihn noch viel mehr. Keiner konnte ihn jemals zuvor so gemocht haben wie wir.

Sein Tod war ein Schock und ein Absturz zugleich. Plötzlich hatte die Mannschaft keinen Anker mehr, nichts mehr, woran wir uns orientieren konnten. Unser internes Gefüge bröckelte, wir verloren unser Selbstvertrauen. In der Tabelle wurden wir durchgereicht und lagen nun zur Winterpause auf dem letzten Platz. Keinen Sieg konnten wir mehr verbuchen, die tapferen letzten Jungs, die dem Verein treu ergeben waren und die Spiele bestritten, um überwiegend auf dem Sportplatz Woche für Woche abgeschlachtet zu werden, hatten noch zwei Unentschieden holen können. Immerhin!

»Das kann so nicht weitergehen«, sagte Pommes zu mir. »Wir müssen uns wieder fangen. Die Truppe muss wieder zusammenkommen. Wir hatten es doch zu Anfang der Saison drauf. Da muss doch etwas zu machen sein, ob mit oder ohne Willi.«

Ich hatte zu diesem Zeitpunkt meine Fußballdepression noch nicht überwunden. »Die Jungs glauben aber nicht mehr dran. Selbst wenn ich dir recht gebe, und du weißt, Pommes, immer wenn du vorneweg gegangen bist, bin ich dir gefolgt, wir können die Spiele aber nicht alleine bestreiten. Da sind unsere alten Jungs nötig. Außerdem hat keiner mehr von denen seitdem etwas gemacht. Wir sind alle so unfit wie ein Sack Kartoffeln.«

Aber Pommes winkte ab. »Ach, wenn die Winterpause rum ist, sind doch fast alle in der Kreisliga an dem Punkt angelangt, dass sie wieder von vorne anfangen müssen. Das ist doch unser Vorteil, Tobi. Wenn wir jetzt schon Gas geben und die Zeit nutzen, dann werden wir beim ersten Spiel fitter sein als alle anderen.«

»Gut, angenommen, wir machen das. Angenommen, wir versuchen das«, Pommes merke, dass ich noch nicht völlig überzeugt war, »angenommen, wir holen alle wieder ins Boot und geben Gas. Was ist, wenn wir es doch nicht schaffen? Was ist, wenn wir am Ende doch absteigen? Wir sind schon so weit abgeschlagen, Pommes. Der Drittletzte ist mit dem Relegationsplatz elf Punkte vor uns, und es ist zu erwarten, dass die mindestens noch einmal elf Punkte in der Rückrunde holen. Bedeutet, wenn es gut klappt, wir müssten uns 22 Punkte aus den Rippen leiern. Das sind sieben Siege und ein Unentschieden in dreizehn Spielen.« Zwei Spiele der Rückrunde waren noch vor der Winterpause absolviert worden. »Ist das realistisch, Pommes?«

Pommes grinste mich an. »Was ist schon realistisch? Weißt du noch, als Griechenland Europameister wurde? Oder als Dänemark den EM-Cup geholt hat? Kannst du dich daran erinnern, als Lautern als Aufsteiger direkt Deutscher Meister wurde? Weißt du noch als Liverpool im Champions-League-Finale ein 0:3 gegen den Favoriten AC Mailand aufgeholt und sich den Pott geholt hat? War das alles realistisch?«

Tobi erzählte mir von dem Gespräch mit seinem großen Vorbild Pommes. Wenn er mit ihm wichtige Themen besprach, dann ging ihm das immer nahe. Er fragte mich, wie ich mich entscheiden würde. Aber eine Antwort konnte ich ihm nicht wirklich geben. Es war schwer, in diesem Moment eine Entscheidung zu treffen, die vernünftig war. Ich wünschte Tobi so sehr, dass er keinen Fehler machen würde. Fehler hatte er schon genügend gemacht …

Ich stellte ihm noch einmal die Frage, die er zuvor unbeantwortet ließ und sah ihn dabei sehr ernst an. »Was ist, wenn wir nach einer geplanten Aufholjagd doch absteigen? Wenn der TuS Germersbach in der C-Klasse landet?«

Pommes zuckte mich den Schultern. »Wenn wir es nicht versuchen, wird es ohnehin passieren.«

Natürlich hatte er recht. Dennoch brauchte ich Zeit, um mich selbst von der Notwendigkeit dieser Aktion zu überzeugen. Wenn ich wieder voll einsteigen wollte, dann musste ich meine Einstellung grundlegend ändern. Mein Körper schrie nach regelmäßigem Sport. Was ich da sonntags ablieferte, war nicht so zu bezeichnen. Ich eierte flachs über das Feld, ließ es zu, dass meiner Mannschaft eine Bude nach der anderen bekam und kippte mir abends zig Kannen Bier in den Hals. Meinem Körper war es wieder ein Bedürfnis, fit zu werden. Ich war niemals ein Schmalhans, aber das ganze überflüssige Fett machte mich träge und sah zudem auch noch totale Scheiße aus. Die Frage stellt sich nur, welchen Sport betreibe ich in der Winterpause?

Einen anderen Mannschaftssport? Da wollte mich garantiert keiner haben, so ungeschickt wie ich mich außerhalb vom Fußballsport immer anstelle. Ich hab mal aus Spaß Volleyball gespielt. Vergiss es! Egal, wie ich es anfing, ich machte mich nur lächerlich und zum Gespött der anderen.

Kraftsport? Nee, so ein Studio kostete doch ein Heidengeld. Das musste ja auch nicht sein. Außerdem sind da viel zu viele durchtrainierte Körper. Wenn ich da mit meinen Fettringen auflief, lachten sich die Cracks doch erst mal krumm. Eine noch tiefere Depression wäre vorprogrammiert gewesen.

›Radfahren vielleicht?‹, dachte ich für einen Moment, musste diese Schnapsidee jedoch sofort verwerfen. Ach herrje, wie konnte ich nur soetwas in meinen Kopf lassen? Mit meiner alten Schüssel machte das sowieso keinen Spaß. Ich hatte so ein uraltes Drei-Gang-Damenrad mit Rücktrittbremse. Das war nicht gerade der Knaller. Der Drahtesel macht ohnehin bald die Biege. Außerdem war man da immer Stunden unterwegs. Ich wollte ja nicht verreisen, sondern nur ein wenig körperliche Ausdauer erlangen.

›Jogging!‹ Dieser Gedankengang hatte sich dann doch gelohnt. Ein paar Laufschuhe hatte ich immer im Haus, und selbst wenn ich den Waldlauf wie jeder andere Kreisligaspieler grundsätzlich verabscheute, konnte ich so völlig alleine, weit ab von allen Leuten Sport treiben, solange ich es mochte – oder besser gesagt, solange ich es konnte.

Ich dachte an Carola. Sie wäre jetzt stolz auf mich, weil ich initiativ war. Sport tut dem Körper gut, und ich wollte mich wieder gut fühlen. Gleich morgen früh, wenn sie wieder zu mir nach Hause kam, damit wir das Wochenende miteinander verbringen konnten, würde ich ihr davon erzählen. Ich konnte es kaum noch erwarten.

Den Abend ließ ich mit Pommes locker bei insgesamt sechs Weizen und drei Hütchen ausklingen und freute mich auf den nächsten Morgen. Bevor Carola da war, wollte ich zurück sein und ihr von meiner Joggingtour berichten.

Also hatte ich mir ein paar lockere Klamotten übergestreift, die Rennschlappen umgeschnallt und die Armbanduhr zur Kontrolle der Zeit umgebunden. Es konnte losgehen! Ich war voller Tatendrang. Aber halt! Wohin sollte ich eigentlich laufen? Von Zuhause war ich ja noch niemals losgejoggt. Ah, ich wusste es: Einfach ins Feld. Das würde dann schon klappen. Da wollte ich mich mal auf meinen Instinkt und auf mein Glück verlassen. Würde schon etwas Vernünftiges dabei herauskommen.

Eine weitere Frage stelle ich mir anschließend: ›Wie lange willst du laufen?‹ Die Beantwortung der Frage war ziemlich schwer. ›Nicht zu lange‹, dachte ich, ›aber auch nicht zu kurz.‹ Es sollte ja etwas bringen. Aber umbringen wollte ich mich dabei nun auch wieder nicht.

›45 Minuten? Also bedeutete das eine Halbzeit durchlaufen. Ach, nun ja, sagen wir mal 60 Minuten. Das sollte zu packen sein.‹ Ich war ja kein Weichei. Immerhin bezeichnete ich mich gerne als Kreisligalegende. Legenden haut so schnell nichts um. Los ging es also!

In den ersten Minuten lief es wie geschmiert. Ich erinnerte mich an den Coopertest. Da war ich ja auch nicht so schlecht. Alles paletti! Da war ich fitter als ich dachte. Mit leicht erhöhtem Tempo ging ich die Sache motiviert an und meisterte jeden Bürgersteig bis zum unbefestigten Weg ins Feld mit links. Es wäre so schön, wenn dieses Prozedere jetzt noch Spaß machen würde. Jogging wird zwar niemals meine Lieblingsdisziplin werden, aber in diesem Moment lief es ganz gut.

Bereits in der fünften Minute war ich endlich auf dem Feldweg am Rande des Waldes angelangt. Diese dummen Baumwurzeln gingen mir auf die Nerven. Aber zum Glück konnte ich die nötige Aufmerksamkeit aufbringen und nahm die kleinen Hürden, ohne mit der Wimper zu zucken. Auch der weiche Erdboden, machte mir überraschenderweise überhaupt nicht mal ein bisschen zu schaffen. Ich war stolz auf mich.

Die zwölfte Minute hatte ich nun hinter mir. Wäre es ein Coopertest gewesen, ich könnte jetzt zu Hause wieder auf der Couch sitzen und an einem leckeren Bierchen naschen. Noch war ich gut drauf.

›Was für eine herrliche Strecke‹, dachte ich, denn den Hügel herunterzulaufen und auf Germersbach zu blicken, war einfach wunderbar. Eine tolle Aussicht. Ich dachte, ich könnte auf ewig so weiter laufen. Und wollte mir nicht eingestehen, dass ich mir gerade selbst ungezügelt in die Tasche log.

In der dreizehnten Minute holte mich bereits die Realität ein. Mist! Jetzt hatte ich für einen Augenblick nicht regelmäßig geatmet. Seitenstechen quälte mich plötzlich.

›Das hältst du durch. Einfach wieder gleichmäßig durchatmen. Bloß nicht stoppen.‹ Ich wollte die Sache durchziehen. Auf Teufel komm raus!

Selbst in Minute Vierzehn war dieses Scheißstechen nicht verschwunden. Der Schweiß floss mir in die Augen. Puh, langsam wurde es ganz schön anstrengend. Aber hey, das musste ich packen. Ein Blick auf die Uhr ließ mich allerdings erschaudern. Erst vierzehn Minuten? Oh Mann, das konnte ja heiter werden.

Nach zwanzig Minuten war mein T-Shirt schweißgetränkt. Die Waden brannten. Ich atmete schwer. Seitenstechen quälte mich noch immer, und diese saublöden Wurzeln auf dem Waldweg veranlassten mich, eine 1-A-Segelpartie hinzulegen. Ich hatte mich sowas von auf die Fresse gelegt, dass es fast schön war, eine kleine Pause zu erhalten. Jedoch rappelte ich mich sogleich hochmotiviert wieder auf, um die Route fortzusetzen.

Eine Minute später kam es mir vor, als wäre ich schon seit Stunden unterwegs. Ich beschloss umzukehren, um nicht allzu weit von zu Hause tot umzufallen. So geschlaucht war ich bei unserem letzten Derby gegen Pittlingen vor Jahren. Da hatte ich in der ersten Halbzeit alles gegeben, um dann letztendlich ausgewechselt zu werden. Ich war heute voll im roten Bereich, aber weigerte mich aufzugeben.

Nun war ich schon in der 22. Minute und wollte nicht kleinbei geben. Auf keinen Fall. Zum Glück führte mich der Weg einen Berg hinab. Das war zwar leichter als der Rest der Strecke, dennoch keuchte ich vor mich hin. Ich war so verdammt müde. Ich hatte Durst. Hunger verspürte ich zu allem Überfluss auch noch. Ich stellte mir genau vor, was ich wohl essen würde, wenn ich wieder daheim ankam. Etwas Gesundes. Obst, Müsli, ganz viel Reis. Von allem auf jedem Fall eine Menge. Nach einigen Sekunden überkam mich das unbändige Gefühl, so schnell wie möglich wieder nach Hause kommen zu müssen. Also wendete ich gemächlich.

In der 25. Minute lief ich in eine Kurve, und erblickte vor mir den Hügel, den ich gerade herunter kam. Die Sau forderte mich heraus.

Ich konnte fühlen, wie der Berg zu mir sagte: »Komm doch, Tobi! Du packst mich eh nicht, du kleiner Fettwanst! Du willst eine Kreisligalegende sein? Ich lach mich schlapp! Na, komm! Putt, putt, putt!«

Ich konnte es ganz genau hören und nahm die Herausforderung an. Ich wollte es diesem verfluchten Stück Erde zeigen. Ich war hier der Chef!

Nur dreißig Sekunden später dachte ich: ›Uijh-uijh-uijh, Tiffy! Dieser Hügel zieht sich elend lang.‹

Bald spürte ich meine Beine nicht mehr - nur noch Schmerzen. Ich konnte noch nicht mal definieren, von welchem Körperteil diese Schmerzen ausgingen. Aber ich hielt durch. Ich hielt das durch, verdammt.

In der 31. Minute konnte ich nicht mehr. Ich war völlig ausgepowert, war komplett im roten Bereich. Dieser verfluchte letzte Berg mit einer Steigung von fast zwei Prozent hatte mir den allerletzten Rest gegeben. Mit einer hochroten Birne versuchte ich, gehend den restlichen Weg nach Hause hinter mich zu bringen. Nach Luft japsend probierte ich langsam wieder auf einen Pulsschlag herunterzukommen, der meinen Körper dazu veranlasste, nicht in den nächsten Minuten hops zu gehen. Gar nicht so einfach.

Erst in der 35. Minute konnte ich wieder klar denken und entdeckte am Wegesrand eine kleine Bank, auf der ich mich erst einmal ausruhen musste, damit ich nicht zusammenklappte. Auf der Bank kam ich nach drei weiteren Minuten spürbar zu Kräften. Ich fasste den Entschluss, wieder loszujoggen. Neue Energie kam in mir auf!

Es war die 39. Minute. Es hatte genau zwanzig Sekunden gedauert, da streckte mich wieder eine Baumwurzel nieder, weil ich zu schwach war, die Beine ordentlich zu heben. Da lag ich nun auf dem Feldweg und rührte mich nicht mehr. Musste ich nun sterben? Vor meinem geistigen Auge erspähte ich Willi Brehm, der nur ungläubig mit dem Kopf schüttelte. Nein, ich konnte ihn einfach nicht so sehr enttäuschen. Ich hatte nicht einmal eine Halbzeit durchgehalten. Erst da wurde mir klar, wie oft wir im Spiel eigentlich stehen und uns kaum bewegen. Von wegen 90 Minuten Sport.

Ein 11-jähriger Junge kam zufällig mit seinem Kinderrad des Weges. »Bist du der Tobi aus der ersten Mannschaft?«

›Oh, nein‹, dachte ich. Ich wollte nicht erkannt werden. Schon gar nicht in meinem Zustand.

»Ich bin Ben«, meinte der Kleine. »Spring auf, ich bring dich nach Hause.«

Nachdem ich mich auf seinen Gepäckträger gewuchtet hatte, raste Ben los. Ich war diesem Kind so dankbar. Aber jeder einzelne Bürgersteig war eine Qual. So ein Gepäckträger kann sich ganz schön ins Fleisch schneiden, wenn man auf die Muskulatur keine Spannung mehr bringen kann. Die Welt ist ungerecht!

Nachdem ich die wohl barbarischsten 45 Minuten hinter wir hatte, stand ich wieder vor meiner Haustür. Ich verstand die Welt nicht mehr.

›Normalerweise laufe ich doch 90 Minuten in einem Spiel‹, dachte ich noch einmal darüber nach, aber scheinbar war dem doch nicht wirklich so. ›Bin ich ein Standfußballer? Bilde ich mir nur ein, dass ich laufe? Komme ich aus einem Radius von fünfzehn Meter gar nicht raus, wie es böse Zungen manchmal behauptet haben? Ich dachte immer das wäre ein Witz!‹ Meine Gedanken überschlugen sich. Ich hatte den unbeabsichtigten Beweis angetreten, dass ich keine 45 Minuten am Stück laufen konnte, ohne in mir selbst zusammenzusacken. Das war bitter!

Die Schlüssel bekam ich kaum ins Türschloss, so zittrig waren meine Hände. Anschließend schleppte ich mich die unendlich strapaziösen Treppenstufen hinauf, hoch bis in meine Wohnung. Es war zwar nur eine Etage, aber es kam mir vor, als hätte ich den Eiffelturm erklommen. Als ich in meine Wohnung kam, stolperte ich über den Läufer im Flur, lege mich hart der Länge nach hin und rühre mich erst mal nicht mehr.

›Verdammte Scheiße‹, dachte ich, ›zum Glück ist jetzt Carola nicht bei mir und kann mich so sehen.‹

Als ich wieder zur Besinnung kam, merkte ich nicht, wie ich bereits beobachtet wurde. Der Schleier vor meinen Augen verzog sich allmählich, und ich blickte in ein entsetztes Gesicht. Carola sah mich an, als hätte sie einen Außerirdischen beim Onanieren erwischt.

»Was ist denn los mit dir, Tobi?«, fragte sie mich leise, als würde jedes Dezibel zu viel meinen Schädel ein klein wenig eher zum Explodieren bringen. »Alles okay mit dir?«

Ich verstand zunächst gar nicht, was los war. »J-ja, warum?«

»Na, du liegst da in deinen Sportklamotten und deine Joggingschuhe hast du auch noch an.«

»Ich hab … was?« Als ich versuchte, vom Erdboden emporzuschnellen, zerschnitt ein tiefer Schmerz all meine sonstigen Empfindungen.

»Tobi! Was ist?« Carola war völlig außer sich. »Soll ich einen Arzt rufen?«

»Nein, kein Arzt.« Ich spürte meine Muskulatur. Jede Sehne in meinem Körper war gereizt.

»Schatz, was ist? Hast du einen Hexenschuss?« Carola war so schön naiv. Dafür liebte ich sie.

»N-nein«, stotterte ich schmerzverzerrt, »i-ich ha-hab …«

»Was denn? Kann ich dir helfen? So spricht doch!«

»M-mus-muskel-ka-kater!«, war alles was ich hervorbrachte.

Carola sah mich skeptisch an, als würde sie darüber nachdenken, ob ich nun vollkommen bescheuert wäre oder sie einfach nur verarschen wollte. »Muskelkater hast du?«, vergewisserte sich Carola noch mal. Als ich nickte, fragte sie: »Und was soll ich nun tun?«

»Ich will Schmerzmittel. Besorg mir Schmerzmittel. Geschissen auf das Betäubungsmittelgesetz!«

Als ich in diese Wohnung kam, dachte ich für eine Sekunde, Tobi läge im Koma, oder so. Er lag da wie tot. Als er dann aufgewacht war, erzählte er mir, dass er joggen war. Wie lange er unterwegs war, wollte er mir nicht verraten. Er muss Stunden unterwegs gewesen sein. Ist Tobi ganz spontan einen Marathon gelaufen, ohne vorher trainiert zu haben? Das wäre jedenfalls eine Erklärung gewesen. So habe ich ihn nach dem härtesten Kreisligaspiel nicht erlebt. Natürlich habe ich ihm geholfen. Schritt für Schritt tippelte er von mir gestützt in die Badewanne. Es hat Minuten gedauert, bis er ausgezogen war und endlich in der Wanne lag. Ich dachte, den würde ich ohne einen Kran niemals wieder da rausbekommen. Allerdings tat ihm das heiße Wasser scheinbar gut und nach etwa einer Stunde fand ich ihn auf seiner Couch wieder.

Auf meinem Sofa lag ich gerne. Immer nach dem Sport öffnete ich eine Tüte Chips pikant gewürzt mit Paprika, die dann in null Komma nix in meinem Magen verschwand. Essen konnte ich völlig schmerzfrei und zappen ebenfalls. Herrlich, wenn es einem wieder gut geht.

»Du, Schatz«, rief ich Carola zu. »Kannst du mir noch einen letzten Gefallen tun, bevor ich für heute zu nichts mehr fähig bin?«

Carola grinste. »Was hast du denn bloß getrieben?«

»Das ist egal. Es war jedenfalls echt eine krasse Erfahrung. Vielleicht erzähle ich dir davon, wenn wir beide 80 sind.«

Doch Carola war sich sicher. »So wirst du keine 80. Was für einen Gefallen willst du denn?«

»Bitte, Liebling, bring mir doch mal mein Handy.«

Carola konnte nicht glauben, dass ich mir das nicht selbst holen wollte … oder konnte.

Ich hatte jedoch ein schlagendes Argument. »Wenn ich heute noch einmal versuche zu laufen, dann wird mich vor Muskelkater wahrscheinlich der Schlag treffen. Und das willst du doch nicht.«

Wenige Augenblicke später wählte ich die Nummer von Pommes. Ich hatte etwas Wichtiges mit ihm zu besprechen. Die Entscheidung war getroffen. Ich wollte mit ihm die Jungs wieder zusammenholen. Wir hatten den Klassenerhalt zu verteidigen. Außerdem musste ich wieder Sport treiben.

Kreisligalegende

Kapitel 12

Kopfschuss

Kreisligafußball ist, wenn es heißt: »Was an einem Mannschaftsabend passiert, bleibt innerhalb der Mannschaft!«

TITUS
VERLAG

Ihr Blick sagte damals alles. In dieser Sekunde wusste ich, dass etwas Gravierendes nicht in Ordnung war. Sie saß auf meinem Sofa und starrte mich an. Ihre Augen waren angeschwollen, weil sie in den letzten Stunden viel geweint haben musste.

›Ihr Mutter ist gestorben‹, war mein erster Gedanke, und ich ging auf sie zu, um sie zu trösten.

Ich war erst seit ein paar Stunden wieder einigermaßen fähig, geradeaus zu laufen, ohne dabei auszusehen wie mein eigener Opa. Die letzte Nacht war härter als alle Nächte zuvor. Der Abend in der Nachtschicht mit Spriddi und den Jungs artete mal wieder aus. Ich bin nicht sicher, wann ich daheim ankam, um meinen Rausch auszuschlafen.

»Schatz, was ist los?«, als ich meinen Arm um Carola legen wollte, stieß sie mich fort.

»Lass mich!«

Nun begriff ich nichts mehr. »Was ist denn? Ist etwas passiert? Mit deiner Mama?«

»Meine Mama?« Der Zorn in ihrem Gesicht war unbeschreiblich, als sie meine Frage hörte. »Meine Mama, fragst du?«

»Was ist denn los?«, wollte ich wissen

Carola ließ mich jedoch nicht an sich ran.

»Hab ich etwas falsch gemacht?«

»Nein, nein. Du hast nichts falsch gemacht ...«, wetterte sie los.

Okay, nun war für mich klar: Da lag der Hase im Pfeffer. Irgendwas war mit mir. Aber was? Seit gestern war doch eigentlich nichts passiert. Ich hatte sie heute morgen ein paar Stunden nicht gesehen, weil ich länger geschlafen hatte. Ich hatte doch gar nichts angestellt, was so schlimm hätte sein können. »Schatz, jetzt sag doch endlich, was los ist!«

»Du willst wissen, was los ist?«

Ich nickte.

»Kannst du es dir denn nicht denken?«

Nein, das konnte ich nicht. Warum sprach sie denn in Rätseln? Mehr als mit den Schultern zucken, konnte ich nicht.

Carola stierte mich an. Scheinbar wollte sie etwas in meinem Gesicht lesen. Erkennen wie ich reagiere, wenn sie gleich sagt, was der Grund für diesen emotionalen Ausbruch war. Sie sagte nur: »Kopfschuss!«

Was? Was bedeutete das? »Bitte?«

»Sagt dir das denn nichts, … Schatz?« Carola sagte das Wort ›Schatz‹, als würde sie mit rasiermesserscharfen Klingen auf mich werfen.

Kopfschuss? Was sollte mir das denn …? Doch dann …, verdammt. Moment, wie hatte Carola denn davon erfahren? Das war doch schon Monate her. »Wie kommst du darauf?«

»Ist es nicht egal, wie ich darauf komme? Du weißt scheinbar, was gemeint ist.«

»Äh …, Carola, bitte …«

»Nein!«, brüllte sie. »Ich bitte dich. Verrat mir, was die Scheiße soll. Ist das cool, oder was? Müsst ihr euch untereinander etwas beweisen, wenn ihr unterwegs seid?«

»Carola, … lass dir erklären …«

»Du hast mir schon so oft erklärt, dass du dich geändert hast. Dass du sowas nicht mehr tust. Dass dir die anderen Weiber egal sind. Und jetzt das? Weißt du was, verpiss dich!«

Ich wollte Carola am Arm greifen, um sie zu mir zu ziehen, doch sie wehrte sich. »Carola, bitte …«

»Fass mich nicht an! Ich habe verstanden. Du wirst dich niemals ändern. Warum solltest du auch. Irgendeine wirst du doch immer finden. Wenn ich es nicht bin, dann eine andere.« Sie steigerte sich hinein. »Lass mich einfach in Ruhe. Spiel deinen Fußball, geh joggen, bring dich dabei halb um, sauf dich mit deinen Kollegen dumm und dämlich oder tot - mir scheißegal. Aber lass mich in Ruhe!«

Als ich dies zu Tobi sagte, war es mir ernst. Ich wollte ihn nicht mehr wiedersehen. Er war für mich gestorben. Als ich von Bea erfahren hatte, dass Tobi seinen Penis in eine andere gehalten und damit unter seinen Freunden noch geprahlt hat wie ein Teenager, war es für mich gelaufen. Ich wollte Tobi nicht mehr in meiner Nähe. Woher Bea das wusste? Scheinbar gab es bei Tobis ach so tollen Freunden irgendwo eine undichte Stelle. Dieser hat es einem anderen weitererzählt, derjenige wieder jemandem und irgendwann gelangte es zu Bea. Sie hatte dieses Geheimnis schon seit Längerem mit sich rumgetragen, und wusste nicht, ob sie es mir überhaupt hätte sagen sollen. Wenn ich es nicht von ihr erfahren hätte, dann von jemand anderem. Irgendwann. Es war nur eine Frage der Zeit. Tobi war viel zu sehr ein bunter Hund in der Gegend, als dass es ein Geheimnis bleiben konnte. Und obwohl er wusste, dass man über ihn und seine wunderbar männliche Aktion sprechen, tratschen, sich die Mäuler zerreißen würde, konnte er selbst nicht die Klappe halten. Dachte Tobi wirklich, dass es irgendwann nicht doch herauskommen würde?

Die Tür knallte ins Schloss, und sie war fort. Einfach weg. Ich stand in meiner Wohnung, und meine große Liebe hatte mir alles, einschließlich den Tod, an den Hals gewünscht und war verschwunden. Ich musste mich setzen und nachdenken. War das nur ein Albtraum? Würde ich gleich aufwachen und Carola im Bett neben mir liegen sehen? Nein, dies geschah nicht. Vielmehr trieb es mir die Tränen in die Augen. Was war das nur für eine Zeit, in der alles in meinem Leben zu zerbrechen schien? Was ich anpackte, ging schief. Ich konnte das alles nicht mehr ertragen. Es musste sich etwas ändern.

Kreisligalegende

Kapitel 13

Interimstrainer

Kreisligafußball ist, wenn eigentlich jeder die Mannschaft als neuer Trainer übernehmen könnte.

TITUS
VERLAG

Pommes saß vor mir, aber in Gedanken war ich an einem völlig anderen Ort. Wir saßen in seiner Küche - ich war woanders.

»Wir müssen die Jungs davon überzeugen«, sagte er und deutete auf seine Stirn. »Es muss denen einfach ins Hirn gehen, dass Willi das so nicht gewollt hätte. Wenn wir so mir nichts, dir nichts absteigen, dann setzt sich das in den Köpfen der Leute fest. Dann ist der TuS Germersbach ein Verein von Feiglingen, Losern und Taugenichtsen, die bei dem ersten Rückschlag einfach aufgeben. Dann haben wir für die nächsten Jahre unser Image weg. Tobi, ... hörst du zu?«

Erst jetzt kam ich wieder in die Realität zurück und erinnert mich an die letzten Worte, die Pommes' Mund verlassen hatten »Hä? Was? ... Ja, wir dürfen nicht aufgeben.«

Pommes stockte für einen Atemzug, sprach dann aber weiter. »Es wird zwar echt schwierig, aber wenn wir trainieren und uns zusammenreißen, dann könnten wir es bis zur Relegation packen. Ich habe mir die Paarungen noch mal angesehen. Unser Restprogramm für die Saison, sieht gar nicht mal so übel ...«, Pommes war nicht überzeugt davon, dass ich ihm folgen konnte, »sach mal, Tobi, hörst du mir eigentlich zu?«

»Was? Ja, klar! Die Paarungen sehen gut aus.«

Mit einem durchdringenden Blick löcherte mich mein Freund mir gegenüber und schüttelte ungläubig mit dem Kopf. »Du hörst nicht wirklich zu. Was ist denn los, Tobi?«

Vormachen wollte ich Pommes nichts. Konnte ich auch gar nicht. »Carola«, sagte ich nur.

Pommes schnaubte. »Was ist mit ihr? Ärger?«

»Weg.«

»Wie, weg?« Er konnte es gar nicht fassen, und ich merkte ihm seine Überraschung an.

»Weg.« Ich sah Pommes das erste Mal wirklich an. »Sie hat mich verlassen.«

Pommes fiel zurück in die Lehne seines Stuhls. »Fuck! Echt? Wann denn?«

»Vor zwei Tagen.«

Er legte seine Hand auf meine Schulter. »Warum sagst du denn nichts, Junge?«

»Schon gut. Ist ja mein Fehler.« Ich erzählte Pommes, was damals in der Nachtschicht passiert war. Er erfuhr von mir alles. Die ganze Wahrheit.

»Kacke, Mann. Warum machst du nur so einen Scheiß? Völlig überflüssig, sowas den Jungs zu erzählen. Und wer hat es ihr gesteckt?«

»Das weiß ich nicht. Irgendeine Freundin weiß es sicher von einer weiteren Freundin, und die weiß es von einem von uns. Einer aus dem Team muss es weitergetratscht haben.«

Mein Kumpel begriff. »Verdammt, Mann.«

Da machte sich die Türklingel von Pommes' Wohnung bemerkbar. »Das wird er sein«, sagte er.

Wir warteten auf Hardy, hatten uns mit ihm hier verabredet. Mit ihm wollten wir besprechen, welchen Plan wir für den Rest der Saison verfolgen wollten. Mit der Mannschaft musste etwas passieren. Kurze Zeit später saß er an unserem Tisch. »Alles okay bei euch?«, fragte er. »Ihr wirkt so bedrückt.«

Kaum erkennbar schüttelte ich den Kopf, als Pommes zu mir rüber sah. Ich wollte mit unserem Präsidenten nicht meine privaten Probleme durchackern. Falscher Ort, falsche Zeit.

»Ist ja auch kein leichtes Thema«, erklärte ich und verwies damit auf die Problematik im Verein.

Handy hakte nicht weiter nach. »Äh, richtig, richtig. Das wollte ich ja auch mit euch angehen. Ich habe einen Vorschlag zu machen.«

»Ja, wir wollten auch mit dir besprechen, mit welcher Strategie wir die Jungs wieder zusammenholen«, meinte Pommes.

»Genau, äh, genau, ... das wollte ich auch mit euch bereden«, brummte Hardy, aber da war scheinbar noch mehr. Er druckste herum. »Ich … äh … ich wollte euch fragen ... beziehungsweise wollte ich euch erklären, wie die Trainersituation momentan aussieht.«

Schnell war ich im Thema. Ich musste mich zusammenreißen, Carola für einen Moment vergessen, denn Hardy gingen meine Probleme nichts an.

»Ich habe mit zirka ...«, Hardy überlegte kurz, »... neun oder zehn möglichen Kandidaten für Willis Nachfolge gesprochen. Bei jedem Einzelnen führte es darauf hinaus, dass sie fragten: Wer soll eigentlich trainiert werden? Es wäre ja kaum eine vernünftige Mannschaft anwesend. Und, ihr könnt es euch denken, eine Antwort darauf hatte ich nicht wirklich.«

»Kann ich mir vorstellen«, pflichtete Pommes bei.

Ich nickte nur.

»In dem Zuge hatte ich auch mit drei, vier ehemaligen Spielern gesprochen ... Porno, Eros, Leidlinger, Loko, ... alle, die uns verlassen hatten. Alle fragten: Wenn Sie zurückkommen, wer soll die Mannschaft denn trainieren? Es ist ein Teufelskreis. Ich wusste weder ein noch aus.«

»Mist.« Pommes stand auf, holte uns Bier aus dem Kühlschrank. »Und was willst du jetzt tun?«

Hardy schwieg.

Ich hakte nach. »Du musst doch eine Alternative haben.«

Hardy schwieg weiterhin.

»Es muss doch eine Möglichkeit geben«, warf Pommes ein, öffnete die Flaschen und reichte sie uns.

Hardy zuckte mit den Schultern.

Ich sah ihn enttäuscht an. »Hardy, das gibt's doch gar nicht.«

Wir stießen miteinander an, und als wir alle einen Schluck genommen hatten, kam er mit der Sprache raus. »Eine Idee hätte ich da schon …«

Pommes und ich waren gespannt und rückten gedanklich näher an Hardy heran.

»Tobi, willst du Trainer sein?«

Das traf mich wie aus heiterem Himmel. Ich? Ich sollte die Mannschaft trainieren? Davon hatte ich doch gar keine Ahnung. Sprüche klopfen und auf dem Platz die Jungs antreiben, damit ein Spiel nicht verloren gegeben wurde, das konnte ich. Aber von Taktik, Spielstrategie, Trainingsmethoden und Psychologie hatte ich doch keinen blassen Schimmer. »Also, Hardy, ich fühle mich ja geschmeichelt, aber ich kann nicht ...«

»Na, na, na, warte mal, ehe du mir absagst. Denk mal drüber nach. Du kennst den Verein, wie kaum ein zweiter. Die Spieler vertrauen dir. Sie gehen mit dir, wenn du sagst, das Feuer wäre gar nicht so heiß. Du bist der Einzige, der fähig ist, sie alle wieder ins Boot zu holen, wenn es klar ist, dass du Spielertrainer bist und sozusagen Interimstrainer. Über nächste Saison reden wir gar nicht. Es geht nur darum, diese Saison zu bewältigen.«

»Spielertrainer? Ich?« Ich hatte das Gefühl, dass Hardy sich da in eine fixe Idee verrannt hatte. Ein Spielertrainer zu sein, war zu keiner Zeit eine Option für mich. Nicht mal im Stillen dachte ich daran. Weder vor Willi Brehm noch jetzt. Ein solcher Posten war für einen Verein doch eigentlich immer eine Notlösung. Wenn ein Club kein Geld hatte oder keinen Mann aus dem Ort der ehrenhalber die Mannschaft führte, holte man sich einen Spielertrainer. Vereine mit Kohle besorgten sich richtige Trainer, die nicht auch noch damit beschäftigt waren, sich selbst fithalten zu müssen. Als Spielertrainer muss man immer vorne weg laufen, immer Vorbild sein. Wenn man sich als Spielertrainer mal verhielt wie ein normaler Kicker, mit samstags in der Disco die Lichter ausschießen, stellte man sich automatisch aufs Abstellgleis. Spielertrainer zu sein, war schlimmer als Kapitän zu sein. Immer im Fokus, dennoch in Aktion, wehe, wenn einem mal auf dem Platz die Nerven durchgingen.

In der Schule war ich mal Klassensprecher. Es musste in der fünften oder sechsten Klasse gewesen sein. Allerdings war ich es nur für einen Tag. Sie hatten den größten Rabauken zu ihrem Sprecher gemacht, den Bock zum Gärtner. Ich hatte an diesem Tag nur Ärger bekommen, den ich als normaler Schüler niemals gehabt hätte. Plötzlich war alles, was ich tat, wichtig. Jeder noch so kleine Streich wurde von meinen Mitschülern gepetzt. »Der Tobi ist doch Klassensprecher, da kann er sich doch sowas nicht leisten«, hieß es.

Dabei hatte ich mir das nicht ausgesucht. Ich wurde von einer Klassenkameradin vorgeschlagen, die den Draufgänger, der ich damals war, scheinbar total süß fand. Leider hab ich im falschen Moment genickt und war ab diesem Zeitpunkt der Arsch der Klasse. Zielscheibe für jeden Weichling, der mich zuvor schon nicht gemocht hatte und nun eine Angriffsfläche erspähte. Und jetzt sollte ich Spielertrainer werden? Das wäre so, als hätten sie mich in der fünften Klasse zum Schülerlehrer gemacht.

Ich sah Hardy an und war mir sicher, dass diese Idee vollkommen Banane sei. Ich wusste doch gar nicht, wo ich anfangen sollte. Klar, ich spiele seit einer Million Jahre selbst Fußball, kam dienstags und donnerstags auf den Sportplatz, und die immer gleiche Prozedur lief ab: 5 gegen 2, kurz warmlaufen, dehnen, ein paar vom Trainer vorgegebene Übungen, die unser Spielvermögen aufwerten sollten, Abschlusskick, Lattenschießen um einen Schoppen, duschen, fertig. Aber nun sollte der große Unterschied sein, dass ich mich um die Übungen, die unser Spiel aufwerten sollten, kümmern musste. Nein, das konnte nicht gutgehen.

Hardy sah mich an und fragte: »Tobi, machst du es? Nur bis zum Ende der Saison.«

Ich nickte und dachte: ›Verdammte Scheiße!‹

Als ich davon gehört hatte, dass Tobi Trainer des Team sein sollte, war mein erster Gedanke: »Hoffentlich verrennt er sich nicht in etwas.« Mir war klar, dass Tobi das konnte, das traute ich ihm durchaus zu. Aber würde er auch die Spieler mitreißen können? Ein emotionaler Mensch wie Tobi würde eventuell entmutigt werden, wenn seine Mitstreiter nicht so wollten, wie er sich das vorgestellt hatte. Tobi war ein guter Mensch und wollte in jedem Moment nur das Beste für sein Umfeld. Jedoch machte er sich dadurch auch angreifbar und schwächer, als er hätte sein müssen. Ich wünschte Tobi, auch wenn ich nicht bei ihm war, dass er damit keinen Fehler begangen hatte. Ein weiterer Fehler würde ihn emotional in ein noch tieferes Loch ziehen. Viel weiter runter konnte es bei ihm nicht mehr gehen. In Gedanken war ich bei ihm, doch konnte ich ihm nicht zur Seite stehen.

Bereits am nächsten Tag wurden von Hardy und Pommes die Spieler kontaktiert. Jeder einzelne wurde darüber informiert, dass ich nun der Trainer sei. Bei jedem löste es Erstaunen aus, aber die positive Überraschung überwog. Offenbar wurde es freudig aufgenommen. Es kamen keinerlei Misstöne. Jedenfalls kamen keine bis zu mir durch.

»Wir wollen alles versuchen, um den Klassenerhalt zu packen«, sagte Pommes zu Porno. »Gemeinsam können wir es schaffen. Bist du dabei?«

»Seid ihr sicher, dass Tobi das schafft? Er hat ja keine Erfahrung auf diesem Gebiet.«

Pommes war zuversichtlich. »Ich bin sicher, dass er die Jungs wenigstens mitreißen kann. Er ist zwar nicht die beste Trainerlösung, aber ein guter Motivationsschub kann er sein. Schlechter kann es nicht werden.«

Auch wenn Porno im ersten Moment für einen Wimpernschlag skeptisch war, musste er Pommes recht geben. »Ich bin dabei!«

Ähnlich reagierten alle anderen. Plötzlich war neuer Zug da. Sie hatten etwas, woran sie sich orientieren konnten. Ich war ihr neues Leitbild. Für mich war es dieser Tage eine willkommene Abwechslung. Ich kam auf andere Gedanken, dachte nicht unentwegt an die Scheiße mit Carola. Endlich hatte ich wieder etwas, auf das ich mich fokussieren konnte. Die Aufgabe richtete mich wieder auf, und die Jungs richteten sich nach mir.

Schon eine Woche später stand ich auf unserem Sportplatz und 18 Spieler standen erwartungsvoll vor mir. Jeder wusste, weswegen die erste Trainingseinheit angesetzt und die Winterpause vorzeitig beendet wurde. Alle kannten meine neue Aufgabe und waren gespannt, wie ich die Sache angehen würde, was ich sagen würde.

»Hallo, Jungs«, war das Erste, was ich von mir gab, und ich gebe zu, es war nicht gerade ein besonders eloquenter Einstieg. Ich hatte mir lange überlegt, was ich wohl zum Antritt meiner Tätigkeit zum Team sagen würde. In Gedanken hatte ich die größten Reden geschwungen, und jetzt fiel mir nichts weiter ein als »Hallo, Jungs!« Ich dachte kurz nach und versuchte, mich daran zu erinnern, was denn ein möglicher Plan für ein paar lässige Worte gewesen wäre, ich hatte jedoch nahezu ein Blackout. »Äh, nun, ihr … ihr kennt mich ja.« Ich wusste einfach nicht, was die Männer vor mir hören wollten, von mir erwarteten. Das machte mich nervös. Die ersten tippelten bereits gelangweilt von einem Bein aufs andere. Jedenfalls kam es mir so vor. Ich hatte niemals die Gelegenheit gehabt zu üben, vor Menschen zu sprechen. Das war ich nicht gewohnt, und jetzt spürte ich unendlichen Druck. Als müsste ich vor 80.000 Zuschauern einen Elfmeter beim Stand von 0:1 in der 92. Minute verwandeln – und alle waren gegen mich. Wenn ich mit den Jungs unterwegs war und wir einen im Tee hatten, dann saß die Zunge locker, dann konnte ich reden und die dollsten Geschichten erzählen, aber nun starrten sie mich an, und der rote fleischige Lappen da in meinem Mund fühlte sich an wie festgewachsen. »Wir wissen …«, nun kratzte es auch noch in meinem Hals, sodass ich husten musste. »… wir wissen …«, ich musste mich räuspern. »Also, was ich sagen wollte …« Es war eine Katastrophe, denn ich sah in die Gesichter der Jungs, die bereits ungeduldig blickten.

›Reiß dich zusammen, Mann!‹, dachte ich. ›Reiß dich zusammen. Das sind die gleichen Jungs wie immer.‹

Ich holte tief Luft und wollte endlich damit beginnen, einen geraden Satz herauszubringen. »Wir wissen alle, wie wir derzeit in der Tabelle stehen. Es sieht nicht rosig aus.« Endlich ein einigermaßen gerader Satz.

»Ganz und gar nicht«, meinte Porno und half mir mit seinem Kommentar nicht weiter.

»Ja, und dagegen müssen wir etwas tun.« Ich dachte an Willi. Was hätte er jetzt wohl gesagt? »Wenn Willi bei uns wäre, würden wir nicht so schlecht stehen. Aber, Jungs, da frag ich euch doch, was hat sich denn verändert? Willi hat niemals auf dem Platz gestanden. Er hat keine Tore geschossen. Er ist nicht gerannt. Willi hat uns nur motiviert.«

Ein Raunen ging durch die Reihen. Jetzt hatte ich das Gefühl, einen Ansatz für meine Rede gefunden zu haben.

»Willi Brehm ist tot. Das ist tragisch, traurig, und wir alle trauern sicherlich noch diesem tollen Trainer und Menschen nach. Aber ganz ehrlich: Um die Klasse halten zu können, werden wir Willi nicht brauchen. Was wir benötigen, ist Folgendes: Wir sollten uns auf uns selbst besinnen! Teamgeist. Ehrgeiz.« Ich erinnerte mich an all die Sprüche der Trainer, die mir ehemals diese Begriffe um die Ohren gehauen hatten. Die ich früher nicht mehr hören konnte, die mich total genervt haben. Aber jetzt packte ich sie wieder aus. War doch etwas Wahres dran, oder wusste ich mir nicht anders zu helfen? »Wenn wir ein Spiel bestreiten und zusammenhalten, den Kopf hochnehmen, die Brust rausstrecken, schon mit der entsprechenden Körpersprache auf den Platz gehen, ob daheim oder auswärts, dann wird jeder Gegner vor uns Schiss haben. Wir haben nichts mehr zu verlieren. Wir sind schon am Ende. Wir müssen so bissig werden wie junge, chinesische Hunde, die kein Zuhause haben und herumstreunen.« Ich musste innerlich selbst darüber grinsen, was ich da für alte Kamellen hervorholte. »Wer kann uns denn noch was wollen? Wir stehen nicht nur am Abgrund für die anderen Teams, wir sind bereits im freien Fall und kurz vor dem Aufprall. Wer gibt denn noch nur einen Pfifferling auf uns? Keiner. Wir sind für die der letzte Husten. Aber genau das ist unsere Chance.«

Ich bemerkte, wie die Köpfe der Männer plötzlich alle Aufmerksam nach oben gingen und sie wieder ruhig dastanden, um mir folgen zu können. Scheinbar löste ich etwas in meinen Spielern aus.

»Unsere Chance ist es, nun den unsichtbaren Fallschirm hervorzukramen und uns an der Felswand der Klippe festzukrallen. So festkrallen, dass es nicht mehr weiter nach unten geht. Den Aufprall werden wir dann nicht mehr erleben. Mit jedem Spiel könnten wir ein Stückchen weiter diese Felswand heraufkrakseln und am Ende vielleicht wieder oben am Abgrund stehen. Versteht ihr? Am Abgrund zu stehen ist ja nicht schlimm. Es ist zwar gefährlich, aber runter fällt man dadurch noch lange nicht.«

»Dann müssen wir aber alle an einem Strang ziehen«, warf Spriddi ein.

»Ja, an einem Strang ziehen. Nicht aufgeben. Kein Spiel verloren geben, keinen verdammten Ball verloren geben. Wir müssen beißen, beißen wie junge, chinesische Hunde. Was haben die? Nix mehr! Deswegen beißen die um sich, um wenigstens sich selbst zu retten. Auch wenn die nicht an die Köpfe ihrer Gegner drankommen, werden sie ihnen die Waden zerfleischen. Unsere Möglichkeiten müssen wir ausschöpfen und es allen zeigen.«

»Willi würde es so wollen!«, sagte Pommes.

»Ja, Willi, ich, ihr! Wir alle! Wir müssen wieder zu dem Team werden, das wir zu Anfang der Saison waren. Als wir gesiegt haben, Jungs, als wir Spaß miteinander hatten, da haben wir die Gegner ein Spiel nach dem anderen an die Wand genagelt. Könnt ihr euch erinnern? Das ist noch gar nicht so lange her. Das wart ihr doch, oder? Das waren wir alle. Gemeinsam. Willi würde es nicht wollen, dass wir in uns selbst versinken. Aufstehen und nach vorne schauen. Zu Beginn der Saison haben wir ein Spiel nach dem anderen gewonnen. Warum sollten wir das nicht noch einmal hinbekommen? Nur weil ein alter Mann namens Willi Brehm nicht mehr da ist? Nein! Das schaffen wir auch so. Das schaffen wir für ihn, für uns!«

»Das schaffen wir!«, rief Porno plötzlich.

»Ja, das schaffen wir«, stimmte Spriddi mit ein, und einer nach dem anderen wiederholte diesen Satz. Sie klatschten in die Hände und feuerten sich an. Es war, als stünde ein Finale vor uns. Es fühlte sich an, als wären wir kurz vor der Verlängerung im Weltmeisterschaftsendspiel und mussten noch irgendwie 30 lange Minuten durchhalten, um uns ins Elfmeterschießen zu schleppen. Plötzlich war jeder heiß auf Fußball. Dabei war es eigentlich nur das erste Training nach der Winterpause.

Eigentlich taten wir in der heutigen Trainingseinheit nichts Besonderes. Aber alles fühlte sich besonders an. Uns hatte der Ehrgeiz gepackt. Keine Übung musste zweimal erklärt werden. Körperlich und geistig waren alle voll da. Keiner machte blöde Witze. Auch wenn ich es nicht verlangt hatte, war die Ernsthaftigkeit im Training überaus ausgeprägt. Vollkommen ungewohnt zwar, weil sonst immer ein oder zwei den Kasper machten, aber heute wollte niemand negativ herausstechen. Beim Torschusstraining hatten die Spieler Torben die Hände heißgeschossen. Der arme Kerl bekam mächtig etwas um die Ohren. Und beim Abschlussspiel musste ich hie und da auch mal etwas Ruhe reinbringen. Porno und Diver waren an der einen oder anderen Stelle ein wenig übermotiviert.

Insgesamt war es für unser Konzept jedoch ein toller Einstieg. Ich hatte das Gefühl, das es nun aufwärts gehen konnte und war als Letzter auf dem Weg in die Kabine, als Spriddi mit abfing.

»Hey, Coach«, sagte er und bat mich mit einem Handzeichen auf ein kurzes Gespräch. Es war eigenartig, wenn gerade Spriddi mich so nannte.

»Was ist los? Alles gut gewesen heute?«

Er sah sich um. »Ja, das Training war spitze. Ich fühlte mich fast wie in der Bezirksliga.« Wir mussten beide lachen, aber da verfinsterte sich die Miene Spriddis wieder. »Ich muss dir was sagen, Tobi.«

Ich ahnte, dass nun nichts Gutes kommen konnte und nickte ihm nur erwartungsvoll zu.

»Ich …«, er druckste merklich herum, suchte nach den passenden Worten, »… ich habe Carola gesehen.«

Carola. Ich hatte sie für ein paar Stunden verdrängen können. Was war mit Carola? Ich brachte kein Wort heraus, ließ Spriddi weiterreden.

»Nun, sie war in der Stadt unterwegs.«

Ja, und? Was war daran nur so schlimm? Dann war sie eben shoppen oder mit Freundinnen in einer Bar. Was war nur mit Spriddi?

Er sah mich verschämt an, brachte die Worte kaum heraus. »Valentin. Ich habe sie mit Valentin gesehen.«

In dem Moment, als Spriddi vor uns stand und nur für eine Sekunde auf unseren Tisch niedersah, pochte in mir mein Herz unnatürlich wild. Ich wusste, mit wessen Augen er mich und Valentin gerade betrachtete. Es war klar, dass Tobi bei nächster Gelegenheit davon erfahren würde. Zwar war mir noch nicht im Entferntesten bewusst, dass ich da mit dem für Tobi absoluten Antichristen an einem Tisch saß, es war viel eher die Tatsache, dass er ein Mann war und wir offensichtlich ein Date hatten.

»Mit … mit wem?« Ich musste meinen Klos im Hals herunterschlucken. Ich hatte mich bestimmt verhört.

»Es tut mir leid, Tobi. Es war ganz klar. Im ›Costa's‹, gestern. Es war mit Sicherheit ein Date, oder sowas.«

Gestern? Das waren doch kaum zwei Wochen nach unserer Trennung. Wie konnte sie sich da nur so schnell mit einem Kerl treffen? Und dann auch noch mit diesem Flachwichser?

Spriddi hob die Hand und klopfte mir gegen den Oberarm. »Komm, wir gehen duschen.«

Ja, was sollte ich jetzt auch anderes tun?

Es war das erste Date mit Valentin. Dabei war es für mich nicht mehr als eine Ablenkung. Natürlich hing ich noch an Tobi und dachte daran, wie gern ich mit ihm zusammen gewesen wäre, aber die Geschichte aus der Nachtschicht konnte ich ihm nicht verzeihen. Ich hatte ihm vertraut, und dieses Vertrauen hatte er in meinen Augen missbraucht. Alle Beteuerungen von ihm, dass die Geschichte ja nicht so gewesen sei, wie ich sie erfahren hatte, glaubte ich ihm nicht. Das Date, das frühe Date mit einem anderen Mann, war für mich eine Art Retourkutsche, auch wenn ich keineswegs so schnell etwas mit Valentin anfangen wollte. Er gefiel mir, ja, denn er sah schon recht schnuckelig aus, und es war mir durchaus bewusst, dass Valentin vom ersten Tag mehr von mir wollte. Ich war mir jedoch nicht sicher, ob er ein Hallodri war oder doch ein vertrauenswürdiger Mann. Das musste ich erst herausfinden.

Kreisligalegende

Kapitel 14

Teamgeist

Kreisligafußball ist, wenn sich die Ansprachen des Trainers vor den Spielen irgendwie alle gleich anhören.

TITUS
VERLAG

Seit Wochen waren wir schon in unserer Trainingsphase, um die Aufholjagd in der Rückrunde anzugehen. Ich hatte es mit Hardy und Pommes geschafft, dass jeder Spieler in unseren Reihen nun wieder zur Verfügung stand. Keiner hatte mich im Stich gelassen. Wir waren eine Kreisligatruppe und hatten eine Bundesligamoral. In den meisten hochklassigen Clubs war es andersherum.

Wir gaben dreimal in der Woche Gas. Keiner murrte, wenn wir zum Waldlauf ansetzten und, was das Bemerkenswerteste war: Nicht einer hatte in dieser Zeit seine Laufschuhe vergessen. Laufschuhe sind in der Kreisliga für gewöhnlich ein Mysterium. Diese kleinen Mistdinger winden sich scheinbar ständig selbst aus den Sporttaschen und sind zum Training mit Laufeinheit ganz plötzlich verschwunden. Immer dasselbe mit diesen Laufschuhen.

Bei uns war es diesmal anders. Die Spieler waren alle bei der Sache, und keiner musste betonen, für wen wir uns anstrengten, quälten und abmühten. Wir taten es nicht für den Verein, nicht für Willi Brehm oder weil ich es so wollte. Die Spieler taten es für sich selbst. Sie wollten nicht zum Gespött der Kreisliga werden. Sie wollten in unserer Region wieder etwas darstellen. Am Anfang der Saison hatten sie sich einen guten Ruf aufgebaut – es war zwar nur eine schwache Knospe, aber der Ruf war gut. Diese Blüte sollte nun endlich zur Entfaltung kommen.

»Glaubst du, dass wir es wirklich schaffen?«, fragte mich während einer Laufeinheit unser Kapitän Diver.

Was hätte ich da sagen sollen? Die Aufgabe war möglich, aber kein Außenstehender der Mannschaft glaubte noch daran. »Ich denke von Spiel zu Spiel. Am Sonntag haben wir unsere erste Partie. Da werden wir dann sehen, wo wir stehen.«

Auf dieses Match waren alle heiß wie ein Lebenslänglicher im Knast auf irgendeine Frau. Wir wollten die Männer aus Freudenheim wegballern, zunichtemachen, mit einem

Schützenfest nach Hause schicken. Niemand zweifelte daran, denn Freudenheim stand im Mittelfeld der Tabelle, und wir waren so geil auf dieses Match, dass wir uns ein Finale in der Champions-League zugetraut hätten. Eine durchaus machbare Aufgabe, so der allgemeine Tenor im Team.

»Wir müssen da von Anfang an wach sein«, wusste Pommes. »Wir sind unter Garantie fitter als die, aber die sind auch nicht total doof. Die haben Habibi im Mittelfeld.«

Dieser Habibi war ebenfalls eine Legende in der Kreisliga. Ein Mini-Messi, der angeblich ein oder zwei Klassen hätte höher spielen können – so erzählte man sich jedenfalls. Allerdings gab es in fast jedem Team immer einen, der angeblich höher spielen hätte könnte oder der früher mal höher gespielt hatte. Am Ball konnte Habibi für Kreisligaverhältnisse fast alles. Ihn galt es zu stoppen, das wäre die halbe Miete. Darauf mussten wir gefasst sein.

Der Sonntag kam schneller, als mir lieb war. Ich war seit langer Zeit voll bei der Sache, die mich glücklicherweise nicht an Carola denken ließ. Wenn ich sie mir nur mit V vorstellte, kam mir die Galle hoch. Ich war mir sicher, dass ich den Typen einfach umnieten würde, wenn er mir zufällig begegnete. Jedoch wollte ich meine Wut auf ihn und darauf, dass Carola mir das antat, nicht die Überhand gewinnen lassen. Ich hatte beim TuS Germersbach eine Aufgabe zu erfüllen, und an diesem Sonntag mussten wir erfolgreich den ersten Schritt machen.

Nach dem Abschlusstraining donnerstags vor dem Spiel setzten wir uns zur Mannschaftssitzung zusammen. Die Spieler saßen verteilt im Vereinsheim mir zugewandt, und weitere interessierte Mitglieder gesellten sich dazu. Die Stimmung war ernst, aber gelöst. Wir waren voller Selbstvertrauen, wussten jedoch, dass wir nichts auf die leichte Schulter nehmen durften.

»Jungs, die nächsten Tage sind entscheidend«, begann ich. »Wir haben hart gearbeitet, um so fit zu sein. Es gibt keinen in dem Raum, der vor dieser Saison jemals fitter war.« Ich wählte bewusst diese Formulierung, da ich mich nicht über den Trainingserfolg von Willi Brehm stellen wollte. »Dennoch ist es wichtig, was wir am Wochenende tun. Ich kann es von niemandem verlangen, aber überdenkt bitte, wenn ihr im Pub oder in der Nachtschicht sein, ob es wirklich zwölf Bier sein müssen oder ob vielleicht drei bis vier reichen. Wer vier Bier trinkt, ist auch gut gelaunt dabei und hat am nächsten Tag aber alle Kraft für unseren Sport. Ihr seid eures Glückes eigener Schmied.«

Die Männer murmelten unter sich, bevor ich meine Schlusssätze formulierte.

»Vielen Dank noch mal an alle, die wiedergekommen sind, an alle, die so mitgezogen haben und an jeden, jeden, der mitgeholfen hat, eine solche Truppe zu leiten. Danke sehr!«

Meine Spieler begannen zustimmend auf die Tischplatten des Vereinsheims zu klopfen. Das war so üblich bei Mannschaftssitzungen. Im Gegensatz zur Kabine oder auf dem Sportplatz, wo man applaudierte, wenn man dem Redner beipflichtete, schlug man hier die Knöchel der Hand auf die Tische. Das war unglaublich weltmännisch.

»Aufstellung mache ich am Sonntag. Ich sehe euch alle um 13 Uhr.«

Gerne hätte ich Tobi damals gesehen. Bei seiner ersten Rede vor seinem Team in dem Vereinsheim, wo er von klein auf herumsprang. Es muss für ihn ein tolles Gefühl gewesen sein, genau dort agieren zu dürfen, so akzeptiert zu werden. Man konnte Tobi vieles nachsagen, aber er war eine treue Seele. Er war mit ganzem Herzen ein Germersbacher und würde wohl niemals die Fronten wechseln. Tobi als amtlicher Anführer des Teams in seinem Verein war die beste Wahl, die Hardy zu diesem Zeitpunkt hätte treffen können. Wie schön wäre es gewesen, wenn ich Tobi dabei hätte begleiten können. Aber in diesem Moment war ich bei jemand anderem …

Meine Nervosität stieg mit jedem Tag und schließlich mit jeder Stunde. Es sollte das erste Punktspiel sein, das ich als

Trainer bestritt. Irgendwie eigenartig. Mir wurde bewusst, dass alle auf mich hörten. Ich gab den Ton an. Das hatte ich zuvor zwar auch immer gewollt und hab auf dem Platz den Affen gemacht, als wäre es schon lange so. Aber nun war es ganz offiziell soweit.

Mein Team war Punkt 13 Uhr vollzählig. Es gab keinen Nachzügler oder einen Anruf, dass einer ausfallen würde. Üblicherweise gab es dies immer. Irgendeine Nase war zu spät oder rief an, dass er verpennt hatte, oder war in der vorhergehenden Nacht verschollen – meist in den tiefen Katakomben der schier endlosen und eigentlich gar nicht existenten Gänge in der Nachtschicht. Doch heute blieb alles ruhig. Es ist noch nicht mal einer mit einer Fahne aufgetaucht. Sie hatten abends alle nach dem ersten oder zweiten Bierchen den Heimweg angetreten oder waren danach wenigstens auf Cola umgestiegen. Ich war mächtig stolz auf meine Jungs.

Für einen winzigen Moment vermisste ich den Fanta-Kuchen Carolas, schob den Gedanken aber sogleich weit weg, denn meine privaten Wehwehchen sollten nun kein Hemmschuh für das Team sein.

Natürlich wusste ich, was für ein Tag es war. Mittlerweile pfiffen nicht nur die Spatzen von den Dächern, dass der erste Spieltag mit Tobi als Spielertrainer anstand. Immer wieder wurde ich darauf angesprochen, dass ich Tobi Glückwünsche ausrichten sollte. Den Leuten war offenbar nicht klar, dass wir kein Paar mehr waren. Anfangs machte ich noch den Fehler, die Leute über die momentane Situation aufzuklären, ließ es aber schnell sein. Jeder setzte plötzlich ein mitleidiges Gesicht auf und bedauerte es so sehr, da wir doch angeblich so ein hübsches Paar gewesen waren. Das könne man sich ja gar nicht vorstellen, dass wir nicht mehr zusammen waren und all den Mist. Bla, bla, bla! Ich hatte es nicht ertragen können und nickte nur noch, wenn mir jemand mitgab: »Grüße an unseren neuen Spielertrainer! Das wird schon, da bin ich fest von überzeugt. Hab nur Gutes gehört!« Ich lächelte, nickte und ging anschließend weiter. Tief in mir vermisste ich sogar das Ritual, meinen Fanta-Kuchen am Wochenende vor dem Heimspiel zu backen. Ich vermisste es und hasste mich gleichzeitig für dieses Gefühl. Was sollte das? Ich war ja nicht schuld daran, dass wir nicht mehr zusammen waren.

Schon beim Warmlaufen wurden wir zum Hingucker. Jeder hatte sein Aufwärmshirt dabei, das der Verein vor Jahren schon gesponsert hatte. Bis zum heutigen Tag war dieses dunkelblaue Shirt nur sporadisch eingesetzt worden und niemals von allen Spielern gleichzeitig. Anders gesagt: Die Anschaffung dieses Shirts war bis heute für die Füße gewesen. Zudem liefen wir uns parallel warm und führten jede Übung im Gleichklang aus. Diver führte uns. Er war der Kapitän und sagte jede Übung deutlich hörbar an. Das verschaffte uns bereits den ersten Respekt bei den Gegnern. In der Kreisliga war es mit ganz einfachen Mitteln bereits möglich, Eindruck zu machen. Aufwärmshirts, eine dunkelblaue Spielerwand, die vor dem Spiel quer zum Platz hin und her schwebte, zudem waren wir deutlich mehr als 11 Spieler, jeder mit dem richtigen Schuhwerk, und wir hatten einen Torwart, der sich mit Flanken und Weitschüssen der Spieler warmschießen ließ. Das war alles lange nicht selbstverständlich, aber wir wollten Stärke symbolisieren.

Mit einem Pfiff von mir gingen wir geschlossen in die Kabine. Sobald sich die Tür schloss, begann ich zu reden. »Jungs, nun muss jeder Einzelne zeigen, dass die letzten Wochen nicht umsonst waren. Wir sind bereit. So bereit war ich noch nie in meinem Leben, Jungs.« Ich versuchte, meinen Spielern noch einmal einen Motivationsschub zu geben. Dies war jedoch absolut nicht notwendig. Die Augen meiner Spieler sahen beängstigend aus. Ich sah zu Pommes. Er war im Tunnel wie ein Dutzend Spieler neben ihm. Selbst die Reservespieler nahmen das Match nicht auf die leichte Schulter. Sogar die Reservisten, die mit Sicherheit nicht eingesetzt werden würden, weil wir einfach zu viele waren, hatten die Augen eines Tigers.

›Haben die gestern noch mal schnell einen Rocky-Videoabend gemacht?‹, dachte ich leicht schmunzelnd, sagte aber nichts. Sie waren hochkonzentriert, so fokussiert, dass ich dies beibehalten wollte.

»Wenn wir mit Teamgeist und Willen heute da rausgehen«, rief ich, und ich hoffte, dass mich die Mannschaft in der Nachbarkabine ebenfalls hören mochte, »wer soll uns dann noch aufhalten? Die Freudenheimer mit Sicherheit nicht, Jungs. Jetzt geht da raus, und zeigt, wo der Frosch die Locken hat!«

»Komm! Komm! Komm!«, brüllte das Team, und die Spieler sprangen auf, um den Platz zu stürmen.

Der Schiri war zwar eine übergewichtige Presswurst, der das Rentenalter bestimmt schon erreicht hatte und der sich offenbar in sein Schiedsrichterdress von 1985 heute morgen hatte reinschießen lassen, aber das war uns Einerlei. Schiedsrichter gewannen keine Spiele und tatsächlich verloren hatten wir durch sie nur selten. Es gab zwar immer wieder Kreisligaschiedsrichter, die grottenschlecht waren und so gut wie nichts richtig machten, aber wenigstens machten sie die Fehler auf beiden Seiten, sodass sich jeder auf und um den Platz darüber aufregen konnte. Das machte doch auch ein Stück weit den Sonntag aus. Wenn man sich nicht über den Schiri aufregen konnte, war der Tag des Kreisligaherren doch irgendwie langweilig.

»Kein Ton zum Schiri!«, rief einer. »Der zeigt sofort Gelb.«

Da waren wir uns allerdings einig, wir würden uns nicht durch unkontrolliertes Meckern selbst dezimieren.

Kurz vor Anpfiff bildeten wir in der Nähe des Mittelpunktes einen Kreis und legten uns gegenseitig die Arme auf die Schultern. Wir waren ein Team. Jeder spürte das und sog dieses Gefühl, diese Atmosphäre in sich auf.

Nun folgte unser wunderbar dämlicher Schlachtruf.

Diver rief aus voller Kehle: »Schnitzelbrötchen!«

Und alle anderen folgten ihm lauthals mit: »Dreifünfzig!«

Dieser Spruch machte keinen Sinn. Das machte er noch nie. Das war auch gar nicht der Anspruch an einen Schlachtruf. Er musste nur laut und überzeugend sein. Man wollte sich damit aufputschen, den anderen zeigen, dass das Schlottern in deren Knien berechtigt war.

Früher haben wir Schlachtrufe gehabt, die waren eventuell ein klein wenig ausgeklügelter, aber sei es drum.

»Wir sind ein …«, schrie der Kapitän damals.

»Team«, rief die Mannschaft.

»Wir sind ein …«, wiederholte der Kapitän.

»Team«, rief die Mannschaft noch einmal.

»Wir sind ein …«, noch mal der Kapitän, der zugegebenermaßen bei diesem Spruch nicht so wahnsinnig viel zu tun hatte.

»Siegerteam!«, rief dann zum Abschluss die Mannschaft.

Naja, der Schlachtruf war zwar auch nur okay, aber einen Schlachtruf brauchte man einfach. Es gehörte eben dazu.

In dem Moment, als der Anpfiff erklang, stürmten wir los. Habibi bekam die Pille und wurde direkt von drei Spielern attackiert. Damit hatten unsere Gegner nicht gerechnet. Wir brannten. Schnell eroberten wir das Leder und spielten uns einen Angriff nach dem anderen heraus. Die ersten fünf Minuten sahen aus wie ein Sturmlauf in der Nachspielzeit. Nach einem Einwurf kam dann wieder Habibi an den Ball, wurde wieder von drei unserer Kicker angegangen, spielte den Ball nun aber geschickt über die Mittelfeldreihe hinaus, gefolgt von einem Pass in die Tiefe eines Freudenheimers, und plötzlich tackerte ein gegnerischer Stürmer allein auf Torben zu. Unser Keeper verkürzte geschickt den Winkel, der Ball wurde an ihm dennoch vorüber gespitzelt, dotzte gegen den Innenposten und blieb plump im Netz liegen. Es stand 0:1. Die Freudenheimer jubelten.

Alles umsonst? Die ganzen Wochen so hart trainiert und jetzt das? Würden wir wieder eine Packung kriegen, obwohl wir so engagiert waren? Waren wir die letzten Pflaumen der Kreisliga?

So dachte keiner von uns. Nicht für einen Moment. Wir holten die Pille ohne zu zögern aus dem Netz. Ich rannte mit dem Ball in der Hand regelrecht zum Mittelpunkt, dann führten wir den Anstoß aus und spielten genauso weiter wie zuvor. Nein, wir stürmten noch viel wutentbrannter. Nicht eine Sekunde ließen wir unseren Gegner verschnaufen, und acht Minuten später bekam Porno den Ball zirka zwölf Meter vorm Tor auf den Schlappen, zog Vollspann ab und drosch das Spielgerät unter die Latte. Der dickliche Torwart der Freudenheimer konnte nur dämlich gucken und alibimäßig den Arm heben. Wir hatten ausgeglichen und zweifelten nicht an unseren Möglichkeiten.

Das Spiel endete 5:1. Freudenheim kam vor unserer Hütte kaum noch zum Zug. Habibi war gar nicht mehr zu sehen. Unser Rückrundenauftakt war mehr als gelungen.

Zur Überraschung aller feierten wir nicht überschwänglich. Ein Kasten Bier war zwar an diesem Abend leer, das war obligatorisch, aber jeder von uns fuhr brav nach Hause. Wir hatten Größeres vor. Dieser eine Sonntag brachte uns nicht besonders weiter.

In den folgenden drei Spielen holten wir uns zwei Siege und ein Unentschieden. Selbst als wir im Anschluss zweimal knapp unterlagen, tat das unserem Selbstbewusstsein keinen Abbruch. Wir holten sogar mehr Punkte, als wir für einen Relegationsplatz benötigten, und standen mit einem Mal als Viertletzter auf einem Nichtabstiegsplatz. Acht Siege und zwei Unentschieden! Das war phänomenal!

Nun mussten wir nur noch ein Spiel beschreiten. Ein Spiel, das uns zu unserem Glück verhelfen sollte. Wir waren alle gut drauf und auf der Höhe unseres Schaffens. Niemand bezweifelte, dass wir dieses Spiel gewinnen konnten. Zwar hatten wir nur einen Punkt vor unserem direkten Konkurrenten in der Tabelle, der Relegationsplatz drohte also, aber

Groß-Dreiern spielte gegen den Spitzenreiter aus Jostbach. Was sollte da schon passieren? Der Drittletzte gegen den Ersten.

Wir sahen sogar davon ab, die Mannschaft aus Groß-Dreiern mit einer Bierspritze bestechen zu wollen. Normalerweise wären an dieser Stelle Angebote gekommen, dass Groß-Dreiern drei oder vier Kästen Bier bekommen würde, wenn sie das Spiel gegen unseren direkten Konkurrenten siegreich gestalten würden. Wir waren uns einfach sicher, dass wir das letzte Spiel gewinnen würden. Da war sowas nicht nötig.

Hardy hatte noch nicht mal versucht, unseren Schiedsrichter zu bestechen, indem er durch die Blume verlauten ließ: »Wenn wir heute gewinnen, gibt es Freibier. Auch für den Schiedsrichter.«

Wir mussten gegen Friedthal ran. Die Orks kamen zu Besuch, das sollte kein leichter Tanz werden, aber Orks sind nur gut mit dem Beil. Geschickt waren die mit dem Ball noch niemals. Wir rechneten uns gute Chancen aus. So gut, dass ich sogar beschloss, das Spiel zunächst von der Trainerbank zu betrachten. Ich dachte, das wäre einer erfolgreichen Rückrunde würdig.

»Wir sind durch, Tobi«, meinte Porno kurz vor dem Spiel zu mir. »Selbst wenn wir verlieren, kommt Groß-Dreiern nicht vorbei. Das schaffen die nie gegen Jostbach.«

Ich pflichtete ihm bei. »Ja, so wird es wohl kommen. Trotzdem würde ich heute gerne gewinnen.«

Da lachte Porno. »Logo, das wird schon ...«, sagte er noch, als plötzlich Spriddi in die Kabine gerast kam.

»Tobi, komm schnell! Pommes und Torben sind zusammengerasselt!«

Zusammengerasselt? Was sollte das bedeuten? »Sind sie verletzt?«

»Sieht so aus.«

Als ich auf den Platz kam, standen die anderen schon um Pommes und Torben herum. Pommes hielt sich den Fuß und Torben das Knie.

»Was ist denn passiert?«, wollte ich wissen.

»Diver hat geflankt, weil Torben sich so warmmachen wollte. Pommes wollte ihn nur leicht stören, da sind sie unglücklich zusammengestoßen und beide umgeknickt«, berichtete Spriddi. »Ich glaube nicht, dass sie spielen können.«

Ich dachte kurz nach und fasste einen Entschluss. »Leidlinger kommt für Pommes und Freddy macht sein erstes Spiel.«

Spriddi sah mich erschrocken an. »Was ist mit dir, Tobi? Warum lässt du Leidlinger spielen? Du musst dich selbst aufstellen.«

Ich blieb dabei. »Leidlinger spielt.«

Spriddi zog die Brauen hoch und war offensichtlich nicht einer Meinung mit mir. Ich war mir jedoch sicher, dass dies so geschehen musste. Leidlinger hatte in den letzten Wochen im Training einen hervorragenden Eindruck hinterlassen. Er konnte Pommes ebenso vertreten, wie ich das hätte tun können.

Kurz vor dem Anpfiff war die Stimmung im Team gut. Wir waren uns sicher, dass wir die Orks aus Friedthal auf unserem eigenen Platz in die ewigen Jagdgründe schießen würden. Außerdem würden die Jostheimer sich nicht lumpen lassen. Das war eine sichere Sache.

Nach zehn Minuten fiel das 1:0. Spriddi tankte sich durch zwei, drei Spieler, legte den Ball butterweich in den Lauf von Diver, der überlupfte den Keeper von Friedthal, der gefühlt 4,83 Meter groß war, und das Bällchen kullerte gemächlich ins Netz. Es lief alles wie am Schnürchen.

Nur acht Minuten später flog ein Ball in Hüfthöhe auf Porno zu, der an der Strafraumgrenze zum Scherenschlag ansetzte. Jeder im Team dachte daran, dass sich Porno gleich die Hüfte auskugeln würde, da niemand eine solche Bewegung von ihm gewohnt war, aber der setzte den Ball mit einem solchen Drall in den Winkel, dass wir zunächst gar nicht jubeln konnten, so überraschend kam das. Porno rannte nach dem Treffer auf mich zu und besprang mich wie ein brunftiger Bock die Ziege. Wir konnten unser Glück kaum fassen. Das Spiel lief perfekt.

Kurz nach der Pause vergaben wir zwar einen Elfmeter, was uns aber nicht davon abhielt weiterhin zu stürmen. In der 65. Minute war es tatsächlich Leidlinger, der nach einer Ecke den Ball mit dem Kopf versenkte. Die Spieler um ihn herum waren zwar zirka 79 Zentimeter größer und sahen aus wie Klonkrieger, so ähnlich waren sie sich, aber Leidlinger wuchs über sich hinaus, schraubte sich in die Höhe und gewann das Kopfballduell. Es hieß 3:0, keiner zweifelte mehr an unserem Sieg und dem Verbleib in der Kreisliga B.

Ich fragte hinter der seitlichen Barriere Hardy: »Wie steht es denn in Jostbach?«

»1:0. Wie erwartet.«

Nun wollte ich mich gerne selbst belohnen, indem ich mich ganz entspannt bei diesem Spielstand einwechselte. Mit einem Handzeichen deutete ich auf Porno, der bereits vor dem Spiel signalisiert hatte, dass er gerne mit einer Auswechslung die Saison beenden würde. Den Gefallen wollte ich ihm gerne tun, denn dringend gebraucht würde er in diesem Spiel wohl nicht mehr werden. Es war die 70. Minute, ich wollte meine letzte Auswechslung als Spielertrainer vornehmen, denn ich war sicher, dass ich nach dieser Saison wieder ein normaler Kicker sein würde. Nach diesem Spiel sollte alles wieder beim Alten sein, ich wäre wieder die Kreisligalegende, für die ich von einigen gehalten wurde – nur dass sie jetzt noch viele Gründe mehr dazu hatten, dies anzunehmen.

Es gibt Tage im Leben, da bleibt man lieber im Bett. Dieser Sonntag gehört für Tobi ohne Zweifel dazu und katapultierte sich unangefochten auf Platz Eins aller Scheißtage. Als ich von dem Hergang des Spiels gehört hatte, tat mir alles so leid. Ich wollte so gerne, dass Tobi Trost fand, denn ich wusste, wie schlimm es für ihn sein musste. Er war mit Leib und Seele Fußballer und nun Spielertrainer des TuS Germersbach. Wie konnte er nur diese Erfahrung unbeschadet verarbeiten?

Der ganze Scheiß fing etwa 30 Sekunden, nachdem ich ins Spiel kam, an. Ich konnte nicht ahnen, was da für eine Wand von Rotz, Sabber und Unglück auf mich zurollen würde, als ich mit meinem glückbringenden Ritual, immer das rechte Bein als erstes aufs Spielfeld, den Platz betrat. Ich war der Meinung, dass die Hünen aus Friedthal nun schon genug von den Zwergnasen aus Germersbach hatten. Die übrigen 20 Minuten wollte ich im letzten Spiel der Saison ein etwas besseres Schaulaufen hinlegen. Soweit der Plan.

Nur hielt ich mich zu besagter Zeit, als das Leid begann, gepaart mit göttlicher Bosheit und teuflischer Missgunst, nur etwa 30 Zentimeter innerhalb unseres Strafraums auf. Freddy hatte im Kasten bislang einen tollen Job gemacht und sich nichts zu Schulden kommen lassen. Für seine Verhältnisse hatte er Torben gut vertreten. Allerdings hatte auch die Abwehr vor ihm gut gearbeitet und keine überflüssigen Chancen auf sein Tor zugelassen.

Der Ball wurde von einem Ork schräg hereingebracht und von einem weiteren Friedthaler mit seinem Kanisterkopf verlängert. Diese Flugbahn war aufgrund der kurzen Distanz für mich nur schwer einzuschätzen, sodass der Ball kurz auf dem Boden auftickte, um dann an meine Hand zu prallen. Ich bin zwar felsenfest der Meinung, dass ich meine Hand noch versuchte wegzuziehen und somit die Hand nicht zum Ball ging, was einen Elfmeter nicht gerechtfertigt hätte, aber der Schiri sah das anders. Wahrscheinlich war er von Lucifer persönlich eingesetzt worden, und ich hatte gar keine Chance, mich zu wehren.

Ein Ork lief ein paar Momente später an und versenkte die Pille mit der Kreisliga-Universalwaffe, der Pike, im Netz. Nun ja, es stand in der 72. Minute 3:1. Da wurde noch keiner aus unserem Team nervös. Alles war noch gut. Immerhin waren wir ja ganze 70 Minuten überlegen gewesen. Warum sollte sich dies nun aufgrund eines dusseligen Elfmeters ändern?

Weitere drei Minuten später passierte jedoch etwas, was ich selbst nicht fassen konnte. Als hätte im Publikum ein Voodoozauberer eine Puppe von mir in der Hand, streckte ich mein Bein ungestüm in Richtung Ball, als ein strammer Querpass durch den Fünfmeterraum flog. Von meinem Fuß flog der Ball an Freddy vorbei ins Netz. Es stand nur noch 3:2.

Plötzlich rochen die grauenhaften Orks Lunte und bekamen Oberwasser. Sie stürmten, obwohl ein Sieg ihrem Tabellenplatz keine Verbesserung gebracht hätte. An diesem Tag spielten die Friedthaler um die Goldene Ananas der Kreisliga, denn auch nach unten bestand in der Tabelle keine Gefahr. Erklär aber mal einem geistesgestörten Irren, das er nicht mit 200 km/h über die Autobahn fahren muss, da er selbst mit 40 Stundenkilometern noch rechtzeitig zum Ziel kommen würde. Die Orks stürmten also mit allem, was sie hatten. Es ging um Ehrgeiz, Teamgeist und darum, dass das Bier nach dem Spiel besser schmecken sollte.

Wir verteidigten mit Mann und Maus und kamen nicht mehr aus der eigenen Hälfte heraus. So ist das manchmal im Fußball. Auch wenn du den Gegner über weite Strecken dominiert hast, stehst du mit einem Mal wie ein Depp im eigenen Strafraum und kriegst diesen verdammten Ball nicht mehr weit genug raus.

Die Stimmung war aufgeheizt. Ein Foul folgte aufs andere. Glücklicherweise holten wir uns keine Gelb-Roten oder Roten Karten ab. Dennoch war es ein paar Mal hart an der Grenze. Ich war ebenfalls voller Adrenalin, als einer der grässlichen Fratzenwesen auf mich zukam. Wir befanden uns nur vierzehn Meter vorm Tor. Der Typ legte sich den Ball auf den rechten Fuß, verzögerte, tippte den Ball noch einmal an, um ihn sich ein weiteres Mal vorzulegen, da kam ich jedoch schon angeflogen. Blöderweise unterschätzte ich die Schnelligkeit des hässlichen Fabeltiers vor mir, sodass ich ihm geradewegs in die Waden rauschte. Schon wieder hatte ich einen Elfmeter verursacht. Das war mir in 467 Jahren Kreisliga noch nicht passiert. Ich rechnete mit der Roten Karte und wollte den Platz schon verlassen. Jedoch hatte Lucifers Geselle ein unerklärliches Einsehen und zeigte mir nur Gelb.

Als ein Antimensch der Friedthaler in der 86. Minute des Spiels mit grunzenden Lauten das 3:3 bejubelte und unzählige weitere Kreaturen begannen, einen Urzeittanz um ihn herum aufzuführen, wollte ich nur noch im Erdboden versinken. Ich hatte mir den Abschluss dieser Saison gänzlich anders vorgestellt. Er war bis dahin der schrecklichste Moment meiner Fußballerlaufbahn. Warum war mir das passiert? Weil ich wie ein Königspony über den Platz watschelnd das Spiel beenden wollte? Hatte ich meiner Mannschaft damit das falsche Signal gegeben? Dachten sie auch, dass dieses Match nun lockerleicht nach Hause zu schaukeln sei?

Ich eierte wie ferngesteuert umher. Im Hinterkopf hatte ich, dass nur eine Niederlage und ein Sieg von Groß-Dreiern in Jostbach zum völligen Dilemma führen würden. Deswegen wollte ich die letzten Momente einfach nur hinter mich bringen und mich nach dem Spiel sowas von sinnlos besaufen, um mir diesen letzten Tag komplett aus dem Hirn zu löschen. Ich hoffte auch, dass jeder andere an diesem Ort dermaßen viel Alkohol, Klebstoff und WC-Reiniger zu sich nehmen würde, damit dieser vermeintlich historische Tag aus dem Weltgeschehen gelöscht werden würde. Wenn sich niemand daran erinnerte, ist es niemals geschehen.

Es war die fünfte Minute der Nachspielzeit. Weswegen der verblödete Schiedsrichter so lange hat nachspielen lassen, werde ich niemals verstehen. Zirka 25 Meter vor dem Tor aus halbrechter Position hatten die Orks noch einmal einen Freistoß. Mir und jedem anderen war bewusst, wenn wir diesen Freistoß aus dem Strafraum rausbefördern würden, dann wären das Spiel und diese Saison vorbei. Endlich vorbei.

Wir wären nicht abgestiegen, und alles hätte sich zum Guten gewendet.

Also lief der Ork an, wir alle rechneten mit einer Flanke in den Fünfmeterraum, aber was tat das 2,89 Meter große Halbhirn? Der zog den Ball auf unsere Hütte. Wie ein Strich flog das runde Leder auf Freddy zu, und ich dachte noch: ›Oje!‹

Meine Befürchtung wurde eine Millisekunde später zur Gewissheit. Ich weiß nicht, ob Torben den Ball gehalten hätte, und vielleicht hätten Pommes und Porno in den letzten 20 Minuten zusätzlich dafür sorgen können, dass diese ganze Katastrophe nicht passiert wäre, aber alles Hadern mit dem Leben und dem ungnädigen Herrgott half nicht, denn die Friedthaler konnten sich über das 3:4 freuen. Eine Sekunde später pfiff der Schiri ab. Wir sahen uns an, als hätte uns der Schlag getroffen.

›Mund abwischen‹, dachte ich. ›Wo ist das Bier?‹ Für uns war es ja dennoch eine Saison, in der wir durch Kampfeskraft und Teamgeist die Klasse halten konnten. Das war unser Ziel, und dieses letzte Spiel sollte uns diesen Eindruck nicht verderben.

Vor dem Vereinsheim öffneten wir aus einem Bierkasten eine Flasche nach der anderen, als ich Hardy auf mich zukommen sah und reichte ihm ein Bier, als er mich forsch zur Seite nahm. Sofort wusste ich, dass mehr passiert war, als nur eine Niederlage gegen Friedthal. Wollte er mich nun aufgrund der unglücklichen Vorstellung meinerseits auf der Stelle meines Postens entheben?

»Jostbach hat verloren. 1:2«, sagte Hardy, und ich hatte keinen Grund an seinen Worten zu zweifeln.

›Fuck‹, dachte ich.

Die Saison war damit noch nicht zu Ende.

Kreisligalegende

Kapitel 15
V

Kreisligafußball ist, wenn
sich immer einer findet, der
angeblich höher spielen müsste.

TITUS
VERLAG

An diesem Morgen kam Valentin mit frischen Brötchen zu mir. Es waren viel zu viele, diese Menge hätten wir niemals essen können. Offenbar hatte er es zu gut mit mir gemeint, dachte ich. Er gab mir einen Kuss auf die Wange und roch ziemlich gut. Er wirkte gelöst und gut gelaunt. Ich fand es recht angenehm, dass er sich um mich bemühte. Immerhin war er zudem ein wirklich gutaussehender Mann. Viele andere Frauen hätten mich um einen solchen Besucher beneidet.

»Möchtest du ein paar Eier?«, fragte er mich und stand hinter mir, als ich gerade eine kleine Platte mit Aufschnitt herrichtete. Er kam mir dabei recht nahe, sodass ich seinen Atem im Nacken spürte und sein Parfüm roch.

»Klar«, meinte ich. »Ich mag Spiegeleier. Du auch?«

Da druckste Valentin zu meiner Überraschung herum und sagte: »Äh, ja, Spiegeleier. Gut, gut! Dann mache ich eben ein paar. Wo ist die Pfanne?«

Für einen Moment dachte ich darüber nach, weswegen er so eigenartig reagiert hatte. Meinte er seine Frage etwa anders? Würde er so plump sein, nachdem wir uns gerade mal viermal in einer Kneipe oder Café gedatet hatten?

Ich wischte den Gedanken beiseite und ließ ihn die Spiegeleier brutzeln. Derweil richtete ich den Frühstückstisch und freute mich auf den entspannten Morgen.

»Hier bringe ich dir deine Eier, Kleines«, sagte er, als er sich vom Herd abwandte, um an den Esstisch zu kommen.

Kleines? Hatte ich das richtig gehört? Was sollte das? Ich war nicht seine Kleine. Soweit waren wir noch lange nicht. »Danke«, erwiderte ich, ohne auf seine Bemerkung weiter einzugehen.

Unser Gespräch während des Frühstücks war locker und witzig. Ich spürte, dass Valentin sein Augenmerk deutlich darauf setzte, mich gut zu unterhalten. Schon bald kamen wir auf das unvermeidliche Thema Fußball. Es machte mir nichts aus. Ich war das von Tobi bereits gewohnt. Die Jungs sprachen einfach gerne über ihr liebstes Hobby.

»In diesem Spiel damals habe ich es geschafft, bei Unterzahl noch zwei Treffer zu erzielen, sodass ich den Sieg am Ende mit ach und Krach einfahren konnte.«

»Du meinst, die Mannschaft hat es geschafft …«

»Wie? Ja, aber ich hab die Tore erzielt.«

»Natürlich hast du die Tore erzielt, Valentin, aber ohne Zuspiel oder Flanke hättest du das ja auch nicht schaffen können.«

»Von wegen«, konterte Valentin, »ich hab mir den Ball im Mittelfeld geschnappt und bin aufs Tor zugelaufen. Hab drei Gegner umspielt und dann noch den Torwart.«

»Aber drei von elf Gegnern plus Torwart bedeutet doch, dass die restlichen sieben Spieler von deinen Mitspieler abgelenkt wurden. Alleine gewinnt man doch keine Spiele im Fußball.«

Valentin schnaubte. »Tse, wer sagt das?«

Ich wusste, dass es die gute Stimmung und den Moment zerstören würde, wenn ich erwähnen würde, dass ich diese Einstellung von Tobi vermittelt bekommen hatte. Deswegen ließ ich meinen Ex lieber unerwähnt. »Das weiß man doch. Oder liege ich da falsch?«

Er dachte nach und erklärte: »Also, ich sage mal so, wenn ich ausnahmsweise bei unserer dritten Mannschaft aushelfen muss, dann ist das ja nicht der Fußball, den ich gewohnt bin. In der C-Klasse kann man ja nicht wirklich von Sport reden.« Er lachte abfällig. »Das ist ein wildes Getrete und Gestochere. Wenn dann ein solcher Spieler wie ich da mitmacht, dann erkennt man schnell den Qualitätsunterschied. Jeder kann dann erkennen, dass ich eigentlich in einer höheren Klasse spielen müsste.«

Ich saß Valentin gegenüber und kaute gemächlich auf meinem Brötchen herum. Er sprach mit mir, aber der Inhalt des Gespräches drehte sich eigentlich nur darum, was für ein toller Hecht er angeblich war. Dass er selbstverliebt und überheblich sein musste, machte er mit jedem weiteren Satz deutlich.

»Eine Mannschaft ist immer nur so gut, wie ihr stärkster Spieler«, sagte er. »Wenn ich mal einen schlechten Tag habe, was zwar selten vorkommt, aber schon mal passiert, dann dümpeln die anderen doch alle nur vor sich hin. Da ist keiner dabei, der meine Leistung kompensieren könnte. Ich bin mal gespannt, wie das mit mir weitergeht. Vielleicht hole ich mir mal einen Berater, oder so?«

Meine Augenbraue hob sich, da ich nicht recht glauben konnte, was ich da hörte. »Aber Valentin, du bist doch schon Mitte 20. Da ist die Chance auf eine große Karriere doch schon passé.«

Doch er bäumte sich auf. »Wer sagt das? Es ist noch nichts vorbei, solange ich meine Leistung bringe. 3. Liga oder vielleicht 2. Bundeliga geht immer. Hast du so einen Blödsinn von deinem Tobi? Der hat doch keine Ahnung von Fußball!«

Mein Tobi? Warum sagte er sowas? Valentin wusste genau, dass ich von Tobi getrennt war. Wieso schwang da noch immer Eifersucht mit? Ich sagte dazu nichts und aß. Er aß ebenfalls etwas verkniffen schauend, und wir schwiegen das restliche Frühstück über.

Ich räumte den Tisch ab, während Valentin es sich auf meiner Couch schon bequem gemacht hatte. Auch wenn ich eine Spülmaschine hatte, dauerte es mindestens fünf Minuten abzuräumen und die Maschine einzuräumen, in der Zeit hatte sich Valentin auf der Polstergarnitur gereckt und gestreckt.

Als ich das Wohnzimmer betrat, schaute Valentin nicht mehr so grimmig. Er schien plötzlich wieder gute Laune getankt zu haben und saß mit weit ausgebreiteten Armen auf dem Sofa. Er erwartete sicher, dass ich mich zu ihm setzte. Jedoch handelte ich aus einem Impuls heraus anders. Ich setzte mich auf einen Sessel und wahrte einen Abstand zu ihm. Ich fühlte mich damit besser.

Seine Augen signalisierten mir, dass er damit nicht einverstanden war, und er dachte nach. Nach ein paar Momenten klopfte er mit der flachen Hand leicht auf den leeren Platz neben sich. »Mein rechter, rechter Platz ist frei«, hauchte er und wollte dabei mit Sicherheit sexy klingen.

Ich bin nicht sicher, weswegen ich aufstand und mich zu ihm begab, aber es war mir eigentlich kein Bedürfnis. Doch natürlich fasste es Valentin anders auf.

»Wenn du nicht gerade trainierst oder arbeitest, was machst du dann?«, fragte ich gerade in dem Moment, als ich merkte, dass sich Valentin ein klein wenig zu mir herüberlehnte.

Er beugte sich wieder zurück und dachte nach, was er wohl antworten sollte. »Nun, äh, ich …«, er überlegte scharf, »… nicht sehr viel!«

›Weiber aufreißen‹, dachte ich, sprach es jedoch nicht aus.

»Nun«, sagte er, »wenn ich nicht Fußball spiele, dann ruhe ich mich nur aus. Mein Körper benötigt die Ruhephasen. Nur durch Ruhe kann ein durchtrainierter Körper Anlauf für neue Höchstleistungen nehmen.«

»Aha«, meinte ich und wandte mich nicht nur gedanklich ab.

Das war also dieser V, von dem Tobi manchmal gesprochen hatte. Während unserer letzten Dates hatte er offenbar sein wahres Gesicht recht gut verbergen können. Nun trat sein Wesen hinter dieser Maske hervor, und es machte mich nicht besonders an.

Doch Valentin hatte sich für heute etwas vorgenommen. Das konnte ich deutlich spüren. Er wollte bei mir landen. Offensichtlich ganz dringend. Schon einen Moment später lehnte er sich wieder zu mir, während ich mich nicht rührte. Ich saß leicht abgewandt von ihm, und er berührte mit seinen Lippen meinen Hals. Ich muss zugeben, dass es sich äußerst gut anfühlte und ich es genoss. Es war schon etwas länger her, dass ich auf diese Weise geküsst wurde.

Für einige Momente ließ ich es zu und schloss die Augen. Ich schwebte in Gedanken dahin und liebte es …

Kreisligalegende

Kapitel 16

Kein Wind in den Segeln

Kreisligafußball ist, wenn du nur willst, dass der Scheiß endlich zu Ende geht.

TITUS
VERLAG

Wir hatten nicht viel Zeit, uns von der Schmach des letzten Spieltages zu erholen. Die Köpfe mussten wir wieder freibekommen. Besonders ich musste einige Sprüche schlucken, auch wenn niemand an meiner Kompetenz zweifelte. Aber wie kann man einfach so zum normalen Leben übergehen, wenn man den Sechser im Lotto schon in der Tasche geglaubt hatte? Es ist müßig, und es ist schwer. Natürlich hatten wir schon Pläne für den Abend, wollten den Saisonabschluss feiern. Selbstverständlich hatte jeder schon darüber nachgedacht, dass man in der nächsten Saison noch mal angreifen könne. Leise dachte man sogar daran, dass man sich mit einer solchen Leistung, die wir anfangs der Hinrunde und nach der Winterpause abgeliefert hatten, eventuell für einen Aufstieg in die A-Klasse qualifizieren hätte können.

Nun aber die ungeliebte Relegation. Noch mal zwei Spiele. Noch zwei mal 90 Minuten alles geben. Das war hart. Eine Mammutaufgabe. Die Rückrunde war lang und anstrengend gewesen. Wir hatten in jedem Spiel alles gegeben, waren regelrecht ausgepowert. Unsere Reserven hatten wir schon aufgebraucht. Wie sollte das gehen, dass wir uns noch einmal so punktgenau konzentrieren konnten?

Als ich zudem gehört hatte, wer der Gegner war, erfolgten in mir zweierlei Reaktionen. In dem Moment, als der FC Pittlingen als Gegner genannt wurde, hatte ich absolut keinen Bock mehr auf den Scheiß. Warum hatte man es uns nur so schwer gemacht? Es sollte zwar nur die C-Liga-Mannschaft von Pittlingen gegen uns antreten, aber es war doch von vornherein klar, dass in diesem Team Spieler eingesetzt werden würden, die besser waren als die nominelle Klasse, in der die dritte Mannschaft des Clubs spielte. Zwei bis drei Spieler aus der Gruppenliga fanden sich doch immer, die nicht genügend Einsätze in der ersten Mannschaft hatten. Weitere Spieler saßen sich innerhalb der Saison auf der Ersatzbank ihre Ärsche platt, in der Hoffnung, in der ersten Mannschaft mal zum Einsatz zu kommen. Diese Spieler hätte jeder Verein aus der B-Klasse mit Kusshand genommen. Darüber hinaus gab es Spieler, die eigentlich feste Größen in der ersten oder zweiten Mannschaft waren, die aber aufgrund von Verletzungspausen nun zu einem hochrangigen Einsatz kommen konnten und um die Ehre des Vereins mitspielen durften. Sie würden sich innerhalb des Vereins eine Menge Ansehen erspielen können, wenn sie dafür sorgen könnten, dass die dritte Mannschaft aus der C-Klasse emporkroch. Welcher Spieler würde da schon »Nein!« sagen? Welcher Spieler würde sich da nicht bis zum Erbrechen ins Zeug legen? Das alles war unser Pech!

Im nächsten Augenblick, als der Ärger über die Paarung und die Enttäuschung, dass wir überhaupt ran mussten, sich gelegt hatte, war ich froh, dass wir den 1. FC Pittlingen als Gegner bekommen hatten. Es gab keinen besseren Gegner, um den Sportplatz proppenvoll mit Zuschauer zu bekommen. Jeder, der noch einigermaßen krabbeln konnte, würde zu diesen beiden Derbys erscheinen. Ein Derby und dazu noch eine Relegation um Auf- oder Abstieg war für die Kassen Gold wert. So viel Pfeffer hatte kaum eine andere Partie auf diesem Erdball. Naja, vielleicht wurde FC Bayern gegen Borussia Dortmund im Champions-League-Finale ähnlich heiß erwartet, aber die Emotionen konnte man durchaus vergleichen.

Grundsätzlich standen sich in einem Relegationsspiel immer zwei Mannschaften gegenüber, die eine völlig verkorkste Saison hinter sich hatten. Die eine Mannschaft hatte vergeblich alles dafür getan nicht abzusteigen, das waren dummerweise wir, und die andere Truppe wollte unter allen Umständen aufsteigen, brachten aber nicht die nötige Qualität auf, um die weiteren Mannschaften aus dem Weg zu räumen. Beide Teams hatten ihr Saisonziel nicht geschafft, sind also genau genommen Losermannschaften, aber die Statuten des Fußballsports gab ihnen noch diese eine letzte Chance. Zwei Spiele, die über Glück und Versagen entscheiden sollten. Wer diese Spiele verlor, für den war das ganze letzte Fußballjahr ein überaus anstrengender Griff ins Klo gewesen.

Ich hatte mich mit diesem 1. FC Pittlingen nur ungern beschäftigt, deswegen bekam ich nur nach und nach mit, auf welche Personen wir treffen würden. Es gab da einige Überraschungen. Spriddi erzählte mir mit viel Gelächter, wer seit Kurzem der neue Vereinsvorsitzende war.

»Patrick Heller?« Ich sah meinen Kumpel an, als würden wir von Lothar Matthäus als US-Präsidenten reden. »Der Patrick Heller, dessen Porsche wir angepisst haben?«

Spriddi nickte und konnte vor Lachen nur noch japsen.

»Der Patrick Heller, den ich als Kind auf unserem Platz abgeräumt habe, sodass er niemals wiedergekommen ist?«

»Hmm-mmm«, machte Spriddi und kicherte weiter.

»Das ist ja der Knaller! Wie kommen denn die dämlichen Pittlinger zu so einem Präsidenten?«

Darauf konnte mir Spriddi keine finale Antwort geben. »Er scheint eine Notlösung zu sein, weil der alte Präsi das Amt aus beruflichen Gründen nicht mehr ausüben kann.«

»Und da holen die so einen Hohlroller aus der Kiste?« Ich konnte es echt nicht glauben. Wenn ich aber genauer darüber nachdachte, dann passte das wie Arsch auf Eimer, denn Patrick Heller hatte immer schon auf dicke Hose gemacht. »Präsident in Pittlingen! Ich lach mich tot!«

»Wir werden aber noch einem Arsch begegnen«, meinte dann Spriddi und wurde plötzlich ernst.

In diesem Moment wusste ich, was Spriddi meinte. Es konnte nur einer sein, wenn mein Kumpel so ein Gesicht machte.

»V?«

Spriddi nickte.

Ich würde diesem Dreckskerl begegnen, der meine Carola bumste. Wie würde ich mich verhalten? Würde ich einen klaren Kopf behalten und ihn nicht gleich in der ersten Minute in den Rollstuhl foulen?

»Du musst dich beherrschen, Tobi!« Spriddi erahnte meine Gedanken. »Es bringt nichts, wenn du in einem dieser Spiele vom Platz fliegst.«

Ich musste Spriddi recht geben. »Aber wie kann ich mit ihm in einen fairen Zweikampf gehen, ohne meinen Ellenbogen einfach in seine Fresse zu rammen? Ich werde ihm im Mittelfeld zwangsläufig begegnen.«

»Tu es nicht!«, bat mich Spriddi. »Die Mannschaft braucht dich. Selbst wenn wir mit einem Mann weniger spielen würden, hätten wir noch eine Chance gegen Pittlingen. Aber nicht, wenn du runtergehst. Tobi, bitte, tu es nicht!«

In mir meldeten sich mein Gewissen und mein Zorn. Sie fochten einen Kampf aus, der noch über Tage anhalten sollte.

Das Hinspiel würde am Donnerstag ausgetragen werden. Wir hatten noch ein Training. Alle Spieler waren da. Das gab mir Hoffnung. Glücklicherweise verlief die Einheit ohne Zwischenfall, obwohl die Atmosphäre merklich angespannt gewesen war. Die Stimmung war gedrückt und wirklich Freude hatten wir beim Fußballspielen nicht. Wir hatten uns ja schon in der verdienten Sommerpause gewähnt.

Die letzte Mannschaftssitzung nach dem Training am Dienstag beendete ich mit den Worten: »Jungs, wir haben gekämpft, um bis hier hin zu kommen. Wir hatten es sogar ein Stück weiter geschafft, aber leider habe ich das letzte Spiel vergeigt. Also gehen wir einen Schritt zurück, um neuen Anlauf zu nehmen. Aber, Jungs, seid euch sicher, egal, wie die Relegation ausgeht: Ich bin stolz auf euch!«

Gedanklich lagen wir uns alle in den Armen und wollten die Sache angehen. Keiner trank bis zum Spiel mehr als zwei Bier am Abend. Wir waren fokussiert und wollten den Pittlingern zeigen, was 'ne Harke war.

Ich saß am Mittwochabend alleine daheim und schaute fern. Irgendeine verblödete Gameshow, in der man für ein paar dämliche Antworten angeblich stinkereich werden konnte. Der Plan war es abzuschalten und für den morgigen Spieltag

Kraft zu tanken. Doch meine Gedanken drehten sich immer wieder um sie. Carola war an solchen Abenden normalerweise bei mir, und wir unterhielten uns über Fußball, die Welt oder machten uns über die Kandidaten der Gameshows lustig. Doch heute war niemand da, mit dem ich hätte lästern können. Sie fehlte mir.

Wenn ich allerdings daran dachte, in welchem Bett sie sich gerade tummelte, machte sich wieder der Zorn in mir bemerkbar. Ich wollte V morgen nicht begegnen müssen, aber es ließ sich nicht vermeiden. Wie sollte ich mich verhalten?

›Vor dem Spiel kannst du gelassen und souverän wirken‹, dachte ich. ›Das kriegst du hin. Ich kann ihm auch weitestgehend aus dem Weg gehen. Aber im Spiel kann ich für nix garantieren. Erst recht nicht, wenn die Gemüter hitziger werden sollten. Ich werde ihm wehtun, soviel ist sicher. Hoffentlich lasse ich mich nicht von meinem Zorn besiegen.‹ Ich kam mir fast vor wie Anakin Skywalker kurz bevor er Darth Vader wurde.

Da klingelte mein Telefon. Auf dem Display erkannte ich sofort die Nummer, die ich schon aus meinem Adressbuch gelöscht hatte. Es war Carolas. Sofort begann mein Herz zu rasen.

›Was … was soll ich tun?‹ Wollte ich jetzt wirklich mit ihr reden? Wahrscheinlich wollte sie nur noch ein paar von den letzten Klamotten abholen, die ich schon längst in die Tonne hätte schmeißen sollen.

Es klingelte noch ein paar Mal, dann ging meine Mailbox dran. Ich hatte nicht den Mumm, das Gespräch anzunehmen. Einfach nur meiner Ruhe wollte ich. Heute Abend viel dringender als zuvor. Morgen stand ein schweres Spiel an.

Im nächsten Moment erhielt ich auf meinem Telefon die Meldung, dass eine Nachricht auf meiner Voice-Mail-Box hinterlegt wurde. Es war die von Carola.

Als ich Tobi aufs Band sprach, kamen mir die Tränen. Ich wollte nur seine Stimme hören. Valentin hatte gerade meine Wohnung verlassen, aber Tobi fehlte mir. Wie ging es ihm? Was tat Tobi jetzt? Ich wusste, dass er am nächsten Tag auf Valentin treffen würde, und mir war klar, dass er wusste, dass ich mich mit seinem Erzfeind traf. Die Spatzen pfiffen es von den Dächern. Zudem war ich mir sicher, dass Valentin seine Klappe mit Sicherheit nicht halten konnte. Den Triumph musste er auskosten. Das wurde mir allerdings ein klein wenig zu spät klar. Ich sah bis zuletzt etwas Falsches in Valentin. Das war ein großer Fehler.

Kreisligalegende

Kapitel 17
Hinspiel

Kreisligafußball ist, wenn
die Relegationsspiele die einzigen
Spiele mit Linienrichter sind.

TITUS
VERLAG

Donnerstag, 19 Uhr. Es war ein Abendspiel. Die Spannung konnte man spüren. Jeder dachte gebannt an das anstehende Spiel. Das Team konzentrierte sich, und die Zuschauer freuten sich. Auch wenn es nur um ein Match um den Verbleib in der Kreisklasse B ging, fühlte es sich an, wie eine große Partie, die in hundert Länder der Welt übertragen wurde.

Unsere Leute wünschten uns Glück, jeder klopfte mir auf die Schultern, und niemand zweifelte daran, dass wir das schaffen konnten. Noch nicht einmal die Pittlinger waren so arrogant, das sie glaubten, sie würden dieses Spiel bereits siegreich in der Tasche haben.

Wir gingen vor dem Spiel auf dem Sportfeld spazieren. Das machte man so, um den Untergrund genauer zu inspizieren und um Konzentration vorzugaukeln.

»Ein guter Rasen«, stellte Spriddi fest.

Aber Pommes war gar nicht begeistert. »Die sind den gewohnt. Für uns Hartplatzhelden ist das neues Terrain.«

Spriddi sah überrascht zu Pommes hinüber. Man konnte ihm am Gesichtsausdruck ablesen, was er dachte: ›Hat Pommes Zweifel, dass wir gewinnen?‹

Wir machten weiterhin unsere obligatorische Runde über das Geläuf. Die Verantwortlichen und die Fans sollten nicht denken, wir würden die Partie auf die leichte Schulter nehmen.

Sogar die Schiedsrichter waren diesmal rechtzeitig und nüchtern vor Ort. Das war keine Selbstverständlichkeit. Erst recht nicht, dass sie im Dreiergespann auftraten. Nur ganze zweimal im Jahr hatte die Kreisliga das Vergnügen mit zusätzlichen Linienrichtern zu spielen: in der Relegation. Aber auch nur, wenn man es dahin geschafft hat oder eben dort hin abgeschossen wurde. Ansonsten hatten die Betreuer oder gar die Ersatzspieler die Fahne an der Außenlinie in der Hand.

Der Schiedsrichter wurde in der Regel auch Schiri oder von den Rängen liebevoll »Blöder Wichser« genannt. Er trug stets schwarz, rot, grün, blau oder eine andere Farbe. In der Kreisliga kam so ziemlich alles vor – auch gepunktet oder gestreift. Bei manchen glaubte man, sie würden im Pyjama das Spiel leiten.

Es gab schon immer auffällige und unauffällige Schiedsrichter. Der auffällige Schiedsrichter war die Hauptfigur eines jeden Spiels. Mit ihm stand und fiel alles. Er hatte die Macht. Alles tanzte nach seiner Pfeife. Dieser Schiedsrichter nahm sich selbst sehr wichtig und war eigentlich für den Sport nicht geeignet.

Der Unauffällige machte seinen Job, so gut er konnte. Meistens konnte er ihn nicht gut, aber er regte sich nicht sonderlich darüber auf.

Es gab sogar auffällig unauffällige Schiris. Die waren dann so grottenschlecht, dass es dafür eigentlich keine Worte gab.

Ein großes Manko eines Schiedsrichters war, dass ihn mindestens die Hälfte aller anwesenden Menschen hassten – meist sogar mehr. Und wenn einmal der Hass in den Menschen aufgesprudelt war, konnte er machen was er wollte, jede Aktion von ihm, jeder Pfiff wurde kategorisch abgelehnt und mit »Verpiss dich«-Rufen kommentiert. Für die Anwesenden, die den Schiri nicht hassten, war er einfach nur eine Witzfigur. Allerdings hätte keiner dieser Leute den Job des Schiris nur einen Hauch besser ausüben können.

Ein cleverer Schiri fuhr stets inkognito zum Spiel und stellte seinen Wagen am besten mehrere hundert Meter weit weg vom Sportplatz. Das Auto war der schwache Punkt des Schiedsrichters. Wer keinen Kratzer oder abgestochene Reifen haben mochte, der pfiff entweder für die Heimmannschaft oder parkte den Wagen für die Meute unauffindbar.

Der Schiedsrichter trug stets zwei Karten in gelber und roter Farbe mit sich. Er verteilte die Karten nach gut dünken unter den Spielern, die von ihnen stets mit Freuden entgegen genommen werden mussten. Die Regeln legte ein Schiedsrichter in der Kreisliga nicht aus, er bestimmte sie, und er erfand sie teilweise spontan neu. Jeder Schiedsrichter hatte da eine andere Meinung und ging in ähnlichen Situationen vollkommen anders vor. Was in manchen Szenen Elfmeter mit Platzverweis bedeutete, wurde an anderen Tagen mit Freistoß aus dem Strafraum gewertet oder auch gar nicht beachtet. Darüber hinaus hatte der Schiri die Regeln des Spieles konsequent durchzusetzen oder auch mal ein Auge zuzudrücken – auch das bestimmte er selbst. Er war dafür verantwortlich, wie lange nachgespielt wurde, und keiner konnte ihm dabei etwas. Der Schiedsrichter war einfach der Größte.

An diesem Tag hatten wir drei Schiedsrichter, die wir zuvor noch nie gesehen hatten. Sie kamen aus einem anderen Kreis und pfiffen normalerweise keine Spiele von uns. Das war ein erheblicher Vorteil, denn dann trugen sie uns auch nichts nach und kamen nicht voreingenommen zum Match. Jeder erfahrene Schiedsrichter konnte von jedem Fußballplatz in seinem Kreis ein Liedchen singen, was er schon für Beleidigungen und Handgreiflichkeiten über sich hatte ergehen lassen müssen. Diese drei Männer waren bei uns unbeschriebene Blätter beziehungsweise hatten unsere Mannschaften ihnen gegenüber eine weiße Weste.

Die beiden Linienrichter kannten ihre Aufgabe. Ein Linienrichter sollte unscheinbar sein, wichtig, aber doch nur der Lakai des Hauptschiedsrichters. Er hopste mit seinem Kollegen als Pendant auf der anderen Spielfeldseite mit einer albernen, tuckig bunten Fahne in der Hand am Rande des Spielfeldes rauf und runter. Er versuchte stets, die Augen für eine Regelübertretung offen zu halten, um sie gleich seinem Chef zu petzen. Dabei war der Linienrichter dem Gespött der Leute hinter der Barriere schutzlos ausgeliefert.

Warum gab es überhaupt einen Linienrichter, dieser niedere Abklatsch eines echten Schiris? Der wahre Schiedsrichter war ganz einfach viel zu faul, sich die Lunge aus dem Leib zu rasen, um bei jeder Entscheidung stets vorort des Geschehens zu sein. Er brauchte eben diese Hilfsarbeiter, die für ihn die Drecksarbeit übernahmen. Deswegen hatte sich der König des Spiels zwei Sklaven angelacht.

Der Linienrichter war im Grunde eine ganz arme Haut, denn ihm wurde niemals auch nur ein Hauch von Entscheidungsrecht verliehen. Er war niemals die Exekutive, nur derjenige, der seinem Boss mitteilen durfte, was er gesehen hat. Er schlug seinem Vorgesetzten lediglich seine minderwertige Meinung vor, und dieser machte damit, was er wollte. Beachten musste der Schiri die nicht.

Wie machte sich der Linienrichter bemerkbar? Er besaß keine Tröte, durfte nicht rufen oder jammern, er wedelte lediglich wie blöde mit seiner ollen Flagge in der Gegend herum. Während er damit wild in der Luft rumfuchtelte, setzte sich sein Chef dazu herab, ihn möglicherweise zu beachten und dachte über eine Berücksichtigung der Bemerkung bei guter Laune nach.

Welche Aufgaben ein Linienrichter hatte? Er sollte stets die Linien im Augen behalten - Seiten- und Torauslinie -, beobachtete jede andere Regelwidrigkeit und hatte vor allem die undankbare Aufgabe, auf Abseits zu achten. Dem Linienrichter musste dabei immer klar sein, welche Anhänger er hinter sich auf den Ränge sitzen hatte. Denn bei angeblichen Fehlentscheidungen waren läppische Beschimpfungen, die oft auch gegen die Frau, die ihn geboren hatte, nur die Spitze des Eisberges. Verbalattacken, Drohgebärden, fliegende Rotze aus der Tiefe der Nasennebenhöhle oder entgegengeschleuderte Feuerzeuge in Schläfenhöhe waren dann doch schon eher die Regel, wenn die Fans hinter ihm sich ungerecht behandelt fühlten.

Wer war der berühmteste Linienrichter? Keiner weiß so etwas, denn niemand guckt sich einen Linienrichter länger an, als die Spielzeit dauert. 90 Minuten plus eventueller Verlängerung und der Mann mit der Fahne an der Seite des Spielfeldes war Vergangenheit! Futsch! Einfach raus aus dem Hirn! Vergessen! Während Hauptschiedsrichter schon mal einen gewissen Bekanntheitsgrad erlangten, meist die unbelehrbaren Selbstdarsteller, blieben ihre Sklaven ohne Gesicht und ohne Namen. Der Job des Linienrichters war immer schon hart und undankbar. Aber es wurde ja keiner dazu gezwungen. Die Männeken haben sich das alle selbst ausgesucht. Würde ich niemals tun.

Als ich das erste Mal an diesem Tag V begegnete, stand er etwa acht Meter weiter bei seinem Trainer. Sie taten so, als würden sie gerade die unglaublich wichtige Taktik für das anstehende Spiel bequatschen.

›Wenn ihr bisher noch nicht über eure Taktik gesprochen habt‹, dachte ich, ›dann ist es jetzt auch zu spät.‹

Ich wollte ihm am liebsten an den Hals springen, aber beherrschte mich. Ein so wildes Tier schlummerte dann doch nicht in mir. Zu allem Überfluss gesellte sich auch noch Patrick Heller zu ihnen und tat so, als würde er verstehen, was gesagt wurde. Da stand sie also, die Prominenz aus Pittlingen, und kaum einer konnte sie wirklich leiden – jedenfalls keiner den ich kannte. Der Anblick war nur schwer zu ertragen, also begab ich mich schnell mit meinen Spielern in die Gästekabine. Wir schraubten uns nagelneue Alustollen auf die Schuhe, denn es sollte nichts dem Zufall überlassen werden.

Plötzlich kam Pommes in die Kabine und rief: »Die Trikots sind weg!«

»Wie, weg?«, wollte ich wissen.

»Entweder hat sie jemand geklaut, oder wir haben sie in Germersbach vergessen.«

›Das ist doch typisch Kreisliga‹, dachte ich und ahnte Böses. »Haben wir keine Trikots dabei? Gar nichts?«

Pommes schüttelte mit dem Kopf.

»Sag jetzt nicht, dass wir mit Trikots von Pittlingen auflaufen müssen.« Ich wollte es einfach nicht wahrhaben.

Doch Pommes nickte. Das durfte verdammt noch mal nicht wahr sein. Das war so ein wichtiges Spiel, und dann mit den verseuchten Trikots aus Pittlingen am Leib. Das konnte nichts Gutes bedeuten.

»Aber die zwei Kisten Bier für einen Sieg habe ich wenigstens im Kofferraum. Die durften nicht vergessen werden«, rief Porno, was ich gar nicht lustig fand.

Meine Ansprache war schnell und klar zugleich. Wir mussten kämpfen und spielen, so gut wir konnten. Auch wenn einige Spieler schon wieder mit Äußerungen um die Ecke kamen, die mir mächtig auf den Keks gingen.

»Die haben drei von der ersten und zwei von der zweiten dabei. So ein Mist ist das doch!«

»Das ist doch Beschiss, da sind nur sechs von der regulären Mannschaft im Kader. Der Rest ist aus der höheren Klasse. Scheiß Millionarios!«

Ich wollte das nicht hören und es auch nicht kommentieren. Und wenn wir gegen den lieben Gott und Lucifer gleichzeitig hätten antreten müssen, die mussten erst mal an uns vorbeikommen. Mit dieser Einstellung wollte ich ins Spiel gehen.

Von Beginn an wurde Porno von den Pittlingern gedoppelt. Aber nicht, weil sie dachten, er wäre ein so wahnsinnig guter Spieler, sondern einfach nur, weil er neongelbe Schuhe anhatte und die Zehn auf dem Rücken trug. Das reicht in der Kreisliga manchmal, um den Gegner in Angst und Schrecken zu versetzen.

Beim Anpfiff stand mir V direkt gegenüber. Ich versuchte zunächst, ihn zu ignorieren, aber der Sack glotzte mich an und grinste. Dieser kleine, miese Scheißkerl wollte mir an den Karren pissen. Er wollte mich reizen, und zu meiner Schande musste ich mir eingestehen, dass er damit Erfolg hatte. Mir war klar, was er im Schilde führte. Ich sollte vom Platz gehen, ehe das Spiel zu Ende war. Würde ich ihm diesen Gefallen tun? Da war ich mir in diesem Moment noch nicht sicher.

Zu Beginn kreuzten sich lediglich unsere Blicke und nicht unsere Wege. Ich konnte für einen Moment abkühlen, während der Ball in den Reihen der Pittlinger gehalten wurde. Dann machte ich eine Entdeckung, die mich für einen Moment ziemlich aus der Bahn warf. Unter den Zuschauern entdeckte ich Carola. Sie lief gerade hinter einigen an der Barriere stehenden Besuchern entlang und achtete nicht auf das Spielgeschehen. Was tat sie hier? Wohin ging sie? Hatte sie schon eine neue Busenfreundin unter den Pittlinger Spielerfrauen? War sie gar selbst als Spielerfrau hier?

Ich musste diese Gedanken unverzüglich beiseite räumen. Das brachte mich nicht weiter. Da kam schon der Ball auf mich zu. Ich hatte genügend Zeit mich zum Ball zu stellen und ihn anzunehmen, als ich merkte, wie jemand von der Seite herangeflogen kam. Der Schmerz wurde glücklicherweise weitestgehend von meinen Schienbeinschonern abgefangen.

Vor dem übermäßigen Zorn und dem Unmut des Gegners schützten meine Schienbeinschoner mich bereits in der Vergangenheit häufiger. So manch gewaltiger Tritt hätte zu früheren Zeiten schon so das ein oder andere Bein durchschlagen, dass es nur so splatatterte. Damit verbunden wären große Schmerzen aufgekommen und einen langwierigen Heilungsprozess hätte es auf jeden Fall nach sich gezogen.

Da selbst innerhalb meiner aktiven Zeit das Spiel immer härter und körperbetonter wurde, entwickelte man den Schienbeinschoner. Es war eine Pflicht, ihn im Doppelpack bei jedem Match zu tragen. Schon so manche Verletzung wurde dadurch im Keim erstickt. Diese gewölbte Plastikschale hielt für gewöhnlich einiges aus. Da konnte man noch so dagegentreten, mehr als einen blauen Fleck war da dem Gegner nicht zuzufügen – was manchmal schon recht schade war.

Als ich da so lag, und mit meinem Schicksal haderte, bildete sich über mir ein Tumult. Spieler unserer Mannschaft und des anderen Teams stießen und schoben sich umher. Sie waren aufgebracht und brüllten. So etwas nannte man Rudelbildung. Mehrere Spieler eines jeden Vereins vereinigten sich zu einer scheinbar gewaltbereiten Gruppe und wollten ihren Gegnern Angst einflößen. Mit lauthalsen Drohgebärden provozierten sie sich gegenseitig, aber mehr als ein kleineres Handgemenge kam dabei meist nicht zustande. Nur verhältnismäßig selten teilte an dieser Stelle ein Akteur kräftig aus, denn gerade jetzt standen alle Wilden unter Beobachtung. Eine knallrote Karte wäre die Folge, wenn ausgeschlagene Zähne flögen oder Knochen splitterten. Eine solche Aktion hob man sich lieber für später auf, wenn der Schiri seinen Fokus mehr auf den Ball gerichtet hatte.

Erst jetzt realisierte ich, wer mich da zu Boden befördert hatte. V, die kleine Fußballschlampe, wollte mir scheinbar beweisen, dass er ein ganz harter Hund war.

»Der soll sich verpissen«, schrie Spriddi und befand sich mitten im Geschehen.

»Soll er doch zu seiner Mutti gehen, wenn es so wehtut«, brüllte V und konnte sicher sein, dass Spriddi niemals an ihn herankommen würde, da sich mindestens acht Spieler zwischen sie schmissen, um sie auseinander zu halten. Ich bin mir sicher, dass V nur mit dieser Gewissheit im Hinterkopf die Fresse so aufgerissen hatte.

Ein häufig vorkommender Moment in der Rudelbildung. Zwei Streithähne hatten es besonders aufeinander abgesehen. Meist wollte der eine wirklich an die Gurgel des anderen, in diesem Fall Spriddi, und der andere spielte nur den starken Max, da er genau wusste, dass selbst bei dessen Versuch, sein Gegner nicht zu ihm vordringen hätte können, in diesem Moment war dies die kleine Pissnelke V.

Am Spielfeldrand erkannte ich Carola. Sie sah entsetzt zu uns herüber, und ich wusste, ich muss ruhig bleiben, auch wenn V gerade einen Anschlag auf mich ausgeübt hatte. Es brachte die Mannschaft nicht weiter, wenn ich ihm eine knallte, und vor Carola hätte ich auch nicht gerade erwachsen gewirkt, wie sie es immer nannte.

So wartete ich ab, bis der Schmerz nachließ und die Gemüter sich beruhigt hatten. V würde sein Fett schon wegbekommen. Wie und wann wusste ich noch nicht, aber ich hatte mir meine Rache auf Wiedervorlage gelegt.

Ich konnte nicht glauben, was ich da sehen musste. Valentin ließ sich tatsächlich dazu herab, Tobi mit Absicht wehzutun. Es war ihm vollkommen egal, dass er den Ball er gar nicht hätte erreichen können. Er wollte nur in die Knochen von Tobi. Er tat mir so leid, als er da am Boden kauerte, und ich hoffte und betete inständig, dass Tobi sich nicht nachhaltig verletzt hatte. In diesem Moment war ich so sauer auf Valentin, dass ich einen Entschluss gefasst hatte …

Die Gelbe Karte für V war Nebensache. Er nahm die Warnung des Schiedsrichters mit einem Lächeln entgegen. Innerlich ärgerte er sich offenbar, dass er mir nicht schlimmere Schmerzen zugefügt hatte.

»Mist! Du stehst ja immer wieder auf«, murmelte er grinsend, als er weitab vom Unparteiischen an mir vorbei lief.

Da kam auch schon die lautstarke Ansage des Trainers. »Valentin, es reicht jetzt! Du musst nicht schon nach fünf Minuten vom Platz fliegen. Halt dich zurück, oder ich hol dich raus!« Das war selbst für ein Hohlbrot wie Valentin deutlich.

Damit endeten die Attacken von V auf mich. Doch hatte ich meine Rache noch im Hinterkopf. Es würde sich eine Gelegenheit bieten, dass wusste ich. Vielleicht ein Augenblick, in dem ich meine Revanche mit nur einer gelben Karte hätte büßen müssen. Es war riskant, aber es musste geschehen.

Während in der Kreisliga des Kosovo oder in Kolumbien die Selbstjustiz mit Sicherheit eine Selbstverständlichkeit darstellte, war ein offensichtliches Revanchefoul in unseren Breitengraden strikt untersagt. Ein solcher Verstoß gegen die Regel wurde im Normalfall umgehend mit einem Platzverweis bestraft. Es sei denn, man gab dem Gegner einen Ellenbogencheck, wenn der Schiri mit etwas anderem beschäftigt war. Dann lud man allerdings den Zorn der gesamten gegnerischen Mannschaft samt Betreuerstabs auf sich. Das könnte für den weiteren Verlauf des Abends ein Nachteil sein.

Der Vorteil eines vom Schiri geahndeten Revanchefouls: Man konnte noch duschen, solange das Wasser warm war. Weitere Vorteil, wenn man früher vom Platz ging: Man war als erster im Team betrunken. Heute war das jedoch keine Option.

Als etwa die 35. Minute anbrach, konnte ich es kaum noch aushalten. V wackelte stätig vor mir auf und ab und musste einfach umgesenst werden. Er schrie geradezu nach einem Tackling, und bot mir sogar die unglaubliche Chance, als er den Ball länger führte als notwendig, ihm im Tiefflug in sein überflüssiges Skelett zu jagen.

Gerade wollte ich zu meiner Blutrache ansetzen, da passierte Überraschendes. Wie aus dem Nichts kam ein Spieler von der Seite angerauscht, überrannte mich, wie von der Tarantel gebissen, und schraubte sich durch die Luft mit den Alustollen voran im Sturzflug in V hinein. Es war kein Attentat, es war kein Revanchefoul, er war keine Rache, was da ausgeübt wurde, war schlichtweg ein Mordversuch an V. Aber ganz ehrlich, fairer Sportsmann hin oder her, ich fand es extrem gut. V hatte es verdient. Mehr als nur einen so genannten Mordversuch auf dem unschuldigen Sportplatz. Natürlich war mir klar, dass meines Wissens noch kein Fußballer wegen eines noch so derben Fouls gestorben war. Einmal sollte immer das erste Mal sein.

Wie Spriddi in dieser Szene herangesprungen kam, konnte man von jedem Winkel des Sportplatzes sehen, dass er es nur auf die Gesundheit von Valentin abgesehen hatte. Durchgedrückte Knie, von hinten in die Beine. Der Schrei von Valentin hallte über das gesamte Gelände, und man konnte ihn fast sogar noch in Germersbach hören. Spriddi wusste, was er tat. Er traf Valentin, wo er keine Knautschzone hatte, wo kein Schienbeinschoner ihn vor Schlimmerem bewahrte, wo er wie ein Kleinkind schutzlos ausgeliefert war. Spriddi wusste allerdings auch, weswegen er es tat. Nicht aus Rache, nicht für Tobi, nein, er tat es für sein Team. Er opferte sich, um Tobi davor zu behüten, eine Dummheit zu tun. Wenn Spriddi vom Platz flog, dann konnte das die Mannschaft kompensieren, so ehrlich war er zu sich selbst. Wenn Tobi gehen musste, wären die Probleme größer, als man sie hätte bewältigen können.

Selbstverständlich konnte ich meinen Tatendrang nur zu spät zügeln und schlidderte eine Millisekunde nach Spriddi in unseren Gegner. Er hat es somit praktisch zweimal abbekommen, aber nur das Foul meines Mitspielers wurde geahndet.

Ohne Frage kam es im Anschluss zu einer weiteren Rangelei zwischen den Mannschaften. Spriddi erhielt Rot und ging locker und zufrieden vom Platz. Man hatte sogar das Gefühl, er genoss seinen inneren Erfolg, denn auch V konnte nicht weiterspielen. Schmerzverzerrt transportierte man ihn mit geschickten Handgriffen zur Seitenlinie. Natürlich war keine Trage vorhanden. Das gab es nur im Fernsehen.

Von diesem Moment an waren wir zu zehnt und Pittlingen ohne V. Es gab Schlimmeres. So dauerte es nicht lange, dann gingen wir mit 0:0 in die Kabine.

Valentin lag auf dem Rasen, während die anderen in der Halbzeit ausruhten. Zunächst wollte ich ihn meiden, ging dann dennoch an ihm vorbei. Als er mich sah, spie er fast vor Wut.

»Hast du gesehen, was dein Tobi angerichtet hat?«, blökte er mich an, als wäre ich persönlich daran schuld gewesen.

»Es war doch gar nicht Tobi«, verteidigte ich mich, obwohl ich das nicht tun musste.

Doch Valentin akzeptierte mein Argument nicht. »Jetzt sag bloß, dein ach so lieber Tobi ist unschuldig daran. Der hat doch diesen Pitbull auf mich angesetzt. Erzähl mir doch keinen Scheiß.«

Nun erkannte ich schlussendlich den wahren Charakter des Valentin, der mir zuvor mit Engelszungen versuchte schmackhaft zu machen, was für ein toller Hecht er doch war. »Und wenn er ihn wirklich geschickt hat, um dich zu verletzen, so war es sein gutes Recht. Ein paar Minuten vorher hast du ihn doch angegriffen.«

»Das war eine ganz normale Spielszene …«, rief er noch, doch ich wollte mir den Mist nicht mehr anhören.

Als ich mich abwendete, um zu gehen, begann Valentin zu lachen. Ich wunderte mich darüber und sah ihn an. »Was gibt es da zu kichern?«

»Das Lustige an der Sache ist, dass Spriddi nicht nur die Mannschaft mit seiner Roten Karte geschwächt hat, sondern unser Team zudem noch stärker gemacht hat. Für mich kam Greg Keiler, und in der Halbzeit nun zudem Louis. Beide sind gestandene Gruppenliga Spieler. Das wird gar nicht schön für euch.« Er konnte gar nicht mehr aufhören zu lachen. »Wäre dein Tobi doch lieber gut zu mir gewesen.«

Leider passierte in der zweiten Halbzeit etwas, was man sich in einem solchen Spiel nicht erlauben konnte. Wir waren im Kollektiv unkonzentriert. Es waren nur zwei kleine individuelle Fehler und die Chancenlosigkeit Torbens, da stand es plötzlich 2:0 für Pittlingen. Eine kleine Katastrophe in der Relegation. Wir wussten nicht, wie uns geschah. Nach Leibeskräften bäumten wir uns gegen die Mannschaft aus der C-Klasse auf, aber nichts konnte die Niederlage aufhalten. Sie standen wie ein Block, wie eine Mauer, auch wenn wir am Ende des Spiels deutlich überlegen waren. Ihr Abwehrbollwerk mit diversen gestandenen hochklassigen Spielern war für uns eine Nummer zu gut. Ich glaube, nicht einmal zu elft wären wir im Stande gewesen, etwas gegen Pittlingen auszurichten.

Somit verlief der Donnerstag vollkommen anders, als wir es uns erhofft hatten. Es ging alles schief, was schiefgehen konnte. Wir lagen in der Relegation, ohne ein Tor erzielt zu haben, zwei Tore zurück und hatten das Heimspiel noch vor uns. Denkbar schlechte Ausgangsposition.

Ich saß nach dem Hinspiel in der Gästekabine des FC Pittlingen und schwieg. Wir alle schwiegen und konnten nicht glauben, was uns da gerade passiert war. Keiner machte

Spriddi einen Vorwurf. Jeder wusste, dass Spriddis Aktion notwendig gewesen war. Warum haben wir nicht geschafft, was wir uns vorgenommen hatten? Weil Pittlingen bessere Spieler als erwartet aus der Gruppenliga eingesetzt hatte? Was sollten wir dagegen noch auszusetzen haben? Am liebsten hätten wir alle das letzte Spiel als verloren werten lassen und uns in die C-Klasse verabschiedet, ohne dass wir uns noch einmal für nichts anstrengen mussten. Es war doch aussichtslos …

Kreisligalegende

Kapitel 18

Willi Brehm

Kreisligafußball ist, wenn man sofort merkt, dass jemand mehr auf dem Kasten hat als in der Kreisliga erfolderlich.

TITUS
VERLAG

Es war unsere erste Niederlage der Saison. Wir hatten das Spiel mit 1:2 beenden müssen, denn wir hatten keine Mittel gegen Mersestadt. Sie knipsten schnell zwei Dinger und machten dann hinten dicht. Aus die Maus. Verloren. Einfach so. Dabei dachten wir damals, das könne uns nicht passieren. Nicht mit Willi Brehm. Aber da hatten wir uns offenbar geirrt.

Mit gesenkten Köpfen saßen wir in der Kabine und redeten kaum miteinander. Der Kasten Bier, den uns Hardy trotz der Niederlage spendiert hatte, wurde kaum beachtet. Die ersten Spieler standen bereits unter der Dusche, als Willi die Kabine betrat. Er schwieg, sagte nichts, sah sich nur um. Dann setzte er sich zwischen die Spieler und lehnte sich an die geflieste Wand. Alle dachten, er wäre ebenso enttäuscht wie die Mannschaftsmitglieder. Wir dachten, er würde mit uns fühlen.

Doch plötzlich sagte er: »Mann, Mann, Mann, was seid ihr doch für Schlappschwänze.« Noch hörte es kaum einer. Da wiederholte er es. »Ihr seid so Schlappschwänze.« Seine Stimme wurde kräftiger. »Habt ihr gehört, was ich sage?«

Mittlerweile hatten das alle.

»Das kann ja wohl nicht euer Ernst sein. Warum seid ihr denn so Scheiße drauf?«

Da meldete sich Porno zu Wort. »Trainer, wir haben gerade verloren. Was willst du von uns?«

Willi Brehm lachte auf. »Ja, ihr habt verloren. Na, und? Glaubtet ihr, ihr würdet ab jetzt jedes verdammte Spiel gewinnen bis ihr Sieger der Champions-League seid? Habt ihr das geglaubt?«

Keiner gab ihm eine Antwort. Die Spieler kamen unter der Dusche hervor und mischten sich unter die anderen.

»Seid ihr Kinder, Memmen oder Weicheier? Ich bin mir nicht ganz sicher, aber eines dieser drei Möglichkeiten muss die richtige sein. Denn ihr seid auf keinen Fall Männer. Männer können auch mal einen Schritt zurückgehen, um dann gestärkt wieder nach vorne zu preschen.«

Kein Mucks war in der Kabine zu hören. Niemand murmelte etwas, keiner kramte in seiner Tasche herum, nicht ein Spieler popelte gar lautlos in der Nase. Es wagte niemand aufzufallen.

»Mensch, ihr stellt euch an wie die Mädchen. Jetzt habt ihr mal eine Partie verloren. Das kann passieren. Am Ende des Tages spielen wir alle nur Kreisliga. Wenn wir die Qualität von Real Madrid hätten und über Jahre kontinuierlich Weltklasse spielen würden, dann wäre das Ergebnis heute gegen Mersestadt wirklich eine kleine Katastrophe. Wir sind jedoch der TuS Germersbach. Zugegeben sind wir eine starke Truppe, aber um so stark zu sein, damit wir uns wegen einer kleinen Niederlage zwischendurch so in die Hose machen sollten, müssen wir noch viel, viel besser werden. Viel besser!«

Als ich Willi Brehm da sitzen sah und ihn nur reden hörte, war ich von diesem Mann so beeindruckt, dass ich nicht begriff, was er bei uns in der Kreisliga überhaupt zu suchen hatte. Für seine Verhältnisse war er als Trainer unseres Teams nichts weiter als ein Aufseher in der Behindertenwerkstatt. Er versuchte den Blinden die Farbenlehre näherzubringen, wobei die Blinden bereits davon überzeugt waren, dass sie Salvator Dalî deutlich übertrumpft hatten. Willi Brehm war unser Messias, und die Erkenntnis kam bei jedem der Spieler nur spärlich an. Er sollte uns davon erlösen, dass wir uns im Kleinklein der Kreisliga verlieren. Willi hatte alle Fähigkeiten und Erfahrungswerte, die ein Trainer benötigte, um aus minderwertigen Sportlern ansehnliche Wettkämpfer zu machen, die alles in die Waagschale warfen, was ihnen möglich war, um das Spiel innerhalb der vorgegebenen Regeln für sich entscheiden zu können. Er wusste, wie er uns nehmen musste, machte schnell aus, was unser Kryptonit war: Bier und die Partynächte.

Ein guter Coach verbat es nicht, dass seine Spieler sich selbst schadeten. Er überzeugte sie vom Gegenteil. Er überzeugte sie, indem er sie süchtig machte. Die Sucht siegen zu wollen, hielt die Spieler fern von dem, was ihnen schadete. Wenn die

Spieler erst einmal davon überzeugt waren, dass sie zu gut für ihren momentanen Status waren, wenn sie glaubten, mehr erreichen zu können als die B-Klasse, dann hatte der Trainer sie bei ihrer eigenen Ehre packen können.

Willi Brehm hatte diesen Effekt in uns erzielt, ohne dass wir geahnt hatten, die Leistung in den Spielen selbst errungen zu haben. Wir dachten, er wären Willis Siege gewesen. In unserem Team war der Trainer der Star. Ein Star, der nicht auffallen wollte.

Nun war es Willis Aufgabe uns aufzurichten, das Krönchen auf unserem Haupt geradezurücken und uns einen Arschtritt zu verpassen, damit wir nicht in uns zusammensackten.

»Ihr geht mir auf die Nerven«, sagte er. »Ihr habt bisher fast alles mit Bravour weggeblasen, was vor eure Flinte gelaufen war, und nun hat sich eine Mannschaft ausnahmsweise mal gut formiert, und ihr steckt die Köpfe so weit in den Sand, dass die Krümel schon wieder aus euren Ärschen rausrieseln. Glaubt ihr, die hätten weitere fünf Minuten ausgehalten? Glaubt ihr, das Spiel wäre genauso ausgegangen, wenn es länger gedauert hätte? Nein! Sie wären eingebrochen. Und das sagt mir, dass ihr besser wart. Besser als diese Typen. Da wird das Rückspiel doch eine Freude sein. Nicht?«

Willi hatte mit allem, was er sagte, recht. Er wurde zu unserem Vorbild, Vater und Held. Willi zeigte uns, dass wir keine Flachpfeifen aus der Kreisliga bleiben mussten, wenn wir es nur richtig anstellen würden.

Kreisligalegende

Kapitel 19

Die Nuss-Nougat-Situation

Kreisligafußball ist, wenn
ein Moment deine ganze Laufbahn
beeinflussen kann.

TITUS
VERLAG

Als die Kleine vor mir aus der Nachtschichten watschelte, konnte ich nur auf ihren kleinen Arsch schauen. Kleine Ärsche liegen mir ja grundsätzlich. Ich mag nicht so die Massen, die vor einem herumwackeln. Das heißt nicht, dass ich auf Hungerhaken stehe. Nein, nein. Nur wenn Frauen sich völlig gehen lassen, aus dem Leim geraten und wenn es überwiegend Fett am Arsch ist, dass sich zu einer delligen Orangenhaut formiert, dann turnt mich das einfach nicht an.

Dabei verurteile ich Dicke nicht. Dicke Frauen nicht und dicke Männer schon gleich gar nicht. Ich habe fette Torhüter erlebt, die sich panthergleich in den Winkel des Tores geschraubt haben, dass ich glaubte, in der Matrix zu leben und dem Auserwählten begegnet zu sein. Diese Typen hatten scheinbar die Schwerkraft überwunden und fischen die Kugel aus dem Eck, als wären es kleine Luftballons, die in Zeitlupe unterwegs waren. Allerdings möchte ich mit einem solchen Torhüter keine Liebelei beginnen, auch wenn es eine Frau wäre.

Die süße Franka aus der Nachtschicht führte mich zu ihrem Wagen. Mit dem Schüssel in der Hand öffnete sie das Fahrzeug per Fernbedienung und nickte mir zu, sodass ich begriff: Ich sollte mich auf den Beifahrersitz begeben. Was hatte sie vor? Wollte sie mit mir zu sich fahren? Zu mir konnten wir auf keinen Fall. Wollte sie überhaupt das, was ich glaubte, dass sie vorhatte?

Als ich die Tür hinter mir schloss, sah sie zu mir rüber und lächelte. Sie fackelte nicht lange und zog ihre Bluse mit flinken Fingernägel aus. Offenbar hatte sie es mächtig eilig.

›Will sie denn nicht wenigstens ein bisschen reden?‹, dachte ich, aber das war bei Weitem nicht ihr Plan.

Sie beugte sich zu mir herüber und öffnete das Handschuhfach. Sie kramte und suchte.

›Was wühlt die denn da?‹

Dann schaltete sie für einen Augenblick die Innenbeleuchtung des Autos ein, wurde fündig und schlug das Handschuhfach zu. Für den Bruchteil einer Sekunde sah ich allerdings etwas in dem Fach, dass mich völlig erstarren ließ.

›Verdammt, ich kann das nicht!‹

Es war, als wäre ein Stromschlag durch meinen Körper gefahren. Ich riss die Augen auf, und konnte meinen Kopf nicht zu ihr drehen.

Das Mädel fingerte neben mir an etwas herum und lehnte sich zu mir. »Hier zieht das über.« Sie nahm meine Hand und legte mir etwas hinein.

Mein Schädel rührte sich nicht. Lediglich meine Augen wanderten hinab und erblickten, was es war. Ein Kondom lag in meiner Handfläche. Es fühlte sich an wie ein Skorpion. Ich bewegte mich keinen Millimeter aus Angst, die mir der Inhalt des Handschuhfaches beschert hatte.

»Alles okay, Süßer?«, hörte ich nur und konnte noch nicht mal nicken.

Was tat ich da eigentlich? Wie war ich nur in diese Situation geraten? Wieso ging ich nur so ein Risiko ein? Ich setzte alles aufs Spiel. Mein Leben konnte hier und jetzt enden. Alles würde zerfallen, und niemand hätte nachvollziehen können, was in mich gefahren war.

»Ich ...«, sagte ich und konnte den Satz kaum herausbringen, »... ich kann das nicht.«

Die Frau neben mir grinste. »Du kannst das nicht? Komm, ich helfe dir. Ich roll es dir mit dem Mund drüber. Okay?«

»Nein«, erstmals zuckte ich und hob abwehren die Hände. Ich dachte an das Handschuhfach und an mein Leben. Es war doch alles bestens. Warum sollte das alles hier eventuell enden?

›Für was?‹, fragte ich mich.

»Baby, Baby, komm stell dich nicht so an. Das wird gut. Ich werde auch die Klapperschlange halten. Glaub mir, du wirst es nicht bereuen.«

Nein, ich würde es bereuen, denn ich dachte in diesem Moment nur an Carola. Ich liebte sie. Für was setzte ich das aufs Spiel?

›Für eine Frau mit einem kleinen Arsch? Für eine Frau, die ich seit 10 Minuten kenne?‹, dachte ich.

Das Mädel schnappte mir das Kondom aus der Hand. »Dann lassen wir es halt! Schlappschwanz!« Sie riss das Handschuhfach ein weiteres Mal auf, um das Kondom genervt wieder hineinzuwerfen.

Da sah ich es wieder. Den Gegenstand, der mich erschaudern ließ. So betrunken konnte ich nicht sein, dass ich dabei nicht mein Tun infrage stellte. In dem Handschuhfach befand sich ein Nuss-Nougat-Riegel. Carola liebte diese Süßigkeit. Ich war so froh, dass mich dies wieder zurück ins Leben holte, dass ich deswegen keinen Mist machte. Bisher war im Grunde nichts passiert. Ich hatte nicht fremdgeknutscht oder Schlimmeres. Bisher hatte ich mich nur unterhalten und alles Weitere vermieden.

»Kannst du dich jetzt bitte mal verpissen?«, blaffte mich das Mädel an. »Ich würde heute gerne noch ein bisschen Spaß haben.« Sie wedelte mit den Händen und komplimentierte mich damit aus dem Wagen. »Komm, komm! Husch, husch! Zurück zu Mutti!«

Als ich ausgestiegen war, spürte ich frische Luft durch meine Lunge strömen. Es war ein gutes Gefühl. Tief durchatmend wollte ich schnellsten wieder zurück. Spriddi würde in der Nachtschicht schon auf mich warten, wenn er nicht mit dieser Lolo rummachte.

Bevor die Tür des Wagens zuflog, hörte ich noch ein »Kleiner Pisser!«

›Hm‹, dachte ich wieder völlig bei Sinnen und glücklich der Situation noch entgangen zu sein, ›eine Liebe und ganz Sympathische war sie ja wenigstens.‹

Auf dem Weg zur Tür der Disco raffte ich meine sieben Sinne zusammen. Endlich war ich wieder bei mir, wusste, was ich wollte. Vor ein paar Jahren noch wäre der Abend im Auto zu Ende gegangen. Sex ohne Verpflichtungen. Spriddi und die anderen hätten, wenn überhaupt, erst sehr früh am Morgen von mir ein Lebenszeichen gesehen, und die liebe und sympathische Franka hätte bekommen, was sie verdient hatte.

›Ordentlich einen vor die Buchse‹, dachte ich belustigt, ›aber heute nicht von mir.‹

Ich musste mir nur eine Geschichte für Spriddi und die anderen ausdenken, weil die mich mit Franka ja hatten weggehen sehen. Ich hätte einfach die Wahrheit sagen sollen. Wie konnte ich diesen bescheuerten Blow-Job-Kopfschuss-Spruch nur machen? Hätte ich ahnen können, dass mich diese Lüge so schwer wieder einholen würde?

Kreisligalegende

Kapitel 20

Finale

Kreisligafußball ist, wenn du glücklich bist, dass mal mehr als 50 Zuschauer da sind.

TITUS
VERLAG

Es war 13.30 Uhr. Das finale Spiel sollte um 15 Uhr beginnen. Seit unserem Auftritt auf dem Rasenplatz in Pittlingen hatten wir endlich mal wieder saubere Schuhe in der Tasche. Wir waren am letzten Donnerstag mit unseren hartplatzverstaubten Schuhen aufgelaufen, und der Rasen tat sein Übriges. Dummerweise mussten die Schraubstollen heute in der Tasche bleiben, denn unser Platz war knochenhart und nur mit Tausendfüßlern zu bespielen.

Hardy bat die Mannschaft zusammenzukommen, denn er wollte etwas verkünden. »Männer, heute steht ein schweres Spiel an. Wir müssen mindestens zwei Tore schießen, um überhaupt eine Chance zu haben. Wenn die Säcke aus Pittlingen nur ein Tor machen, müssen wir somit ganze vier machen. Ich denke, die Regeln sind allen klar.«

Ich sah mich in der Runde um und war überrascht keine verwunderten Gesichter zu sehen. Die Lage war scheinbar wirklich allen klar.

»Mit anderen Worten: Die Pittlinger haben uns bei den Eiern. Keiner würde nur einen Cent auf uns setzen. Richtig?«

Einige der Spieler nickten verlegen.

»Aber hier in Germersbach ticken die Uhren ein wenig anders, Männer. Der Verein glaubt an euch. Ihr habt einen wahren Marathon hinter euch. Aber ich möchte betonen, dass ihr diesen Marathon nicht im normalen Lauftempo hinter euch gebracht habt. Männer, denkt doch mal nach, ihr seid die letzten 20 Kilometer im Vollsprint auf die Ziellinie gebrettert. Wem würde da nicht die Puste ausgehen?« Hardy hatte den richtigen Ton getroffen. »Und damit ihr versteht, dass wir vom Vereinsvorstand und von allen Fans an euch glauben und verdammt noch mal mächtig stolz auf euch sind, will ich euch eine Geschichte erzählen.«

Eine Geschichte? Wollte uns Hardy nun mit einem Märchen langweilen, oder sowas? Das konnte er doch nicht wirklich wollen.

»Vor ein paar Tagen, sogar nach dem ersten Relegationsspiel, haben wir etwas für euch veranlasst. Wir sind zu euren Familien und zu euren Chefs gegangen. Wir, das sind der Vorstand und ein paar Freiwillige. Wir haben aus der Vereinskasse Geld genommen und haben es für euch eingesetzt. Warum haben wir das getan, Männer? Weil ihr es verdient habt.«

»Was habt ihr veranlasst?«, fragte Porno, der mal wieder nicht die Klappe halten und einfach zuhören konnte.

»Jeder von euch wird nach Malle fliegen. Morgen früh. Ihr werdet eure Saisonabschlussfahrt nach Spanien machen. Ballermann und Bierkönig. So, wie es sich für eine ordentliche Kreisligamannschaft gehört. Ob B-Klasse oder C-Klasse, ihr werdet fliegen! Eure Familien wissen Bescheid, wir haben bei euren Chefs Urlaub eingereicht …«

»Ich hatte gar keinen Urlaub mehr«, rief Spriddi.

»Ja, dein Chef war eine harte Nuss, das stimmt. Aber er hat einem Vorschuss auf deinen Urlaub für nächstes Jahr zugestimmt. Dafür hast du eben nächstes Jahr weniger frei.«

Die Mannschaft lachte, als Spriddi ein blödes Gesicht zog. »Na toll!« Irgendwie konnte Spriddi seine Freude in diesem Moment nicht so ganz zeigen.

Die Runde schwieg eine Weile. Die Erkenntnis waberte noch im Raum umher und stieg nur sehr sachte empor. Langsam kroch sogar ein Grinsen auf das Gesicht des ein oder anderen.

»Wer bezahlt das alles?«, wollte Porno wissen.

»Es ist bereits alles gezahlt«, meinte Hardy.

»Und wenn wir es heute nicht schaffen?«, fragte ich dann.

Hardy sah mich an. Für einen Moment ganz ernst. Dann sagte er: »Wenn ihr verliert, dann fahrt ihr trotzdem. Und der Verein zahlt. Männer, wir sind so stolz auf euch.«

Da fingen die ersten Spieler an zu realisieren, was unser Präsident da gerade von sich gegeben hatte. Allgemeine Freude brandete auf. Porno, Spriddi und Torben klatschten in die Hände. Diver ballte vor Begeisterung die Fäuste, und selbst ich konnte meine gute Laune nicht zurückhalten.

»Seht es einfach als einen Vorschuss auf die kommende Saison. Nächstes Jahr wollen wir aufsteigen. Ob nun aus der C-Klasse oder in die A-Klasse, beides wird eine geile Party.«

Hardy hatte einen Trumpf gezogen, den alle Trainer oder Präsidenten des Vereins ziehen, wenn es mal schlecht läuft: sie motivieren die Mannschaft mit Bier – in diesem Fall mit viel Bier auf Mallorca.

Die Euphorie war im Team kaum zu bremsen, wir würden morgen nach Malle fliegen. Die Tickets waren schon gebucht und bezahlt. Jeder hatte Urlaub und frei von Familie oder Freundin. Wie geil war das denn?

»Na dann«, rief ich sogleich in die Runde, »dann lasst uns doch mal die Drecksäcke aus Pittlingen weghauen! Was haben wir zu verlieren?«

Ich betrat das Sportgelände in Germersbach an diesem Spieltag recht spät. Das Spiel würde gleich beginnen. Heute war jedoch etwas anders. Etwas lag in der Luft. Ich hatte den Eindruck, dass sowohl die Fans als auch die Mannschaft neuen Mut gefunden hatten, aus dieser aussichtslosen Lage vielleicht doch noch einen Gesamtsieg herauszuholen. Ich sah in die Gesichter der Spieler, die aus den Kabinen kamen und erkannte zweierlei Einstellungen: Die Pittlinger waren von sich überzeugt, allen voran der arrogante und wiedergenesene Valentin. Die trugen die Überzeugung in sich, dass ihnen niemand den Aufstieg in die Kreisliga B entreißen konnte. Mit dem Ergebnis im Rücken hatten sie sich mit diesem Gefühl allerdings auch nicht sonderlich weit aus dem Fenster gelehnt. Zum anderen waren da die Männer um Tobi. Sein Team machte einen merkwürdigen Eindruck auf mich. Jemand musste ihnen die Motivation und den Glauben an sich selbst wiedergegeben haben. Was war nur geschehen?

Kurz vor Anpfiff blickte ich in die Zuschauerränge. Die Kulisse war für ein Kreisligaspiel atemberaubend. Ich entdeckte unglaublich viele Gesichter. Allen vorneweg die wichtigen Fans: Ulla war natürlich da, für sie war es heute das Spiel des Jahrhunderts, auch wenn sie mehr Spiele vom TuS Germersbach gesehen hatte, als wir alle zusammen. Schakkeline stand neben ihr, die komplette zweite Mannschaft unterstützte uns und ich wartete nur noch auf den Anpfiff.

Der Schiedsrichter zelebrierte sein sich immer wiederholendes Spiel mit den Torhütern: Er bat um Handzeichen, ob sie bereit seien, und wie fast immer stand einer der beiden orientierungslos in seinem Strafraum herum. Diesmal war es der Pittlinger Torwart. Torben zeigte sich hochkonzentriert.

Von der ersten Minute an gaben wir Gas. Das Risiko war auf Pittlinger Seite. Malle war uns sicher, und im Grunde war die gesamte Relegation nur noch durch ein Wunder zu unseren Gunsten zu drehen. Wenn wir dieses Wunder realisieren wollten, dann mussten wir allen zeigen, dass es in uns steckte.

Mir war es plötzlich nicht wichtig, wer da vor uns stand. Ob Spieler aus der Gruppenliga, Boten aus der inneren Hölle oder V persönlich. Ich musste mich auf mein Spiel konzentrieren. Am Ende kackten doch ohnehin alle nur in eine Porzellanschüssel. Die mussten zudem noch mit unserem ungewohnten Hartplatz zurechtkommen. Ein Vorteil, den wir gerne nutzen wollten. Wir hatten auf dem verhassten Untergrund wenigstens trainiert. Nichtsdestotrotz waren unsere Gegner Menschen mit Emotionen und Kräften, die es zu zermürben galt. Wir wollten am diesem Tag siegen, das war der ganzen Mannschaft klares Ziel.

Auch wenn Spriddi gesperrt von der Bank zusehen musste, war er für alle eine moralische Unterstützung. Er feuerte jeden Spieler an und ließ davon nicht eine Sekunde ab. Selbst Einwürfe wurden mit motivierenden Zurufen kommentiert. Dabei konnte eigentlich beim Einwurf nicht viel schiefgehen. Es war die einzige Situation, in der ein Feldspieler legitim und den Regeln entsprechend den Ball in die Hände nehmen durfte – sogar musste.

Ein Einwurf erfolgte im Normalfall, wenn der Ball von einem Spieler durch Unvermögen und mangelnder technischer

Begabung nicht mehr innerhalb der Feldbegrenzung gehalten werden konnte und somit seitlich über die Linie kullerte oder flog.

Schon in der 13. Minute keimte erste Hoffnung auf. Pommes passte auf Porno, der einen zwar kläglichen Schuss auf das Gehäuse von Pittlingen abgab, aber die Zuschauer riefen trotzdem: »Uijh! Das war knapp! Komm, weiter! Der nächste sitzt!«

Das taten die Zuschauer immer, wenn sie heiß aufs Spiel waren. Und wenn man schon 208 Mal am Tor vorbeigeschossen hatte, riefen sie kontinuierlich: » Uijh! Das war knapp! Komm, weiter! Der nächste sitzt!« oder »Die kochen auch nur mit Wasser!« Ebenfalls beliebt war natürlich immer der Rat der Zuschauer: »Lass den Ball unten!« Ja, wir sollten flach spielen, das wussten wir natürlich, aber das war gar nicht so einfach.

Natürlich beleidigten unsere Fans auch regelmäßig die Gegner, wie zum Beispiel mit: »Ey, Stürmer, du trifft ja noch nicht mal ein Scheunentor!« Aber eigentlich wollten sie uns nur motivieren mit: »Super, Jungs, weiter so!« Wenn wir aber wirklich so weiter spielen würden, wären alle Bälle zu weit oder zu lang oder zu hoch oder zu fest geschossen. Man durfte eben nicht immer auf die Zuschauer hören, auch wenn die es nur gut meinten.

Ohne Frage wurde auch der Schiedsrichter auf Fouls aufmerksam gemacht – natürlich die der gegnerischen Spieler - nur auf die der Gegner: »Ey, Schiri, immer der Gleiche!« Oder wenn man als Zuschauer einen offensichtlichen Fehler des Unparteiischen entdeckt hat: »Ey, Schiri, das kann man aber auch mal pfeifen!« Meistens riefen sie allerdings nur »Schiri!«, ohne weiteren Zusatz.

Zudem kamen Rufe aus dem Publikum: »Weiter, Jungs! Die können nix!« Dabei führten die Gegner oftmals bereits 3:0 oder höher. Dann stellte sich die Frage: Wenn die führten und nichts konnten, was hieß das dann für die eigenen Fähigkeiten? Naja, egal.

Es dauerte nicht lange, genau zwei weitere Minuten. In der 15. Minute geschah es, da schickte Diver Porno mit einem langen Einwurf in die Tiefe, der überrannte einen der Verteidiger aus der angeblichen Gruppenliga und semmelte den Ball am gegnerischen Keeper vorbei unter die Latte. Die Führung stand uns gut, wir feierten sie an der Eckfahne bereits wie einen Sieg.

Das Ziel der Ziele hatten wir nun also erreicht. Wir hatten ein Tor erzielt. Dies war der Maßstab allen Lebens auf dem Fußballplatz. Wer es schaffte, ins Tor zu treffen, und das auch noch bei einem Relegationsspiel, war für wenige Sekunden der Gott aller Fans! Männerherzen schlugen höher, Frauenhöschen tränken sich mit zarter Flüssigkeit. Jeder liebte den Torschützen. Porno rannte mit stolz geschwellter Brust seine obligatorische Bahn an den Anhängern des TuS Germersbach vorbei, scheinbar auf der Flucht vor seinen Mitspielern, die ihn in einem riesigen Knäuel der Freude unter sich begraben wollten. Das schafften sie allerdings erst an der nächsten Eckfahne. Porno war nun der Held, dabei war es allerdings auch unerheblich, ob er das Tor nun gekonnt oder mit einer gehörigen Packung Dusel erzielt hatte.

Selbst Torben war aus seinem Kasten gerannt gekommen, um Pornos Tor an der Eckfahne zu bejubeln. So schnell wie er dort hingerannt war, hatte ich ihn noch nie gesehen. Ohnehin war er an diesem Tag gut drauf. Ein paar gutplatzierte Bälle der Pittlinger parierte er gekonnt, und ein wenig Glück hatte er auch noch. Endlich hielt er auch mal einen Unhaltbaren. In seinem Alter wurde das auch langsam mal Zeit.

›Wenn das so weitergeht, wird Torben morgen in Malle noch eine Frau ins Bett bekommen‹, dachte ich für eine Sekunde, konnte mich aber trotz der guten Laune auf mein Spiel fokussieren.

In der 35. Minute stockte allen Fans des TuS Germersbach der Atem. Durch ein ungeschicktes Handspiel verursachte Pommes einen Elfmeter gegen uns. Ich wusste nur zu gut, wie er sich in diesem Moment fühlte.

Natürlich war es bei einem Sport namens Fußball nicht regelgerecht, den Ball mit der Hand zu berühren. Müsste doch jedem einleuchten, oder? Tat es aber leider nicht immer. Es gab dabei nämlich Grauzonen, die eine gewisse Interpretationsfreiheit offen ließen. Ein unbeabsichtigtes Spiel mit der Hand, das dem Spieler keinen Vorteil verschaffte, wurde von dem Schiedsrichter oftmals nicht geahndet.

Das beabsichtigte Spiel mit der Hand zog allerdings außer einem Freistoß oder einem Strafstoß meist eine Gelbe Karte nach sich, konnte aber auch mit einer Roten Karte bestraft werden, wenn eine klare Torchance des Gegners auf diese törichte Art verhindert wurde. Da handelte jeder Schiedsrichter in der Kreisliga, wie er gerade wollte. Ergo, Handspiel lohnte sich nicht.

Natürlich musste jeder Schiedsrichter noch für sich klären, was der Begriff ›Hand‹ beim Fußball überhaupt bedeutete: Als Hand galt der Bereich des Körpers von der Schulter abwärts, also Oberarm, Unterarm und natürlich, wäre ja auch ziemlich doof wenn nicht, die Hand selbst mit all ihren Fingerchen. Es zählte allerdings auch als ein Handspiel, wenn der Ball mit einem Hilfsmittel, einem entnommenen Schienbeinschoner oder einem Stock, weggeschlagen wurde. Das ist eine offizielle Regel. Ohne Witz!

Der Kapitän des FC Pittlingen trat bei dem Handelfmeter als Schütze an. Der Spielführer sollte die Aufgabe übernehmen, die dritte Mannschaft des Clubs schlussendlich und schier uneinholbar in die B-Klasse zu schießen. Ein schwierigeres Unterfangen, als man glauben mochte. Jonas Friem hatte die Hosen voll, dass sah ich ihm an. Ich konnte regelrecht seine Gedanken lesen.

›Ach, du Scheiße, jetzt bin ich der Arsch, der die verdrecke Pille da reinjochen soll? Schieß ich das Ding nun links oder rechts rein? Wenn ich das Ding nach links schieße, schaue ich dann nach rechts, um den Torwart zu irritieren? Wenn ich nach rechts schaue, weiß der Mistkerl bestimmt, dass ich ihn veräppeln will. Wenn er aber weiß, dass ich denke, er wüsste, dass ich ihn veräppeln will, weiß er auch, dass ich ihn nicht nach links sondern nach rechts schieße. Verdammt, der Sack hat heute einen guten Tag. Was mache ich nur? Ich könnte den Ball allerdings auch einfach in die Mitte knallen und hoffen, dass der Keeper, dämlich wie er sonst immer ist, einfach in eine Ecke springt. Wenn der Hund aber einfach stehen bleibt und ihm die Kugel in die Arme kullert, bin ich der Vollpfosten des Tages. Nee, ich schieße doch links hin und schau direkt auf den Ball, dann sehe ich zwar nicht, was der Torwart macht, aber ich könnte sowieso nichts mehr in dem Moment ändern, wenn ich durchziehe. Also, links. Okay, links. Ich schieß sowieso immer links, also, was mach ich mir da noch Gedanken. Aber wie nach links? Flach ins Eck oder hoch in den Winkel? Ich kenne mich, wenn ich den in den Winkel hauen will, befördere ich den Ball in die Wolken. Und will ich den Ball genau unten ins Eck setzen, springt er gegen den Pfosten oder vollkommen vorbei. Ach, geschissen drauf, ich dresche das Ding jetzt einfach rein. Wird schon schiefgehen. Hoffentlich bewegt sich der Torwart zu früh von der Linie, und der Schiri gibt mir noch eine zweite Chance.‹

Jonas Friem hatte sich so dermaßen eingeschissen, dass man es von Weitem geahnt hatte. Als er anlief, hatte das keine Power. Der Schuss konnte nur ein Reinfall werden.

Als ich Torben sah, wusste ich, was er dachte. Er dachte das, was allen Torhütern in diesem Moment durch den Kopf ging. Keeper waren nicht so verworren wie die Spieler. Warum auch? Sie hatten ja eigentlich nichts zu verlieren.

›Der kann machen was er will, ich spring nach rechts.‹ Und Torben tat genau das.

Dummerweise kickte auch Jonas Friem den Ball im letzten Moment auf die rechte Seite. Das auch noch so schlecht, dass es noch nicht mal der Kreisklasse C würdig gewesen wäre. Torben gelang sogar the worst Case für jeden Spieler: Er fing den Ball lässig auf. Todesurteil für den Schützen!

›Na, Torben, jetzt müssen wir dir auf Malle wirklich eine Frau besorgen‹, dachte ich nur. ›Nach der Glanzparade hast du sie dir verdient.‹

Dabei war eine Glanzparade eigentlich ein Zufallsprodukt. Eine Mischung aus purem Glück und innerer Intuition. Kein Torwart konnte eine Glanzparade planen. Er konnte nur hoffen, dass der Herrgott ein Einsehen hätte und die Glanzparade dem Keeper im richtigen Zeitpunkt passieren würde. Während einer solchen Topleistung, die sich in einem Bruchteil einer Sekunde abspielte, hatte der Torhüter sein Hirn völlig auf Durchzug gestellt, bewegte sich in einem Tunnel und bediente sich lediglich seiner tierischen Instinkte. Meist im freien Flug reagierend registrierte der Held der Sekunde selbst noch nicht einmal seine Tat und schaute am dämlichsten von allen, wenn er sich wieder aus dem Dreck erhob und versuchte, das soeben Geschehene zu rekonstruieren. Erst wenn einige seiner Mitspieler ihm anerkennend auf die Schultern klopften, kapierte er, dass gerade etwas Wundersames vonstatten gegangen sein musste: Ein Engelein musste vom Himmel gekommen sein, um ihm und der ganzen Mannschaft eine Glanzparade zu schenken.

Wir schwammen im Anschluss an den gehaltenen Elfer auf einer Welle. Die Pittlinger hatten nichts hervorzubringen. Wir waren die Platzherren und drängten auf ein 2:0. Als Diver kurz vor der Halbzeit seine bisher einzige Chance im Spiel nutzte, brachen vorerst alle Dämme. Wir hatten die Relegation ausgeglichen. Wieder feierten wir vor unseren Fans an der Eckfahne, als wäre Karneval in Kölle und Rio gleichzeitig.

So sah ich Tobi am liebsten. Als er sich mit seinen Teamkollegen freute, diese 2:0 Führung geschossen zu haben, ging in mir das Herz auf. Sollte das Wunder unseren Germersbachern tatsächlich gelingen? Ich wünschte es mir so sehr. Ich wünschte es mir so sehr für Tobi. Er sollte wieder glücklich sein. Er hatte in den letzten Monaten ausreichend emotionale Tiefgänge erleben müssen. Dazu hatte ich natürlich meinen Beitrag geleistet und ihn nicht verschont, das war klar. Aber Tobi war ein guter Mann, er hatte den Sieg verdient.

In der Halbzeitpause konnte in der Kabine kaum einer sitzen. Wir hatten alle Hummeln im Arsch und konnten es gar nicht erwarten, wieder auf den Platz zu gehen. Die Fans sollten uns weiterhin bejubeln. Immerhin waren endlich mal über 180 zahlende Besucher auf dem Platz. Das war Saisonrekord. Der bisherige Saisonrekord der Besucherzahlen mit 56 wurde damit locker überboten. Das konnten wir einfach nicht in der Kabine aussitzen. Zu sagen gab es ohnehin nichts. Wir mussten raus.

Ich verließ nach mickrigen drei Minuten Aufenthalt die Kabine als Letzter. Wir waren voller Elan, wie ich es so kaum zuvor erlebt hatte. Den Schwung der ersten Halbzeit wollten wir in die zweite Hälfte mitnehmen, um das Wunder von Germersbach zu vollenden. Doch wurde ich davon zunächst abgehalten.

Ich konnte nicht mehr warten. Tobi sollte wissen, was ich für ihn empfand. So fing ich ihn vor der Kabine ab. Glücklicherweise hatte es keiner seiner Spieler registriert, dass ich Tobi aufhielt.

»Hey, Tobi«, sagte ich, und er merkte sofort, dass es keine Zufallsbegegnung war.

»Hey!«, begrüßte mich Tobi, und die sanfte Tonlage in seiner Stimme machte mir Mut. »Ich muss auf den Platz.«

»Ich weiß, Tobi, ich will nur eine Minute mit dir reden.« Sein Gesichtsausdruck zeigte mir, dass er die Minute gewährte.

Ich schluckte und dachte daran, als Valentin zuletzt bei mir war und sich an meinen Hals drückte. Auf meiner Couch saß ich mit ihm und spürte seinen Atem wieder und roch sein Parfüm. Für einige Momente ließ ich es zu und schloss die Augen. Ich schwebte in Gedanken dahin und liebte es, dass sich Tobi so um mich kümmerte. Wenn ich seine Nähe spürte, dann … Moment! Tobi? Es war Valentin, der mich da küsste. Im selben Augenblick spürte ich Valentins Hand sich um meine Hüfte winden, die sich zu meinem Schritt vorarbeitete.

›Was … was zum Teufel …?‹, dachte ich und schnellte auf dem Sofa herum.

»Würdest du das bitte lassen?«, stieß ich hervor.

Doch Valentin war in einem Modus angelangt, in dem er nur schwer gestoppt werden konnte. »Dann sag mir, was ich sonst tun soll, Babe. Ich küsse dich überall, wenn du willst.«

»Du sollst mich nicht überall küssen.«

Valentin säuselte und ließ nicht von mir ab: »Dann eben nur an einer bestimmten Stelle. Das hab ich sowieso viel lieber …«

Es blieb mir nichts weiter, als ihm ordentliche eine zu knallen, damit er aufwachen würde. Dass es so einen Schlag tat, überraschte mich ebenfalls. Noch nie musste ich jemandem derart eine Ohrfeige geben. Dieses Geräusch erklang schallend und erniedrigend für Valentin zugleich.

Er erschrak und riss die Augen auf, wandte sich ab, hielt sich die Wange, und für einen kurzen Moment dachte ich, gleich würde ich auch eine abbekommen. Jedoch sprang Valentin auf und rannte aus dem Zimmer in die Küche. Dort kramte er etwas umher und stürzte plötzlich wieder ins Wohnzimmer.

Ich wollte nur, dass er ging. Er sollte aus meiner Wohnung verschwinden. Was sollte das alles noch? Ich wollte diesen Typen nicht in meiner Nähe haben und wenn er noch so hübsch aussah. Er war ein Widerling, ein arroganter Angeber und nur auf sich selbst fixiert.

Doch Valentin ging nicht einfach so hinaus. Er schrie mich an: »Du weißt ja gar nicht, was dir entgeht, meine Kleine. Jede andere würde sich alle zehn Finger nach mir lecken und mir auch einen von der Palme wedeln, wenn ich sie ranlassen würde.« Dabei schwang er wild mit der Brötchentüte herum. Scheinbar wollte er die nicht verzehrten übrigen zwei oder drei Brötchen nicht mir überlassen, sondern sie mitnehmen. »Du glaubst wohl, dass du dich ein bisschen zieren musst, damit ich dir hinterherrenne? Da hast du dich geschnitten. Wenn ich hier rausgehe, dann rufe ich eine aus meinem Telefonbuch an, und ich schwöre dir, in einer Viertelstunde nagel ich einfach irgendeine andere an die Wand, weil ich Lust darauf hab. Du bist doch nichts Besonderes, nur weil du mit diesem Flachwichser Tobi zusammen bist. Normalerweise würde ich dich doch nicht mit dem Arsch angucken mit deinen kleinen Titten.« Eine Sekunde später flog meine Wohnungstür zu, und ich war froh, dass es vorbei war.

Nun verstand ich auch, was er die ganze Zeit über gedacht haben musste. Er wollte mich, weil ich für ihn noch die Freundin von Tobi war. Nun machte alles noch mehr Sinn. In diesem Moment sehnte ich mich so sehr nach meinem lieben Freund und Partner.

Als Tobi auf dem Sportgelände in Germersbach in seinem Trikot vor mir stand, pochte mir das Herz. »Ich will auch nicht drumherumreden, Tobi. Es ist so: Seit wir getrennt sind, fehlst du mir unendlich. Ich denke immer an die Zeit, als wir zusammen waren. Auch schon bevor ich wusste, dass du nichts mit der Frau aus der Nachtschicht hattest.«

In diesem Augenblick sah ich Tobis Überraschung und dass er sich fragte, woher ich das wusste. »Du hast es mir immer wieder versichert, Tobi. Leider habe ich dir nie geglaubt. Aber ich hatte ein längeres Gespräch mit Pommes. Er hat mir die Wahrheit erzählt und mich gebeten, alles noch einmal zu überdenken.«

Tobi schwieg und sah mich abwartend an. Ich wusste nicht, ob er gut fand, was ich da sagte.

»Und … ich habe es überdacht. Tobi, ich liebe dich. Ich möchte wieder zu dir gehören.«

In diesem Moment kam er auf mich zu und nahm mich in den Arm. Unser Kuss fühlte sich liebevoll und echt an. Es war das, wonach ich mich seit einer halben Ewigkeit gesehnt hatte. Ein Kuss von meinem Tobi. Nicht von einem schmierigen Lappen, der nur an sich dachte und von Tor zu Tor und von Orgasmus zu Orgasmus lebte.

»Da gibt es aber ein Problem«, meinte Tobi dann leise.

Es durchfuhr mich wie ein Blitz. Hatte er eine neue Freundin? Was für ein Problem sollte es geben?

»Ich muss jetzt mal kurz Fußball spielen!« Er grinste mich an.

Mit einem Klapps auf die Schulter schickte ich ihn fort. »Das ist kein Problem, du Dollo«, doch ich hielt ihn für einen Moment am Arm fest. Es gab noch etwas Wichtiges zu sagen. Ich zog ihn am mich und flüsterte ihm ins Ohr: »Nur zur Info, ich hatte nie etwas mit diesem Valentin-Spinner.«

Als ich auf den Platz kam, spürte ich so viel Energie in mir, dass mir fast das Trikot geplatzt wäre. Die Jungs warteten auf mich und auf das Team aus Pittlingen. Ich hatte noch einen Moment, um mich zu sammeln und mich unter den Zuschauern umzusehen. Hardy unterhielt sich mit Ulla, und neben ihnen entdeckte ich meinen alten Trainer Charly. Carola reihte sich bei unseren Fans ein, und Spriddi hatte ein Bier am Hals. Der konnte nicht früh genug mit dem gemütlichen Teil des Tages beginnen.

Auf der anderen Seite konnte ich Patrick Heller sehen. Er sah nicht mehr ganz so gelassen aus, denn ihm war klar, dass es nun mit seinem Team böse enden konnte. Aber dann kamen auch schon unsere Gegner aufs Feld. Was sie wohl in der Kabine für eine Taktik besprochen hatten, um heute nicht unterzugehen? Mir war es scheißegal.

Also schritt ich zum Anstoß. Damit sollte es also beginnen. Damit fing beim Fußball alles an. Durch einen kurzen Pfiff des Schiedsrichters wurde das Zeichen zum Spielbeginn gegeben. Ich spielte den Ball über die Mittellinie nach vorne zu einem Mitspieler. Dieser musste dabei mindestens eine volle Umdrehung zurücklegen. Erst dann galt für mich der Anstoß als vollendet, und die Spieler rannten los. So war das schon immer in der Kreisliga. Als ich noch vor Monaten mitbekommen hatte, dass der Anstoß nun auch mit einem Spieler aus der Mitte nach Hinten ausgeführt werden konnte, fiel ich vom Glauben ab. Das wollte ich in der Kreisliga noch nicht zulassen und ließ den Anstoß noch old school durchführen. Es dauerte schon immer lange, bis eine Regeländerung bei den Menschen ankam.

Genauso musste es vor Jahrzehnten bei der Einführung der Rückpassregel gewesen sein. Während die Recken namens Sepp Maier und Franz Beckenbauer noch mit einem lässigen Rückpass auf den Torwart, der den Ball hatte aufnehmen dürfen, die Eier geschaukelt hatten, war das in unserer modernen Zeit vollkommen anders.

Beim Rückpass spielte der Torwart eine höchst entscheidende Rolle. Entweder er erkannte die Spielsituation und handelte korrekt, oder er machte sich vor allen Leuten zum Hansel. Bei einem Rückpass konnte der Torwart ganz tief in die Kacke greifen oder auf Nummer sicher gehen, woraufhin keiner im Anschluss weiter über den Spielzug sprach.

Denn nahm er den Ball in die tollpatschigen Hände, obwohl das runde Synthetikleder vom Fuß des Mitspielers gekommen war, so brüllten alle Zuschauer, und der Schiri pfiff einen Freistoß, der nur ein paar Meter vor dem Kasten ausgeführt werden musste. Nicht selten senkte sich daraufhin das Spielgerät ins Netz. Glücklicherweise passierte Torben dieses Missgeschick in dieser Saison bisher nicht.

Kurz nach dem Anstoß beging unsere Abwehr jedoch einen herben Fehler. Etwas, was man in der Kreisliga normalerweise nie tut. Eine Abseitsfalle war für jeden Torhüter, die Fans und alle Trainer die haarsträubendste taktische Variante des ganzen Spiels. Abwehrspieler, die nicht auf der Höhe des Geschehens waren, brachten ihren Keeper in vermeintlich lustig anzuschauende Eins-zu-Eins-Situationen, die der Keeper selbst doch so über alles hasste.

Nun durfte der Torwart durch den Strafraum hüpfen wie ein Laubfrosch und sich richtig schön nass machen lassen. All das, nur weil die nette Abseitsfalle dummerweise von irgendeinem Schwachkopf in der Verteidigung aufgehoben wurde. Abseitsfallen wurden in der Kreisliga eigentlich aus einem bestimmten Grund nicht gespielt: weil die Schiedsrichter das Abseits so gut wie nie erkannten.

Auch in diesem unseren Fall bin ich der Meinung, dass unsere Abwehr eigentlich richtig gestanden, aber angesichts eines Kreisligaschiris mit seinem Kreisligalinienhansels hochgradig fahrlässig gehandelt hatte. Der Pittlinger Stürmer ging von Valentin angespielt auf Torben zu, tanzte ihn aus und schob den Ball über die Linie. Es stand mit einem Mal 1:2. Das bedeutete, dass die Partie im Grunde wieder von vorne losging. Wieder mussten wir zwei Tore schießen. Eines war jedoch sicher: Eine Verlängerung würde es nicht geben.

Die Verlängerung wurde üblicherweise nur in Turnierspielen ausgespielt oder eben in der Relegation. Wenn es nach 90 regulären Minuten keine Mannschaft gepackt hatte, sich mehr Tore einschweißen zu lassen als der Gegner, so mussten alle weiterhin ran. Selbst Spieler, die körperlich völlig am Ende waren, sollten nun noch mal 30 Minuten kicken. Krämpfe und Erschöpfungszustände waren vorprogrammiert.

Dem entgingen wir heute also. Aber es mussten nun wieder zwei Tore her. Wir hatten das bereits in der ersten Hälfte geschafft, warum sollten wir das also nicht noch einmal schaffen? Demnach stürmten wir weiter. Keiner dachte ans Aufstecken. Wir waren nach wie vor das bessere Team auf dem Platz.

Schon in der 55. Minute waren alle in heller Aufregung. Ich drosch den Ball aus vollem Lauf Richtung Pittlinger Tor. In diesem Moment, wusste ich: ›Das könnte was werden!‹

Ich verfolgte die Flugbahn und erkannte, dass mich mein Kennerblick nicht getäuscht hatte. Nun brachen bange Momente an, die sich wie Stunden anfühlen. Je näher der Ball an die Torlinie flog, desto eher keimte die Vermutung in mir: ›Mist, hoffentlich geht das gut!‹

Präzise in dem Moment, als der Aufprall des Balles auf das Gestänge in Folge physikalischer Gesetzmäßigkeiten einen dumpfen Ton auslöste, zerplatzten in mir sämtliche Träume auf das Tor des Tages. Es hätte alles so schön sein können, aber nein, der Pfosten ließ die Kugel unerreichbar ins Toraus prallen.

Ein Schuss, der an den Pfosten oder wahlweise auch an der Querlatte landete, war so wertvoll wie ein Haufen Scheiße, auch wenn er sein Ziel nur um wenige Zentimeter verpasst hatte. Selbst mit einer ganzen Reihe von Pfosten- und einer Vielzahl von Lattentreffern war kein Blumentopf zu gewinnen. Leider!

Zwischen der 60. und der 70. Minute liefen wir etwa zwölf Mal ins Abseits. Dies war im Fußballsport die wohl am meisten und am heftigsten diskutierte Regel. Jeder sah es bei einem Livespiel anders, aber ausschlaggebend war die Meinung des Schiedsrichters. Wahrscheinlich verstanden diese Regel wirklich nur die Allerwenigsten.

Dabei ist es doch ganz easy zu verstehen. Wenn im Moment der Ballabgabe, der Spieler als einziger zwischen Keeper und Tor..., nee, Moment mal,... wenn der Spieler zwischen Gegenspieler und..., äh, und was eigentlich? Noch mal von vorne: In dem Augenblick, wenn der Fuß den Ball verlässt ..., andersherum, ... wenn der Ball den Fuß verlässt, also, wenn der Ball getreten wird und der Spieler auf gleicher Höhe mit dem letzten Spieler vor dem Torwart steht, dann ..., ja, was dann? Ist er dann im Abseits oder gerade so nicht? Hmm! Ach, geschissen drauf. Abseits war in der Kreisliga schon immer, wenn die Zuschauer besonders laut geschrien haben und der Schiedsrichter sich davon hatte beeinflussen lassen! Fertig!

Dass wir aber so zahlreich ins Abseits gelaufen waren, zeigte noch nur, dass wir überlegen waren. Wir mussten unsere Überlegenheit jedoch auch in zählbare Erfolgserlebnisse ummünzen. Bisher hatten die Pittlinger ganz gut dagegen gehalten und hatten in den entsprechenden Momenten das nötige Glück. Uns lief die Zeit davon.

Fünf Minuten vor Ablauf der regulären Spielzeit wurde Porno mit einer astreinen Blutgrätsche kurz vor dem Strafraum gestoppt. Diese knochenzertrümmernde Aktion war häufig eine Folge unkontrollierbarer Wut oder Enttäuschung. Hier war es eher Verzweiflung. Die Pittlinger verteidigten mit Mann und Maus und allem, was sie hatten. In vielen Fällen, auch in diesem, wurde die Blutgrätsche von hinten ausgeführt. Der mit Adrenalin zugedröhnte Verteidiger flog mit ausgestrecktem Bein, durchgedrücktem Knie, mit vollem Körpergewicht und einem überdurchschnittlichen Tempo in die Waden von Porno. Gefolgt von einem hallenden, herben, schmerzverzerrten Schrei Pornos tat der Vollstrecker so, als hätte er keine andere Möglichkeit gehabt und hob entschuldigend die Ärmchen. Er war doch angeblich nur ein Opfer der Umstände. Ein Narr des Schicksals. Von dem ausnahmsweise recht guten und konsequenten Schiedsrichter wurde der Narr mit Rot belohnt.

Der Ball wurde an den Ort zurückgelegt, an dem die Untat geschah. Hier lag er einige Sekunden, bis der Auserwählte antrat. Ich stimmte mich einen Moment mit Pommes ab, der den Freistoß ausführen wollte. Dieser checkte kurz und knapp die Lage, wartete bis die Pittlinger ihre Fünf-Mann-Mauer gestellt hatten und drosch den Ball in Richtung Tor. Der Pittlinger Keeper flog ins Torwarteck und konnte den Ball nicht festhalten. Porno setzte nach und staubte sauber ab.

Der Torjubel des 3:1 fiel sparsam aus, denn wir mussten jede Sekunde der Spielzeit nutzen. Wir brauchten noch ein Tor. Nur noch eins, dann wären wir durch. Das konnten wir schaffen. Mit Nachspielzeit hatten wir gute sieben bis acht Minuten. In diesem Zeitraum wurden schon Helden gezeugt, und in der Vergangenheit war schon mehr als nur ein Tor gefallen. Erst recht in der Kreisliga.

Mein Moment sollte in der 88. Minute kommen. Auf eine solche Chance wartete ich schon seit Jahren. Seitdem ich als Frischling in meinem ersten Seniorenspiel die Pille ins Netz gezimmert hatte. Diesmal flankte mein guter Freund Pommes von der rechten Seite, und die Abwehr des FC Pittlingen vernachlässigte mich an der Strafraumgrenze sträflich. Damals war ich ein guter Springer, aber nun musste ich mich arg verrenken, um eine ähnliche Bewegung hinzubekommen.

Tollkühn warf ich mich hinterrücks in die Luft, um den heranfliegenden Ball mit dem Fuß über mich hinweg zum Tor zu befördern. Dabei lief ich Gefahr ungebremst aus 80 bis 100 cm Höhe auf mein Steißbein zu knallen, wenn ich den Ball verfehlte. So würde ich zur Witzfigur werden. Die Leute lachten sich gerne scheckig über einen Trottel, der sich mit dieser artistischen Einlage bei den Zuschauern Ansehen verschaffen wollte. Sollte der Fallrückzieher jedoch gelingen, war Ruhm und Ehre die Folge. Genie und Wahnsinn lagen eben nahe beieinander. Wie so oft ließ sich die Gunst der Menschen nicht ohne Risiko gewinnen.

Meiner Meinung nach traf ich den Ball perfekt, sodass er im Bogen auf das Tor flog. Auf dem Boden liegend verfolge ich die Flugbahn und hoffte. Doch das Spielgerät prallte in der Nähe des Winkels an die Latte und zurück ins Feld. Ich hatte scheinbar Pech, aber dem war nicht so. Das Leder dotzte einem armen Teufel aus Pittlingen vor die Füße. Er konnte nicht schnell genug reagieren und fälschte den Ball so ungünstig ab, dass das Eigentor nicht zu verhindern war. Sofort kam mir mein erster Hurenstreich in den Sinn, der mir als junger Fußballer geglückt war. Damals war es schön einen solchen Treffer zu erzielen, doch heute war es umso wichtiger.

Wir feierten das 4:1, als wäre es mein Treffer gewesen. Wir hatten es geschafft. Mit diesem Ergebnis waren wir gerettet. Die C-Klasse konnte uns mal. Das Wunder sollte perfekt sein. Der Kreisligafußballgott hatte ein Einsehen und ließ das bessere Team siegreich sein.

Unser Jubel war unvergleichbar. Von einer Sekunde auf die andere hing der Himmel voller Geigen. Zuschauer, die sich vorher noch nicht einmal mit dem Arsch angeschaut hatten, lagen sich nun in den Armen und schworen sich scheinbar ewige Treue. Ersatzspieler küssten sich, obwohl jeder von denen Mundgeruch wie eine läufige Bernhardinerdame hatte.

Elf Spieler rannten aufeinander zu, bilden einen riesige Knäuel und hatten sich einfach nur lieb. Wir wollten uns niemals wieder trennen, und niemand würde es je wagen, sich zwischen diesen Berg von Gefühlen und ekstatischen Emotionen zu drängen - außer der Schiedsrichter, der scheiß Spielverderber. Die olle Hackfresse unterbrach die heiße Orgie mit einem schrillen Pfiff, dass es mir in den Ohren wehtat. Durch dieses bekloppte Rumgepfeife verging allen die Lust am Schmusen, und wir Spieler trotteten langsam wieder auf unsere Positionen.

Der Schiedsrichter hob die Hand und spritzte drei Finger. Die Nachspielzeit wurde eingeläutet. Während dieses Zeitraums setzte im Normalfall die bis dato zurückliegende Mannschaft alles daran, vielleicht doch noch ein erkämpftes Tor zu erzielen. In der kurzen Zeit hetzt die Meute über den Platz wie eine wildgewordene Tollwutherde. Zum Leidwesen der bis zu dieser Phase des Spiel führenden Mannschaft, weil Risikobereitschaft im Sport viel zu oft belohnt wird. Oft gelingt kurz vor dem Abpfiff das erlösende Tor, weil das vorher siegessichere Team die Nerven verlor.

Das sollte aber heute nicht passieren. Wir hatten das Spiel weiterhin im Griff und drängten sogar darauf ein weiteres Tor zu erzielen. Ein 5:1 lag in der Luft.

Was aber viel wichtiger als mein Tor war, also, das Eigentor, dass ich sozusagen eingeleitet hatte, war eine Aktion, die mir noch viel mehr Ruhm einbringen sollte. Da der Mensch grundsätzlich grausam ist und den Hals nicht voll genug bekam, ließ ich dieses niederträchtige Wesen aus mir heraus, und schaffte es V möglichst dämlich wirken zu lassen. Dazu bediente ich mich einer Spielvariante, die unter Fußballern als große Niedertracht angesehen wurde. V stürmte wutentbrannt auf mich zu. Man konnte ein letztes Aufbäumen in seinen Augen erkennen und die leicht gespreizten Beine von V. Es durchfuhr mich die Sucht nach Anerkennung und Applaus - dieses unbändige Verlangen, seinen Feind schlecht aussehen zu lassen, wurde stärker und stärker. Im Geiste hörte ich schon das schallende Gelächter der Zuschauer, die V verachteten und mich für diese Aktion lieben würden.

Dann tat ich es. Den Ball schob ich lässig zwischen den Beinen von V hindurch und war der Held für die gesamte Menschheit auf dem Sportplatz. Ich hatte mir damit selbst die Krone des Tunnelkönigs aufgesetzt, auch wenn die Leute die Aktion schon im nächsten Moment vergessen hatten.

Denn der Ball blieb nicht in unseren Reihen, sondern landete im Fuß eines Pittlinger Mittelfeldspielers. Dieser katapultierte das Leder mit einem harten Schlag weit in unsere Hälfte über unsere Abwehr hinweg. Das Laufduell zwischen Diver und dem Pittlinger Stürmer ging verloren, da sich Diver bereits 93. Minuten verausgabt hatte und der frisch eingewechselte Spieler noch alle Kräfte beisammen hatte. Gekonnt holte der sonst in der Gruppenliga agierende Kicker den Ball aus der Luft, legte ihn sich zwei Meter vor und schob die Kugel am heranstürmenden Torben vorbei ins Netz. Das 4:2 lag uns wie ein Fels im Magen.

Es war gelaufen. Wir dachten, nichts würde uns mehr aufhalten können. Der Schiedsrichter pfiff das Spiel nach dem Tor nicht mehr an, und Pittlingen feierte. In diesem Moment waren wir abgestiegen. Hatten wir das verdient? Keiner der Zuschauer konnte es glauben. Das war doch nicht fair. Es war alles aus.

Minutenlang lagen meine Spieler auf dem Platz verstreut herum und trauerten dem vermeintlichen Sieg nach. Es war schwer, sich nun aufzurichten. Wir hatten es vergeigt. Dabei hatten wir die Pittlinger in diesem Spiel eigentlich im Griff gehabt. Ich brauchte lange und mehr als vier Bier, bis ich realisiert hatte, was da geschehen war.

Die Pittlinger verschonten uns nicht mit ihren Gesängen. Aus ihrer Kabine hallte ein gegröltes Lied nach dem anderen. Die wollten gar nicht mehr aufhören. Es schallte über das ganze Gelände, und so gut wie niemand gönnte es dem FC aus Pittlingen.

In ruhiger Runde saßen wir zirka eine halbe Stunde nach dem Spiel vor unserem Vereinsheim zusammen. Ich hatte bereits die fünfte Kanne Bier am Hals, und Carola stand mir zur Seite. Das gab mir mehr Halt, als ich es für möglich gehalten hatte. Meine Spieler schwiegen weitestgehend und hatten noch keinen Gedanken daran verschwendet zu duschen. Das Gejohle aus der gegenüberliegenden Kabine war noch viel zu laut. Das musste man sich nicht unnötig geben.

Mit einem Mal trottete Patrick Heller an uns vorüber. Er trug eine Kiste Bier aus unserem Vereinsheim, die er offensichtlich zu seinen Leuten in die Kabine bringen wollte. Er setzte ein fettes und maximal unsympathisches Grinsen auf. Ich konnte mir diese Fresse kaum anschauen und ließ ihn einfach passieren. Gerade als er an uns vorbeigegangen war und sich in Sicherheit wähnte, begann er zu lachen und rief: »Tja, war wohl nix!«

Unsere Köpfe gingen hoch. Das hatten wir nicht wirklich gerade gehört. Der kleine Pisser wollte uns an den Karren fahren und dabei noch lustig sein? Porno sprang auf und wollte Heller an die Gurgel springen. Er wäre wohl auch in die gegnerische Kabine reingerannt, um dem Präsident des FC Pittlingen eins auf die Schnauze zu ballern. Doch wir hielten ihn zurück.

»Habt ihr nicht gehört, was der Wichser da von sich gegeben hat?«, brüllte Porno. »Dem gehört eins auf die Zähne geschlagen.«

»Du hast recht«, sagte ich. »Das bringt doch aber nichts.«

Porno wollte das nicht einsehen. Er hegte den Plan, sich loszureißen und doch die Kabinentür zu erreichen.

Da rief Spriddi: »Warte doch mal, Porno. Ich habe eine andere Idee.« Er nickte hinüber zur Straße, wo vor der Einfahrt des Sportplatzes Hellers Porsche geparkt war.

»Sollen wir ihn zerkratzen?«, fragte Diver, und er hätte es sicher getan.

Doch Spriddi schüttelte den Kopf. »Nein, besser!« Was er meinte, war schnell klar, indem er fragte: »Habt ihr genug gesoffen, Jungs?«

Das war eine hervorragende Idee. Ein paar Augenblicke später standen fünfzehn ausgewachsene Männer um das Porsche Cabrio herum. Zur Freude aller war das Verdeck offen, und jeder konnte seinen Urin im hohen Bogen goldgelb auf die Ledersitze, den Fußraum, das Lenkrad und die Blende des Handschuhfaches abgeben. Ich bin nicht sicher, wie viel Liter in den Wagen flossen. Wenn jeder etwa einen Liter Pisse in seiner Blase getragen hatte, kann sich die Menge jeder selbst ausrechnen. Es war die beste Idee Spriddis, seit er auf diesem unserem Erdball war.

Das Prozedere dauerte nur eine Minute. Aber die Auswirkungen waren nachhaltig. Mir war sofort klar, dass wir noch über Jahrzehnte an diesen Moment zurückdenken würden.

Als wir uns vor Lachen ausschüttend wieder an einem neutralen Ort eingefunden hatten, wo wir mit dem Urin im Wagen von Patrick Heller nicht direkt in Verbindung gebracht werden konnten, kam Hardy um die Ecke. Er schaute etwas grimmig und wusste natürlich, was wir getan hatten.

»Das war doch nicht nötig«, sagte er, und für eine Sekunde dachte ich, dass wir nun eine Standpauke für ordentliches Benehmen bekämen, aber er begann zu grinsen und meinte nur: »Ich hatte doch schon das warme Duschwasser in deren Kabine abgestellt gehabt. Strafe muss sein!«

An diesem Abend gingen wir nicht nach Hause. Die Stimmung wurde mit jedem Bier ausgelassener. Wir feierten unsere Aufholjagd und den guten Ruf, den wir innerhalb der Rückrunde aufgebaut hatten. Uns war klar, dass allen C-Klasse-Vereinen nun die Knie schlottern mussten, wenn wir bei ihnen auftauchen würden.

Wir feierten mit unseren Frauen und Fans. Auch wenn das Ergebnis nicht so war, wie ich mir das vorgestellt hatte, gab es positive Aspekte zu vermelden: Wir hatten Patrick Hellers Porsche vollgepisst, ich hatte V getunnelt und meine Carola lag wieder in meinem Arm. Dass wir in der kommenden Saison in der Kreisliga C kickten, war nicht von Belang. Ob nun A-, B- oder C-Klasse, das war nicht wichtig. Hauptsache, Kreisliga. Bloß keine Bezirksliga!

Heute mussten wir uns mental auf den kommenden Tag vorbereiten. Uns stand immerhin Großes bevor …

Kreisligalegende

Epilog

Kreisligafußball ist, wenn man sich schon vor dem ersten Saisonspiel auf die Abschlussfahrt freut.

TITUS
VERLAG

Ja, ich bin noch nicht ganz fit, mein Magen rebelliert, und beim Start des Flugzeuges hätte ich fast auf den Sitz neben mir gekotzt. Ich gebe zu, in dieser Saison ist so ziemlich alles anders abgelaufen, als es sich jeder von uns vorgestellt hatte. Wir hatten einige Höhen und einige Täler durchschritten. Andere Kreisligamannschaften erleben sowas nicht in drei oder vier Jahren.

Ja, mir ist gerade übel, und wahrscheinlich habe ich noch so viel Restalkohol, dass ich in acht Stunden noch kein Auto fahren dürfte. Aber verdammt noch mal, ich sitze mit meinen Jungs im Flieger nach Malle. Da darf ich doch nicht klein bei geben. Jetzt heißt es durchhalten. Das ist erst der Anfang. Wenn wir da gleich sind, dann erwartet uns der Himmel und die Hölle gleichzeitig. Wir werden wieder auf Tischen tanzend Berge erklimmen, und wir werden den lieben Gott verfluchend über der Kloschüssel im Hotel hängen. Wir werden sämtliche Höhen und Tiefen erleben, die wir bereits innerhalb der letzten Saison über uns ergehen lassen mussten. Auf unsere Leber würde eine harte, anstrengende und arbeitsintensive Zeit zukommen. Die Leber musste durchhalten, stark bleiben, seinen Mann stehen. Ich betete zum lieben Gott, oder wer auch immer da oben den Ton angab, das meine Leber diese Aufgabe bewältigen würde.

Ich hatte mich bereits vor dem ersten Spiel dieser Saison auf eine Abschlussfahrt mit meinen Jungs gefreut. Dass ich dies als Spielertrainer nach Mallorca tun würde, hatte ich nicht einmal leise gehofft. Dass ich dabei von meinem Verein eingeladen werden würde, hätte ich mir nicht mal erträumen können. Das war der Ritterschlag für unsere Leistung.

Ich will nun auf Malle so viel Kreisliga-Kryptonit in mir aufnehmen, wie es mein Körper nur zulassen wird. Bier und Partynächte sollen jede meiner Zellen fluten. Meine Seele soll sich verwundert umsehen und versuchen, das Weite zu suchen. Ich will meinen Geist und Intellekt davon überzeugen, dass sie für die nächsten Tage gefälligst die Fresse halten sollen.

Mein Gewissen soll mir nicht auf die Schulter tippen, um zu sagen: »Tobi, komm schon, schalt mal einen Gang runter!«

Nein, es ist Abschlussfahrt, da will ich die Sorgen und Probleme der letzten Saison wegspülen, mit meinen Jungs einen draufmachen und auf bessere Zeiten anstoßen.

Wenn mein Gewissen mich anstubsen sollte, um zu sagen: »Lass die Kleine in Ruhe, denk an Carola!«, dann würde ich dieses Gewissen am Kragen packen, es hochheben und an die Wand drücken. Ich würde ihm tief in die Augen sehen und antworten: »Ich denke an nichts anderes als Carola! Die Kleine ist mir scheißegal!«

Vor dem Start hatte ich mir am Flughafen noch die Nachricht von Carola auf meiner Voice-Mailbox angehört. Ihre Stimme hatte zart und zurückhaltend geklungen. Warum hatte ich das Band nicht einfach vorher schon abgehört gehabt, das hätte Einiges erleichtert: *»Hallo Tobi, ich bin es. Ich wollte gerne deine Stimme hören. Weiß du, ich bin nicht sicher, ob du es hören willst, aber unsere Trennung tut mir mit jedem Tag mehr weh. Ich weiß nicht, was da mit dir und dieser Frau in der Nachtschicht gelaufen ist. Es ist mir auch egal. Es ist mir egal, weil du mir nicht egal bist. Ich vermisse dich. Ich bitte dich, lass uns darüber nachdenken, ob wir vielleicht noch mal da weitermachen können, wo wir uns zuletzt sahen. Ich komme gerne in deine Wohnung. Melde dich bitte, wenn dir noch etwas an mir liegt. Ich liebe dich … ach, und eine Sache noch: Ich hatte nie etwas mit Valentin. … bis dann! Ich hoffe, du rufst bald an!«*

Nun sitze ich im Flieger, weit über den Wolken, und ich denke an Carola. Ich freue mich schon so sehr darauf, wieder bei ihr zu sein, dass es mir fast die Freude auf Mallorca verdirbt. Aber nur fast, denn das eine schließt das andere nicht aus.

Aber ich denke auch an Willi. Bin ich ihm hier oben, so weit über der Erde, wieder nahe? Kann er uns sehen? Weiß er, dass es uns gut geht?

Ich bin mir sicher, er sieht nun auf uns nieder und freut sich, dass wir erkannt haben, nur als Team mehr erreichen zu können. Nächste Saison aufsteigen? Das würden wir noch sehen. Erst mal müssen wir diese Abschlussfahrt überstehen.

Ich denke an Willis Worte. Er hatte uns so viel beigebracht und übermäßig viele Wahrheiten an uns weitergegeben. In einem besonderen Punkt hatte er zudem Recht behalten. Willi sagte: »Die Kreisklasse B ist nichts für euch. Ihr solltet da raus.« Und, naja, wie soll ich sagen, das haben wir ja auch geschafft.

Durch Willi haben wir gelernt, dass Helden nicht immer siegen müssen. Sie können auch mit Würde verlieren. Erst wenn sie das schaffen, werden sie zu wahren Legenden.